权威·前沿·原创

皮书系列为

“十二五”“十三五”国家重点图书出版规划项目

世界信息技术产业发展报告（2016~2017）

ANNUAL REPORT ON WORLD INFORMATION TECHNOLOGY (2016-2017)

主　编／尹丽波
国家工业信息安全发展研究中心

社会科学文献出版社
SOCIAL SCIENCES ACADEMIC PRESS (CHINA)

图书在版编目（CIP）数据

世界信息技术产业发展报告.2016－2017 / 尹丽波主编.－－北京：社会科学文献出版社，2017.6
（工业和信息化蓝皮书）
ISBN 978－7－5201－0446－3

Ⅰ.①世… Ⅱ.①尹… Ⅲ.①信息产业－产业发展－研究报告－世界－2016－2017 Ⅳ.①F491

中国版本图书馆 CIP 数据核字（2017）第 043284 号

工业和信息化蓝皮书
世界信息技术产业发展报告（2016～2017）

主　　编 / 尹丽波

出 版 人 / 谢寿光
项目统筹 / 吴　敏
责任编辑 / 吴　敏

出　　版 / 社会科学文献出版社·皮书出版分社（010）59367127
地址：北京市北三环中路甲 29 号院华龙大厦　邮编：100029
网址：www.ssap.com.cn
发　　行 / 市场营销中心（010）59367081　59367018
印　　装 / 北京季蜂印刷有限公司

规　　格 / 开 本：787mm×1092mm　1/16
印 张：20.25　字 数：302 千字
版　　次 / 2017 年 6 月第 1 版　2017 年 6 月第 1 次印刷
书　　号 / ISBN 978－7－5201－0446－3
定　　价 / 89.00 元

皮书序列号 / PSN B－2015－449－2/6

工业和信息化蓝皮书
编　委　会

《世界信息技术产业发展报告（2016～2017）》课　题　组

课题编写　国家工业信息安全发展研究中心
信息产业与技术研究部

指　　导　刁石京　陶少华　高素梅　吴胜武　彭红兵　乔跃山　胡　燕

组　　长　李新社

副 组 长　夏万利　郝建青

编写人员　陈　健　刘晓馨　张　倩　崔学民　梁冬晗　邓　卉　王慧娴　孟　拓　赵　杨　方　颖　李宁宁　门俊男

主编简介

尹丽波 国家工业信息安全发展研究中心（工业和信息化部电子第一研究所）主任，高级工程师。国家工业信息安全产业发展联盟理事长、中国两化融合咨询服务联盟副理事长、国家网络安全检查专家委员会秘书长。长期从事网络信息安全和信息化领域的理论与技术研究，先后主持工业转型升级专项、国家发改委信息安全专项、国家242信息安全计划等几十项重要研究课题，作为第一完成人获部级奖励1项。

国家工业信息安全发展研究中心

国家工业信息安全发展研究中心（工业和信息化部电子第一研究所），前身为工业和信息化部电子科学技术情报研究所，成立于1959年，是我国第一批成立的专业科技情报研究机构之一。

围绕工业和信息化部等上级主管部门的重点工作和行业发展需求，国家工业信息安全发展研究中心重点开展国内外信息化、信息安全、信息技术、物联网、软件服务、工业经济政策、知识产权等领域的情报跟踪、分析研究与开发利用，为政府部门及特定用户编制战略规划、制定政策法规、进行宏观调控及相关决策提供软科学研究与支撑服务，形成了情报研究与决策咨询、知识产权研究与咨询、政府服务与管理支撑、信息资源与技术服务、媒体传播与信息服务五大业务体系。同时，国家工业信息安全发展研究中心还是中国语音产业联盟、中国两化融合服务联盟、国家工业信息安全产业发展联盟的发起单位和依托单位。

国家工业信息安全发展研究中心将立足制造强国和网络强国的战略需求，以“支撑政府、服务行业”为宗旨，以保障工业领域信息安全、推进信息化和工业化深度融合为方向，致力于成为工业信息安全和两化融合领域具有国际先进水平的国内一流研究机构，成为国家战略决策的高端智库和服务行业发展的权威机构。

序

新一轮科技革命和产业变革正在兴起，制造业与互联网融合发展，使其数字化、网络化、智能化特征越来越明显。云计算、大数据、物联网等新一代信息技术席卷全球，典型应用层出不穷，人工智能、量子计算、光通信、3D打印等前沿技术正取得重大突破。以智能制造、信息经济为主要特征的信息化社会将引领我国迈入转型发展新时代。

由国家工业信息安全发展研究中心编写的“工业和信息化蓝皮书”已连续出版三年，在业界形成了一定的影响力。2016～2017系列蓝皮书在深入研究和综合分析的基础上，密切跟踪全球工业、网络安全、人工智能、智慧城市和信息化领域的最新动态，主题覆盖宽广、内容丰富翔实、数据图表完备，前瞻探索颇具深度。

值此系列图书付梓出版之际，谨以此序表示祝贺，并期望本系列蓝皮书能对我国制造强国和网络强国建设有所助益。

工业和信息化部党组成员、副部长

2017年5月23日

摘 要

2016 年，世界经济延续了复苏态势，但增长的不稳定性依然存在。发达经济体增速放缓，新兴经济体加速增长，世界经济总体保持了低速增长态势。据国际货币基金组织（IMF）估计，2016 年全球经济增长率约为 3.1%，发达经济体增长率约为 1.6%，新兴经济体增长率为 4.2%。美国、日本、欧盟、中国等世界主要国家和地区都将信息技术产业作为加快经济增长、保持长期竞争力的先导产业，出台了一系列政策措施推动产业发展。在一系列积极因素推动下，2016 年世界电子信息产品市场保持增长态势，新兴经济体成为拉动产业产销值增长的主导力量。

2016 年，尽管面临复杂的国际国内形势，我国电子信息产业总体运行良好，产业规模平稳增长，固定资产投资保持增长，全行业效益持续向好，进出口降幅有所扩大。在国家一系列促进产业转型升级的政策措施推动下，电子信息产业布局进一步优化，产业结构调整的效果逐渐显现。通信设备、集成电路、光伏等产业表现突出，通信设备制造业持续成为拉动行业增长的主要力量，半导体分立器件和集成电路成为投资增长热点，以存储器为代表的电子信息制造布局加速拓展；高性能计算、5G 等领域的技术产品取得突破性进展。未来我国电子信息产业将继续保持平稳增长态势。

为加强对世界电子信息产业的跟踪了解和全面把握，为我国电子信息产业发展提供强有力的信息支撑服务，多年来国家工业信息安全发展研究中心一直对产业的发展进行系统跟踪研究，并推出系列年度报告。2017 年推出的《世界信息技术产业发展报告（2016～2017）》分为总报告、国家和地区篇、行业篇、企业篇、政策法规篇、专题篇和热点篇及附录。本报告对 2016 年世界各国和地区电子信息产业发展情况、重点行业发展态势与特点、典型企业重要进展、推动产业发展的政策措施以及未来三年产业发展趋势等做了全面、系统、深入的分析，并对技术和产业发展热点、焦点问题做了专题论述、力求从多层面、多角度勾勒整个产业的发展全貌。

《世界信息技术产业发展报告（2016～2017）》的主要数据来源于 *The Yearbook of World Electronics Data 2016*、主要国家或地区的官方网站，以及国内外权威研究咨询机构，另有一些数据为研究人员调研、加工、整理所得。

在本年度报告研究编写过程中，我们得到了政府部门及行业专家的大力支持，并获得了许多指导性意见，在此表示最诚挚的谢意。由于我们能力和水平有限，错误和疏漏之处在所难免，恳请读者批评指正。

目 录

Ⅰ 总报告

Ⅱ 国家和地区篇

Ⅲ 行业篇

Ⅳ 企业篇

Ⅴ 政策法规篇

Ⅵ 专题篇

Ⅶ 热点篇

Ⅷ 附录

总　报　告

General Report

B.1 2016年世界电子信息产业发展态势与特点

陈　健*

摘　要：在世界经济持续复苏和各国有利政策的双重推动下，世界电子产品制造业摆脱了衰退，回归增长态势，产值增长0.24%，销售额增长1.04%，主要产品门类比重保持稳定。受经济复苏不稳定因素的影响，发达国家和新兴经济体在面临增长机遇的同时，也面临衰退的挑战，中国、印度、美国、德国成为拉动产业增长的主要力量，日本、巴西、韩国、英国则出现产值或销售值下滑。技术创新不断取得突破，激烈的产业竞争导致企业并购持续猛烈进行，推动

* 陈健，国家工业信息安全发展研究中心工程师，研究方向：电子信息产业、半导体、集成电路。

产业格局激烈变革。

关键词： 电子信息产业 电子信息产品 技术创新 并购重组

2016 年，世界经济延续了复苏态势，但增长的不稳定性依然存在。发达经济体增速放缓，新兴和发展中经济体的增长抵消了部分发达经济体的损失，世界经济总体保持了低速增长态势。根据 2016 年 10 月国际货币基金组织（IMF）发布的《世界经济展望》，2016 年全球经济增长率约为 3.1%，低于此前 1 月（3.4%）和 4 月（3.2%）的预测，与 7 月的预测持平。发达经济体的增长率约为 1.6%，比 7 月的预测下调了 0.2 个百分点，远低于上年的 2.1%。发达经济体持续停滞可能进一步助长反贸易情绪。受疲软的商业投资和去库存的影响，美国经济增长率下调 0.5 个百分点，为 1.6%；受英国脱欧的影响，欧元区经济增长率为 1.7%，落后于上年的 2.0%，而英国脱欧导致投资者对英国投资丧失信心，增长率持续走跌；日本经济在政府支出和宽松货币政策支持下保持 0.5% 的增长率，长期看人口萎缩将阻碍经济增长。新兴和发展中经济体正处于加速增长态势，经济增长率为 4.2%，中国经济进入新常态，保持中高速增长，印度成为增长最快的主要经济体，新兴和发展中经济体成为驱动全球经济增长的主要力量。

2016 年，美国、日本、欧盟、中国等世界主要国家和地区都将信息技术产业作为加快经济增长、保持长期竞争力的先导产业，出台了一系列政策措施推动产业发展。集成电路、电子元器件、视听、通信、计算机及网络，以及新兴的物联网、云计算、大数据等重点产业快速成长，技术创新不断取得新突破。受新兴市场快速增长的影响，2016 年世界电子信息产品市场保持增长态势，在美国、日本等发达经济体电子信息产品产值陷入衰退、市场增长趋缓的情况下，新兴经济体成为拉动产业产销值增长的主导力量。

一 世界电子产品制造业复苏，回归低速增长态势

2016 年，全球经济保持低速增长，然而经济增长的不稳定因素依然存在。英国脱欧为欧元区经济复苏带来不确定性，以美国为代表的发达经济体增势放缓，新兴和发展中经济体成为产业成长的主要拉动力量。受全球经济复苏及新兴经济体快速增长的影响，2016 年，世界电子信息产品制造业摆脱上年衰退局面，呈现低速增长态势，产销值均保持增长。根据《世界电子数据年鉴 2016》（*The Yearbook of World Electronics Data 2016*）测算，2016 年世界电子产品产值为 17276 亿美元，同比增长 0.24%，销售额为 17217 亿美元，同比增长 1.04%，与 2014 年相比，产销值增长尚处于复苏过程中。

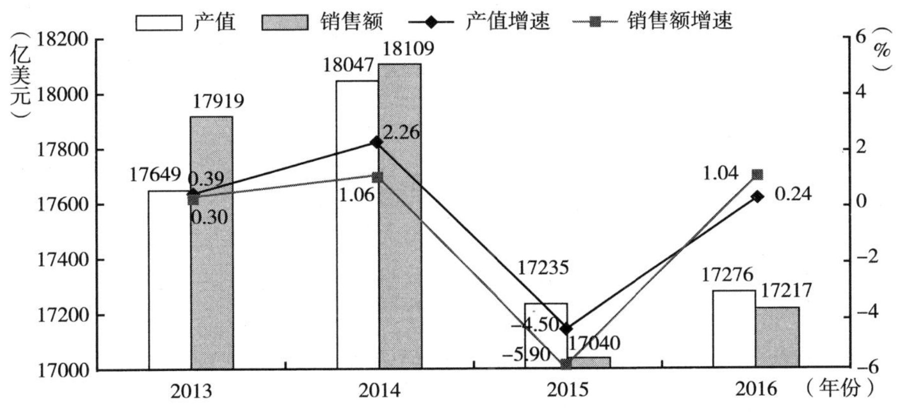

图 1 2013～2016 年世界电子产品产销值及增速

注：2016 年为预测值。

资料来源：*The Yearbook of World Electronics Data 2016*。

在各类产品中，市场份额最大的是电子元器件，市场份额为 32.04%，其次是电子数据处理设备、无线通信设备、控制与仪器设备，市场份额分别为 25.23%、18.76% 和 8.27%。与 2015 年相比，各产品门类的市场份额保

持稳定，其中增幅最大的是无线通信设备，市场份额同比上升了 0.82 个百分点，降幅最大的是电子数据处理设备，市场份额同比下降了 0.7 个百分点。

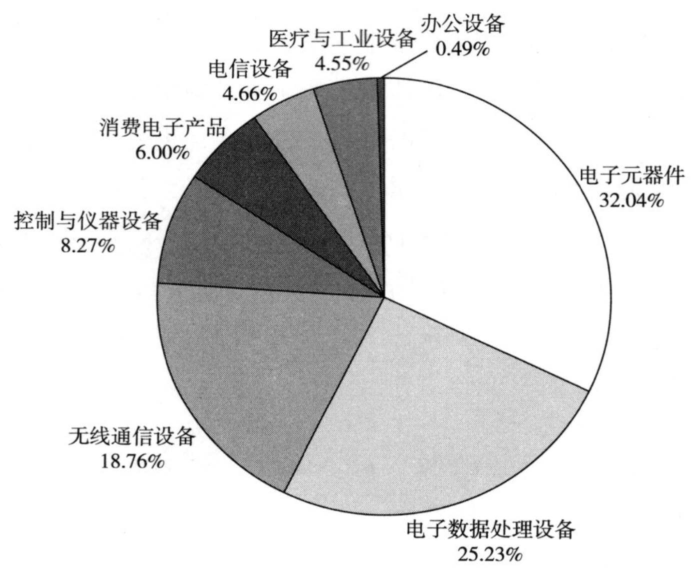

图 2　2016 年各类电子产品市场份额

资料来源：*The Yearbook of World Electronics Data 2016*。

2016 年，在 4G 通信网络和新兴应用带动下，无线通信设备、医疗与工业设备成为增长最快的产品门类。产值方面，办公设备、电子数据处理设备、消费电子产品出现下滑，其他各产品门类均实现增长。其中，医疗与工业设备、控制与仪器设备产值分别增长 3.86% 和 3.71%，增长势头最强劲，办公设备、电子数据处理设备产值分别增长 -4.83% 和 -4.62%，下滑势头最为严重。销售额方面，除办公设备、消费电子产品外，其他各产品门类均实现增长，无线通信设备销售额增长 2.81%，增速最快，办公设备销售额增长 -4.94%，下滑最严重，电子数据处理设备产值下滑，但销售额仍增长 0.3%。

表 1　2013～2016 年世界电子产品产销值统计

单位：亿美元，%

项目		2013 年	2014 年	2015 年	2016 年	2016 年增长率
电子数据处理设备	产值	4682.27	4609.89	4187.08	3993.52	-4.62
	销售额	4848.25	4773.82	4331.22	4344.34	0.30
办公设备	产值	86.47	82.14	78.48	74.69	-4.83
	销售额	109.54	101.31	88.21	83.85	-4.94
控制与仪器设备	产值	1408.13	1455.95	1377.01	1428.12	3.71
	销售额	1451.68	1476.96	1391.52	1423.68	2.31
医疗与工业设备	产值	866.44	878.43	846.89	879.62	3.86
	销售额	796.4	806.36	765.45	783.73	2.39
无线通信设备	产值	3467.18	3665.62	3666.24	3776.5	3.01
	销售额	3139.16	3230.86	3140.95	3229.09	2.81
电信设备	产值	782.33	764.33	737.39	752.51	2.05
	销售额	837.24	837.88	786.76	802.95	2.06
消费电子产品	产值	1272.67	1247.13	1141.81	1120.31	-1.88
	销售额	1248.04	1183.79	1053.61	1033.08	-1.95
电子元器件	产值	5083.48	5343.32	5200.41	5250.98	0.97
	销售额	5488.48	5698.49	5482.42	5516.15	0.62
总计	产值	17648.96	18046.81	17235.31	17276.25	0.24
	销售额	17918.77	18109.47	17040.14	17216.86	1.04

注：2016 年为预测值。

资料来源：*The Yearbook of World Electronics Data 2016*。

二　各经济体发展与风险同在，面临增长机遇与衰退挑战

受全球经济增长不稳定因素影响，发达国家和新兴经济体中均出现了产销值的增长和衰退情况。中国、印度、美国、德国、越南成为拉动全球电子产品产销值增长的主要力量，而日本、韩国、英国、巴西则面临产值或市场的衰退挑战。

在电子产品产值方面，受全球经济不稳定因素影响，2016 年世界排名

前十的国家和地区同时存在增长与衰退情况。中国依然位居产值榜首，2016年产值达到6757.79亿美元，同比增长1.11%，产值规模约是排名第二的美国电子产品产值的3倍，世界第一大电子产品制造国的地位稳定。越南成为排名前十的国家和地区中电子产品产值增长最快的国家，2016年电子产品产值增长率达到3.95%，德国电子产品产值增速排名第二位，2016年电子产品产值增长2.47%，成为发达经济体成长的重要动力。在榜单中，韩国和中国台湾电子产品产值衰退最为严重，分别增长-3.47%和-3.10%，新加坡、墨西哥和日本电子产品产值也出现不同程度的下滑。

表2　2016年世界电子产品产值排名前十的国家和地区

单位：亿美元，%

国家和地区	2013年	2014年		2015年		2016年	
	产值	产值	增长率	产值	增长率	产值	增长率
中国	6229.00	6662.85	6.97	6683.70	0.31	6757.79	1.11
美国	2329.66	2348.52	0.81	2310.50	-1.62	2313.52	0.13
日本	1344.67	1263.30	-6.05	1138.02	-9.92	1136.05	-0.17
韩国	1111.79	1150.54	3.49	1119.11	-2.73	1080.30	-3.47
中国台湾	683.29	717.56	5.02	681.62	-5.01	660.47	-3.10
德国	627.24	643.57	2.60	543.12	-15.61	556.53	2.47
新加坡	603.61	592.96	-1.76	564.28	-4.84	553.89	-1.84
马来西亚	593.57	594.43	0.14	517.97	-12.86	520.66	0.52
墨西哥	511.53	508.76	-0.54	497.37	-2.24	495.21	-0.43
越南	260.73	291.36	11.75	311.23	6.82	323.51	3.95

注：2016年为预测值。

资料来源：*The Yearbook of World Electronics Data 2016*。

在电子产品市场规模方面，除巴西、英国和日本外，世界主要国家和地区市场均保持增长态势。中国电子产品市场规模达到4361.78亿美元，同比增长2.21%，继上年超过美国成为全球最大电子产品市场以来，市场地位进一步稳固。美国市场规模为4240.38亿美元，同比增长0.54%。巴西成为衰退最为严重的国家，电子产品市场规模增长-11.87%，排名滑落到榜单最后一位，但仍然位居前十，英国排名下降严重，市场规模增长

-1.42%,被印度超越，印度成为本年度电子产品市场规模增长最快的国家，增速高达7.92%，超过英国排名全球第7位。在前十名的国家和地区中，中国增长速度仅次于印度，德国电子产品市场规模增长1.69%，增速位居第三。

表3　2016年世界电子产品市场规模排名前十的国家和地区

单位：亿美元，%

国家和地区	2013年	2014年		2015年		2016年	
	市场规模	市场规模	增长率	市场规模	增长率	市场规模	增长率
中　国	3939.77	4208.59	6.82	4267.63	1.40	4361.78	2.21
美　国	4096.24	4213.54	2.86	4217.45	0.09	4240.38	0.54
日　本	1478.07	1416.6	-4.16	1227.44	-13.35	1223.53	-0.32
德　国	736.81	742.19	0.73	616.67	-16.91	627.07	1.69
韩　国	523.56	516.17	-1.41	512.55	-0.70	514.56	0.39
墨西哥	425.40	443.52	4.26	446.64	0.70	452.60	1.33
印　度	371.13	371.74	0.16	393.05	5.73	424.18	7.92
英　国	428.53	453.59	5.85	423.96	-6.53	417.96	-1.42
法　国	384.39	378.68	-1.49	314.00	-17.08	318.42	1.41
巴　西	540.69	473.31	-12.46	322.41	-31.88	284.14	-11.87

注：2016年为预测值。

资料来源：*The Yearbook of World Electronics Data 2016*。

三　技术创新与并购重组活跃，推动产业格局激烈变革

当前，世界正处在新科技革命和产业革命的交汇点上。信息技术产业是当前全球创新最活跃、带动性最强、渗透最广的领域，新一代信息技术正在步入加速成长期，新的信息产品和服务不断涌现，带动产业格局深刻变革。随着信息化、工业化不断融合，以机器人科技为代表的智能产业蓬勃兴起，新一代信息技术与传统制造业的结合，为制造业发展提供了新动能，为信息产业发展提供了新方向，世界各国都将互联网、信息技术与本国制造业深度融合，推动产业转型升级作为当前发展的重心。信息经济浪潮正在席卷全

球，新技术的持续扩散推动一系列新兴市场成长和爆发，信息产业发展的焦点正在从智能手机市场向新兴市场转移。随着云计算、大数据、物联网、人工智能等下一代信息技术的快速发展，新业态、新商业模式不断涌现，大数据分析和处理技术将成为产业发展的重要推动力；基于互联网开发及应用的产业迅猛发展；新型移动显示设备、3D 打印设备、智能家居等持续快速增长；人工智能产品不断成熟；虚拟现实等智能硬件市场将持续爆发；以汽车电子、医疗电子为代表的新兴应用市场不断崛起，成为推动信息产业发展的重要推动力。

随着产业不断走向成熟，产业竞争进一步加剧，并购重组成为企业快速提升市场份额、降低生产成本的重要选择，同时也是跨界布局新兴产业的有效手段。2016 年，世界电子信息产业并购事件频发，半导体并购更是创下超过 1400 亿美元的历史新高，在上一年度并购潮基础上进一步加剧。2016 年 9 月，戴尔公司以 670 亿美元收购 EMC，集团总营收达到 740 亿美元，成为全球最大的私人控股科技公司。10 月 27 日，美国半导体大厂高通以 470 亿美元并购汽车电子龙头恩智浦半导体，成为最大规模的半导体并购案，高通凭借此次收购，从移动领域芯片设计企业跨界成为汽车电子巨头，值得注意的是，此前恩智浦刚收购飞思卡尔，成为全球最大的汽车半导体企业。7 月 28 日，软银集团以 320 亿美元收购英国芯片 IP 公司 ARM，致力于确立 ARM 在未来物联网领域的潜在领先地位。7 月 27 日，模拟芯片大厂 ADI 以 148 亿美元收购同行业的凌力尔特，合并后市值接近 300 亿美元，其瞄准的是模拟半导体产品的未来成长前景。11 月 14 日，三星以 80 亿美元收购美国汽车零组件供应商哈曼国际，近年来哈曼国际进军汽车市场，接连获得通用等公司约 240 亿美元的订单，三星通过一系列收购逐渐整合形成自有汽车产业链，发力未来智能汽车等领域。并购重组已经成为当前电子信息企业未来成长和布局的重要且有效的手段，持续的并购潮深刻改变了现有产业格局。

B.2

未来三年世界电子信息产业发展展望

陈 健*

摘 要： 在全球经济持续复苏影响下，未来三年，预计电子信息产品市场规模保持增长态势，增速稳中有升，在2.9%左右。发达国家的市场份额持续小幅下降，新兴经济体份额不断提升，总体上看，亚太地区将成为拉动产业增长的引擎。电子产品结构保持基本稳定，以智能终端、物联网、云计算为代表的新兴应用逐渐成长为拉动电子信息产品市场增长的主动力。

关键词： 电子信息产业 电子产品结构 新兴应用

展望未来，全球经济将进一步复苏，但地区增长不均衡的现象仍然存在，经济发展中的不确定因素上升。未来三年，在低油价和强势美元刺激下，美国经济将持续复苏，欧元区保持增长势头，日本在政府政策刺激下维持增势，但发达经济体的增长放缓，促使贸易保护主义抬头，英国脱欧带来的影响将在未来一段时间持续释放。新兴经济体整体上升势头强劲，成为拉动全球经济增长的主动力。在全球宏观经济影响下，未来电子信息产品市场规模将持续扩大，新兴经济体在产业格局中的比重上升，亚太地区仍然是全球增长的主体，新技术、新应用逐渐成熟，拉动相关电子信息产品市场快速增长，电子产品结构呈现稳中有变的发展态势。

---

* 陈健，国家工业信息安全发展研究中心工程师，研究方向：电子信息产业、半导体、集成电路。

一 市场规模保持低速增长态势，增速稳中有升

自金融危机以来，全球经济发展的不稳定性因素持续存在，整体经济保持低速增长态势。受全球经济环境影响，世界电子信息产业发展呈现不稳定特点，2013 年实现触底反弹，快速回升，2014 年世界电子信息产品市场规模增速达到 1.06%，2015 年则陷入衰退，增长 -5.9%，2016 年重新回归增长态势，市场规模增长 1.04%。随着全球经济的持续复苏，世界电子信息产品市场规模将保持低速增长态势，增速稳中有升，预计电子信息产品市场规模将由 2016 年的 17216.86 亿美元增长到 2019 年的 18691.89 亿美元，2017 ~2019 年市场规模的增速分别为 2.55%、2.88%、2.91%，最终稳定在 2.9% 左右。

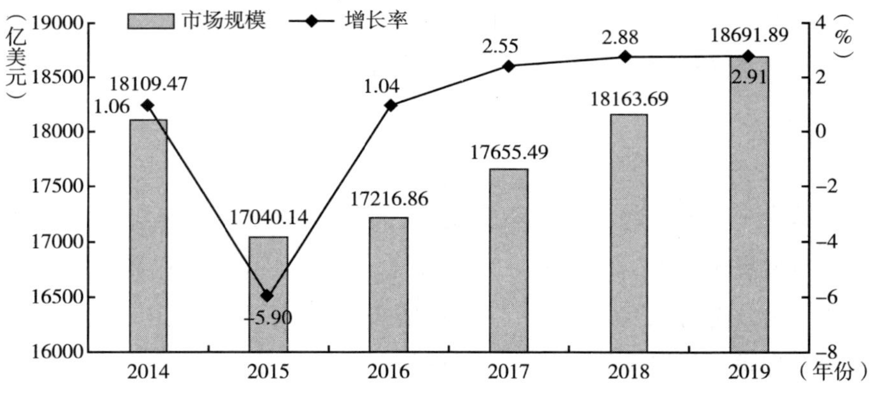

图 1 2014 ~2019 年世界电子信息产品市场情况

资料来源：*The Yearbook of World Electronics Data 2016*。

二 亚太地区市场快速成长，成为全球产业增长引擎

未来三年，全球电子信息产业格局小幅调整，美国、西欧、日本等发达经济体在全球产业格局中占据主导地位，技术优势明显。中国、印度等新兴

经济体电子信息产业技术能力不断提升，在全球产业中的比重持续增加。

从市场份额看，美国、西欧和日本等发达经济体受宏观经济增长乏力影响，市场份额持续呈现小幅下滑态势。其中，美国市场份额将由 2016 年的 24.63% 下降到 2019 年的 24.08%，下降 0.55 个百分点；西欧市场份额将由 2016 年的 14.51% 下降到 2019 年的 14.10%，下降 0.41 个百分点；日本市场份额将由 2016 年的 7.11% 下降到 2019 年的 6.76%，下降 0.35 个百分点。整体上看，2016 年，美国、西欧和日本占据全球 46.25% 的份额，至 2019 年，整体份额将下滑到 44.94%，但是发达经济体控制着全球价值链的高端，拥有核心技术和产品设计能力，在全球电子信息产业中的主导地位依然稳固。以中国等亚太国家和地区（除北美、日本外）以及印度、巴西、南非及东南亚为代表的新兴经济体快速成长，在全球电子信息产品市场中的份额呈现上升态势。其中，中国市场份额将由 2016 年的 25.33% 增长到 2019 年的 25.82%，上升 0.49 个百分点。随着中国电子信息产品市场份额不断上升，美国市场份额不断下降，其他经济体市场规模与两强尚有很大差距，中国作为全球第一大市场的地位将持续稳固。总体上看，世界电子信息产业格局保持稳定并持续小幅调整，新兴经济体的地位和作用越来越重要。

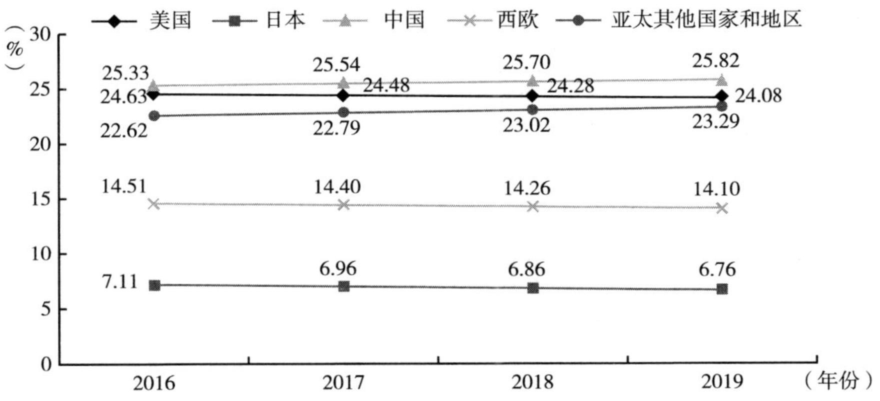

图 2　2016～2019 年世界主要国家和地区电子信息产品市场份额

注：亚太其他国家和地区指不包括中国、日本和美国的亚太地区。

资料来源：*The Yearbook of World Electronics Data 2016*。

从国家层面看，中国、美国和日本仍将占据电子信息产品产值和市场规模的主导地位。产值方面，中国第一大电子产品制造国的地位稳固，美国和日本紧随其后，基本保持稳定。在市场规模方面，中国占比持续上升，保持第一大市场地位，美国、日本分列第二、第三位，未来三年，这一格局将保持稳定。西欧市场将保持增长态势，以德国为代表，但是随着英国脱欧带来的影响持续释放，西欧地区的未来增长存在较大的不确定性。亚太其他国家和地区（除北美、日本和中国外）市场规模将保持较高速增长，未来三年将成长为仅次于美国的第三大经济体。韩国、中国台湾、印度、俄罗斯等新兴国家的电子信息产业具备一定的实力或较快的增长速度，在全球产业格局中的分量不断增强。

表1　2016～2019年世界主要国家和地区电子信息产业市场规模预测

单位：亿美元

主要国家和地区	2016年	2017年	2018年	2019年
美国	4240.38	4321.33	4409.52	4501.43
日本	1223.53	1229.52	1245.94	1264.14
中国	4361.78	4509.3	4668.02	4825.79
西欧	2498.39	2542.48	2589.57	2635.41
亚太其他国家和地区	3894.09	4023.44	4181.57	4353.54
世界	17216.86	17655.49	18163.69	18691.89

注：亚太其他国家和地区指不包括中国、日本和美国的亚太地区。

资料来源：*The Yearbook of World Electronics Data 2016*。

三　电子产品结构保持稳定，新兴应用拉动力显现

在产品结构方面，未来三年，电子元器件、电子数据处理设备、无线通信设备仍将占据世界电子产品份额的前三位，2016年，三大产品门类的份额分别为35%、28%和21%。随着物联网、云计算、大数据等新兴技术的成熟和应用，电子信息产业增长的热点发生迁移，带动相关电子信息产品快

速增长。未来三年，控制与仪器设备、无线通信设备、电子元器件以及电子数据处理设备将占据电子产品增速的前列，消费类电子产品增速则保持下滑态势。在较高增速的推动下，电子元器件和无线通信设备的地位进一步稳固，电子数据处理设备的比重下降，但依托较大的体量仍将保持第二大产品门类地位，控制与仪器设备的比重上升，消费类电子产品比重持续下滑。总体上看，未来三年，世界电子信息产品的市场结构仍将保持基本稳定。

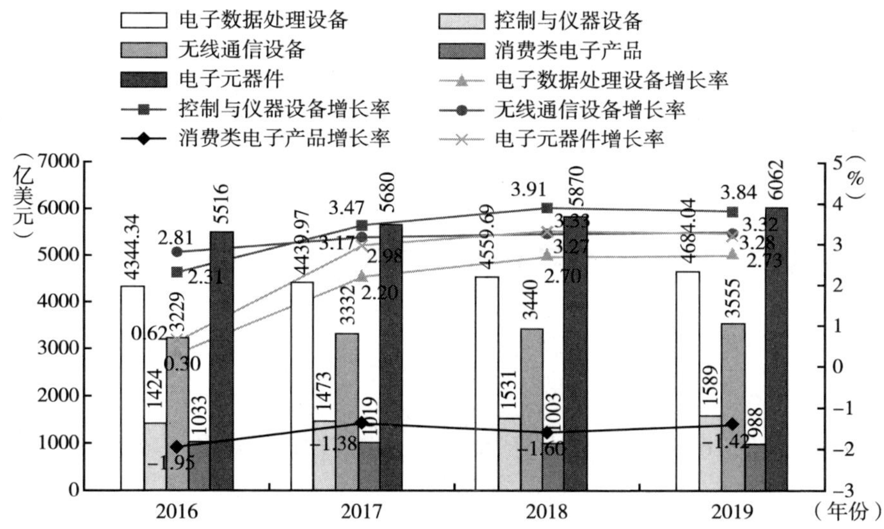

图 3　2016～2019 年世界主要电子产品市场规模及增长率预测

资料来源：*The Yearbook of World Electronics Data 2016*。

未来三年，市场规模排前四位的电子产品的增长率介于 2%～4%，其中 2016～2018 年，控制与仪器设备、电子元器件、电子数据处理设备市场将呈现显著的加速成长态势，控制与仪器设备保持最高增速，并在 2018 年达到 3.91%，电子元器件增速将与无线通信设备持平，表明以智能终端和物联网、云计算应用为代表的新兴应用市场逐渐成为拉动世界电子信息产品市场增长的主要力量。

国家和地区篇

National and Regional Reports

B.3

2016年美国电子信息产业发展情况

邓 卉*

摘 要: 2016年，美国电子信息产业保持了相对稳定的发展态势，电子产品产值和市场规模缓慢增长，细分行业发展格局稳定，无线通信与雷达设备规模保持领先，美国电子产品创新不断涌现，在智能家居、虚拟现实、无人驾驶、人工智能等领域技术创新发展迅速，同时，微软、IBM、苹果、英特尔等大企业顺应电子信息产业发展趋势，积极转型布局新业务领域。

关键词: 美国 电子信息产业 市场规模 产品创新 转型布局

* 邓卉，国家工业信息安全发展研究中心高级工程师，研究方向：信息通信产业与技术。

美国经济近年来保持缓慢复苏态势，2016 年 GDP 增速达到 2.4%，与上年持平，尽管美元走强、贸易伙伴增长放缓、能源投资下降对经济增长造成了阻力，但在财政紧缩状况好转、住房市场改善以及劳动力市场活跃的带动下，未来将保持较强的增长态势。对美国电子信息产业来说，2016 年电子产品产值和市场规模缓慢增长，细分行业发展格局稳定，无线通信与雷达设备产值及市场规模仍居首位，电子产品创新不断涌现，各大企业积极转型布局，开拓新兴业务领域。

一 电子信息产业持续复苏，实现缓慢增长

2016 年，在国际经济特别是新兴市场持续不稳定的情况下，美国电子信息产业保持了稳定的发展态势。根据《世界电子数据年鉴 2016》（*The Yearbook of World Electronics Data 2016*）预测，2016 年，美国电子产品产值为 2313.53 亿美元，同比增长 0.1%；美国电子产品市场总额为 4240.38 亿美元，较 2015 年增长 0.5%。美国规模制造的外迁对美国电子工业造成了较大的冲击。2015 年相比 2000 年，美国电子产品产量下降了 39.5%。不过近五年来，美国电子工业保持了相对稳定的发展态势，美国制造业“回流”势头渐劲。

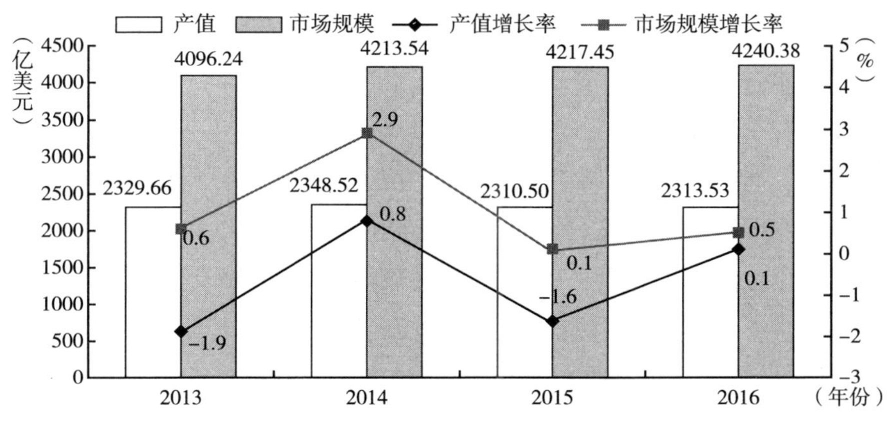

图 1　2013 ~ 2016 年美国电子产品产值与市场规模情况

注：2016 年为预测值。

资料来源：*The Yearbook of World Electronics Data 2016*。

二 细分行业发展格局稳定，无线通信与雷达设备规模领先

2016 年，从美国电子产品细分行业产值来看，无线通信与雷达设备产值所占电子产品总产值比例仍居于首位，产值为 762.50 亿美元，受国防开支增加影响，同比增加 2.5%，占全行业产值总额的 33.0%，较 2015 年增加了 0.8 个百分点。电子元器件产值为 553.85 亿美元，同比下降 2.1%，占产值总额的 23.9%，比 2015 年下降 0.6 个百分点。美国在全球半导体产业发展中占据重要的地位，其拥有众多的半导体设计公司以及支持初创企业发展的基础设施。控制与仪器设备产值为 429.72 亿美元，占产值总额的 18.6%，较 2015 年的 18.1% 增长 0.5 个百分点。电子数据处理设备产值受生产外包比例扩大影响持续下降，2016 年为 197.08 亿美元，同比下降 10%，占产值总额的 8.5%，占比较 2015 年降低了 1.0 个百分点。医疗与工业设备的产值占比较 2015 年增加 0.3 个百分点，达到 12.7%。办公设备的产值占比较 2015 年下降 0.1 个百分点，为 0.5%。电信设备和消费类电子产品产值比例则保持稳定，分别占 2.5% 和 0.3%，消费类电子产品产值极小是由于目前美国本土几乎没有电视机产量，电视机制造大多迁往墨西哥。

2016 年，从美国电子产品细分行业市场规模来看，电子数据处理设备、办公设备、消费类电子产品和电子元器件市场规模较 2015 年有所下滑，其他细分行业市场规模实现了增长。无线通信与雷达设备市场规模所占电子产品市场规模总额的比重仍居于首位，市场规模为 1239.26 亿美元，占市场总额的 29.2%，比 2015 年增加 0.4 个百分点；电子数据处理设备市场规模为 1039.51 亿美元，市场份额由 2015 年的 24.8% 下降至 24.5%；电子元器件市场规模为 800.69 亿美元，占市场总额的 18.9%，较 2015 年下降了 0.1 个百分点。

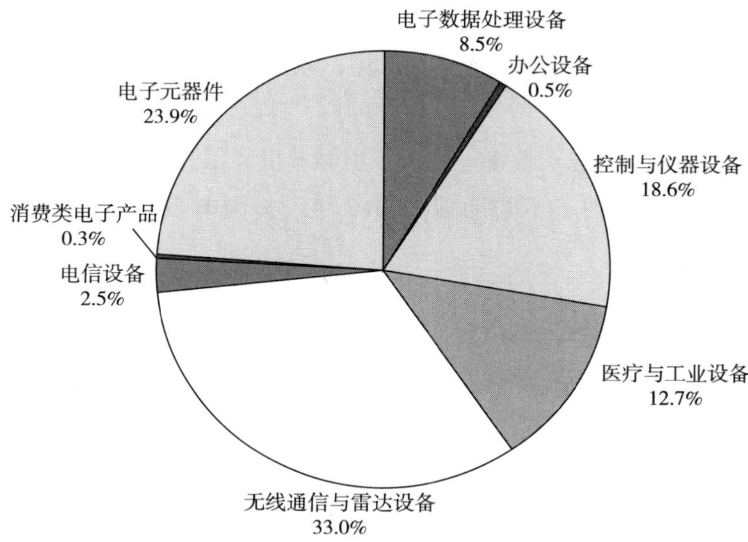

图 2　2016 年美国各类电子产品产值份额情况

注：2016 年为预测值。

资料来源：*The Yearbook of World Electronics Data 2016*。

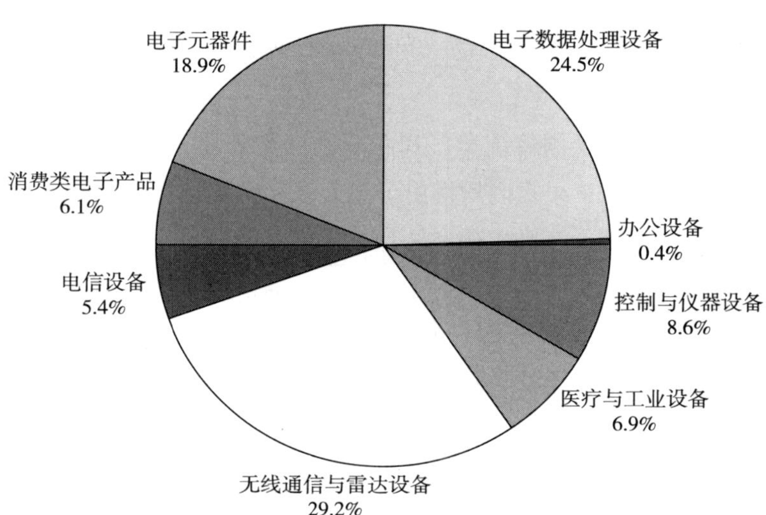

图 3　2016 年美国各类电子产品市场份额情况

注：2016 年为预测值。

资料来源：*The Yearbook of World Electronics Data 2016*。

三　电子产品创新不断涌现，新技术发展步伐加快

美国作为电子信息产业第一强国，引领着世界信息技术的发展。美国企业发布的电子产品创新不断涌现，2016 年，美国电子产品四大领域发展较快。

一是智能家居。作为全球智能家居市场容量最大的国家，美国企业在灯具、家电、园艺、医疗健康、家居机器人、宠物/婴儿监测、安全等多个细分领域推出相关产品，如 LIFX 公司的智能灯泡、Sonos 公司的智能流媒体音箱、Edyn 公司的智能土壤检测器、MedMinder 公司的智能提醒药盒、Petcube 公司的智能宠物监测仪、Canary 公司的智能安防摄像头等等。

二是虚拟现实。虚拟现实产业近几年发展迅速，美国企业也积极涉足这一领域，推出了诸多产品，如 Oculus VR 的 Oculus Rift 头戴式显示器、Forge FX 的虚拟现实工业模拟训练器、VREA 的虚拟现实视频直播平台、VRecover 的康复虚拟现实产品、Infinideck 的全方位虚拟现实跑步机、VRCommerce 的虚拟零售平台等。

三是无人驾驶。美国传统车厂和互联网汽车公司，包括特斯拉、福特、通用、Uber、谷歌、苹果在内均推出了无人驾驶汽车相关的研究计划。美国初创企业也积极进军这一新兴领域，如 Cruise Automation 推出了加装在汽车上的传感器及控制装置，通过对汽车周围的交通情况实时感知，控制器可对方向盘、油门、刹车进行控制，以实现自动驾驶功能；Renovo Motors 致力于研究自动驾驶的操作系统；Nauto 将摄像头改装到已有车辆上，可监控车内车外情况，并且记录可被上传到云端，可为出租车服务管理者提供监看车队情况的服务。

四是人工智能。近几年美国政府和企业在大数据、云计算方面的投入，驱动了人工智能的兴起。尽管目前美国涉及人工智能领域的公司少于 1500 家，在各个行业里所有中型到大型企业中，只有不到 1% 的企业使用人工智

能，但使用人工智能的企业一般都是各自行业的领导者，谷歌、Facebook、IBM、亚马逊、雅虎、英特尔、微软等巨头均积极在人工智能领域展开投资。

四　产业巨头顺应发展趋势，积极转型布局

2016 年，微软、IBM、苹果、英特尔等美国电子信息产业巨擘的发展有喜有悲，但是发展战略均呈现一个共同的特征，即注重新兴领域布局，积极顺应电子信息产业发展趋势。

受个人计算机市场下滑影响，微软积极转型，多领域发力并取得显著成果，尽管智能手机业务呈坠崖趋势，但是 Office、云、Surface 业务均实现较强增长，Office 365 消费用户订阅达到 2400 万，Azure 云业务营收大幅增长，Surface Pro 4 和 Surface Book 销量表现强劲，Xbox Live 每月活跃用户总数增至 4700 万。此外，2016 年，微软还正式发售 HoloLens 开发者版，并推出代工版 VR 头戴显示器，积极进军增强现实设备领域。

IBM 目前正努力从硬件制造公司转型为提供解决方案的云平台公司，公司正在剥离现金出纳机、低端服务器和半导体等低利润的业务，同时将重点放在安全软件、云服务及数据分析等新兴领域。2016 年，IBM 来自云计算与移动计算、数据分析、社交软件与安全软件等业务的收入实现了平稳增长。

由于 iPhone 销量下降，2016 年苹果的营收并不乐观，截至 2016 财年第三财季，营收和利润连续三个季度出现下滑。尽管如此，苹果的服务收入成为新的增长亮点，2016 财年第三财季，服务性业务收入占到了苹果总收入的 11%，苹果 App Store 收入增加 37%，创下有史以来的最大增幅，iTunes Store 中用户交易也创新纪录。此外，苹果正积极推进移动支付业务，Apple Pay 目前已支持 9 个主要市场，其于 2016 年 2 月正式在中国上线。

英特尔旗下最大的个人计算机芯片业务持续下滑，但得益于云服务和数

据分析需求的持续增长，数据中心和物联网业务实现较快增长，缓解了个人计算机芯片业务下滑带来的损失。此外，2016 年，英特尔正积极在多领域尝试转型，与宝马、Mobileye 联合开发无人驾驶汽车，推出自主研发的虚拟现实原型装置 Project Alloy，还收购了深度学习企业 Nervana Systems 以及计算机视觉处理芯片公司 Movidius 等。

B.4
2016年日本电子信息产业发展情况

方 颖*

摘 要： 日本电子信息产业在经历2015年短期的政策利好后，2016年再次呈现下行态势。其在全球电子信息产业产值中所占比重持续下滑，但下滑幅度有逐年收窄的趋势。2016年，日本电子信息产业的产值小幅下降，各细分领域均呈现不同程度的收缩，其中电子元器件的产值缩减幅度最大。日本电子信息产业进出口总额同比均下滑，其中消费电子缩减的幅度最大。在消费市场上，日本半导体产业呈现逐年衰退的态势，消费电子企业亟待转型，汽车电子有望成为新的消费电子增长点。

关键词： 日本 电子信息产业 消费电子 汽车电子

2016年，日本整体经济形势持续好转，据《世界电子数据年鉴2016》（*The Yearbook of World Electronics Data 2016*）的统计，2016年日本GDP预计保持0.5%的增长。受消费税上调因素影响，2017年预计会有0.1%的负增长。日本电子信息产业在2016年呈现下行态势，产业产值、进出口贸易规模、消费电子产值均有所缩减。日本电子信息产业在消费市场上逐年衰退，电子元器件产业逐渐丧失优势，汽车电子有望成为日本企业新的消费电子增长点。

* 方颖，国家工业信息安全发展研究中心工程师，研究方向：物联网等新兴信息技术。

一　电子信息产值小幅下降，占全球比重持续下滑

日本电子信息产业产值在经历了2014～2015年的上升之后，再次出现小幅下行的态势，2013～2015年的产值分别为113540.86亿日元、117961.75亿日元、124040.35亿日元。2016年总产值预计达到123842.17亿日元，同比下降0.16%。

日本电子信息产业产值在全球电子信息产业产值中所占比重延续了近三年来的下滑趋势。2016年，日本电子信息产业产值约占全球电子信息产业产值的6.58%，2013～2015年该占比分别是7.62%、7.00%、6.60%，下滑幅度有逐年收窄的趋势。

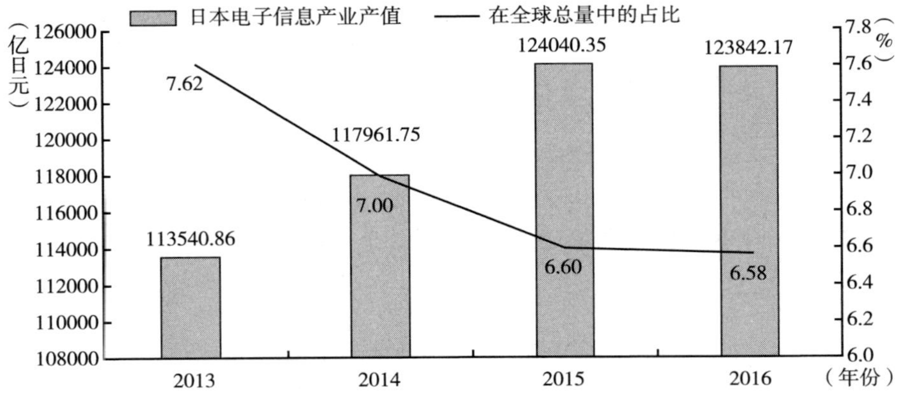

图1　2013～2016年日本电子信息产业产值及其在全球总量中的占比

注：2016年日本电子信息产业产值为预测值。

资料来源：根据日本电子信息技术产业协会与*The Yearbook of World Electronics Data 2016*的数据整理。

二　细分领域全面缩减，消费电子占比提升

2016年，日本电子信息产业产值一改2015年的增长态势，各细分领域

几乎都出现不同程度的下降。其中，电子元器件在所有电子产品产值中所占比重超过2/3，也是所有电子产品中产值缩减幅度最大的领域，2016 年 1 ~ 9 月的产值为 52757.00 亿日元，同比下降了 12.43%；工业电子设备产值为 25210.50 亿日元，同比下降 9.53%；消费电子产值为 4829.39 亿日元，同比下降 2.05%，但下降幅度较 2015 年同期减少了约 2 个百分点。

表 1　日本电子产品细分领域产值情况

单位：百万日元，%

细分领域	2015 年 1 ~ 9 月	2016 年 1 ~ 9 月	同比增长
消费电子	493059	482939	-2.05
工业电子设备	2786651	2521050	-9.53
通信设备	942593	758829	-19.50
计算机信息终端	829011	798478	-3.68
电子应用设备	670509	627861	-6.36
电子测量仪器	292239	281573	-3.65
电子商业器材	52299	54309	3.84
电子元器件	6024534	5275700	-12.43
电子元件	1966263	1878931	-4.44
电子装置	4058271	3396769	-16.30
合计	9304244	8279689	-11.01

注：工业电子设备包括通信设备、计算机信息终端、电子应用设备、电子测量仪器、电子商业器材；电子元器件包括电子元件、电子装置。通信设备包含电信系统设备、无线通信系统设备；电子元件包含无源元器件、连接元器件、电子板、电路封装板、传感器等；电子装置包含电子管、分离式半导体、集成电路、液晶设备。

资料来源：日本电子信息技术产业协会，2016 年 12 月。

从细分领域产值所占比例来看，相对 2015 年 1 ~ 9 月而言，2016 年 1 ~ 9 月计算机信息终端产值超过了通信设备产值，与电子装置、电子元件成为日本电子信息产业中所占比重排前三的产品，占比分别为 9.64%、41.03%和 22.69%。

消费电子产值持续下滑，但下滑幅度逐年收窄。与其他细分领域产值的下滑幅度相比，消费电子产值的下滑幅度是最小的，这使 2016 年日本消费电子产值在电子信息产业产值中的比重得到了提升，由 2015 年的 5.39%上升为 2016 年的 5.83%。

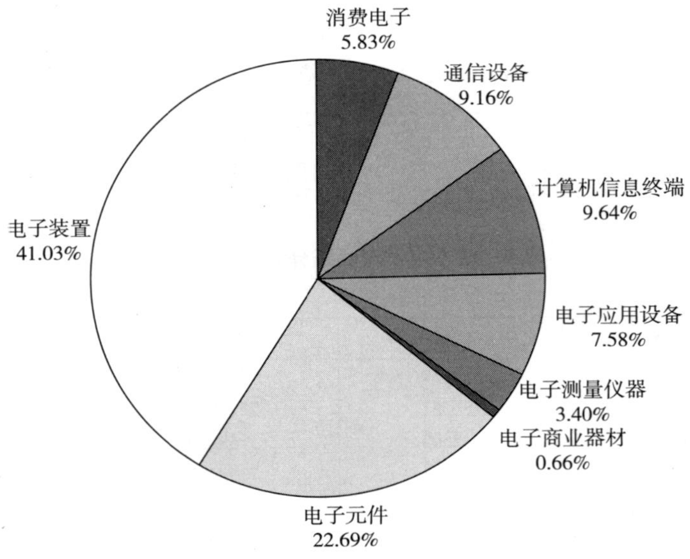

图 2　2016 年 1 ~ 9 月日本电子产业各细分领域产值所占比重

资料来源：日本电子信息技术产业协会，2016 年 12 月。

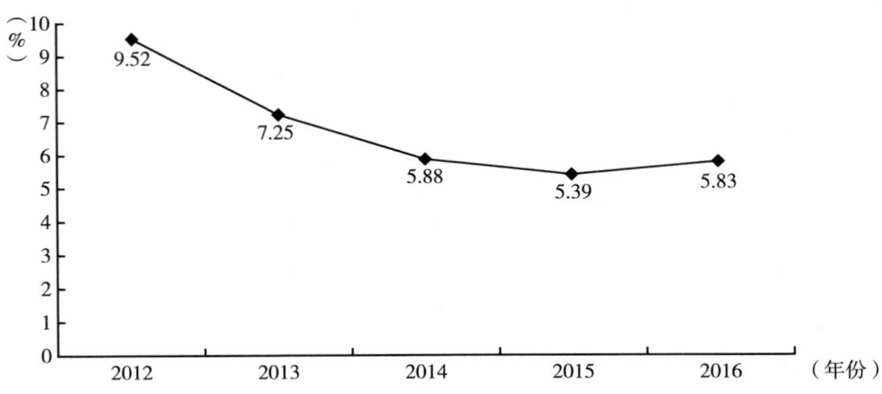

图 3　2012 ~ 2016 年日本消费电子产值在电子信息产业产值中的比重

注：2016 年为预测值。

资料来源：日本电子信息技术产业协会。

三 进出口同比均下滑，消费电子下滑幅度最大

日本电子信息产业出口总额在经历2015年的反弹增长后，2016年重新出现下行态势。2016年1~8月，日本电子产品出口总额为57317.15亿日元，同比下降了12.82%。各细分领域呈现全体下滑的态势，其中消费电子产品下降的幅度最大，达到了15.33%。工业电子设备产品和电子元器件产品出口同比降幅均达到10个百分点以上，分别是10.70%、13.06%。从占比情况来看，与2015年1~8月相比，电子装置、电子零配件、电子元件仍然是占日本电子产品出口比重最大的三项，分别为34.79%、25.77%、18.59%，约占出口总额的80%。

表2 2015年1~8月和2016年1~8月日本电子产品出口情况

单位：百万日元，%

细分领域	2015年1~8月	2016年1~8月	同比增长
消费电子	352668	298592	-15.33
视频产品	328734	276632	-15.85
音频产品	23934	21960	-8.25
工业电子设备	1004361	896941	-10.70
通信设备	209582	191557	-8.60
计算机信息终端	279115	253036	-9.34
电子应用设备	319034	285191	-10.61
电子测量仪器	195240	165109	-15.43
电子商业器材	1390	2048	47.34
电子元器件	5217763	4536182	-13.06
电子元件	1191585	1065495	-10.58
电子装置	2291142	1993848	-12.98
电子零配件	1735037	1476839	-14.88
总计	6574793	5731715	-12.82

资料来源：日本电子信息技术产业协会，2016年12月。

日本电子信息产业进口总额在2016年同样有所下滑。2016年1~8月，日本电子产品进口总额为62174.00亿日元，同比下降了13.08%。各细分

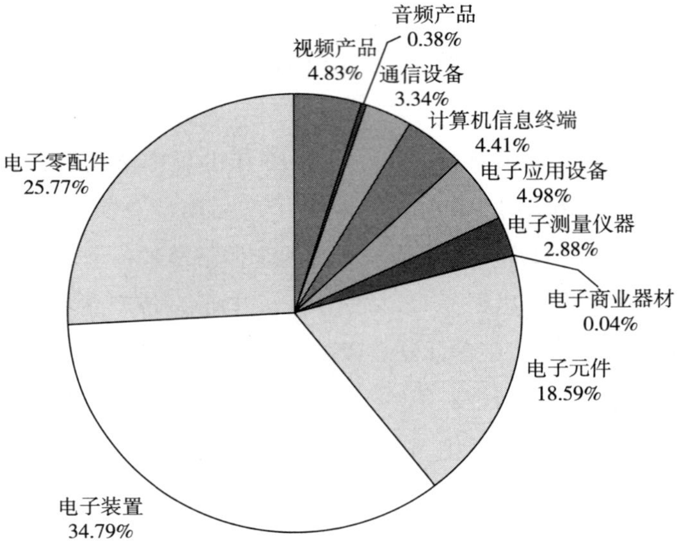

图4　2016 年 1 ~ 8 月日本电子产品出口分类比重

资料来源：日本电子信息技术产业协会，2016 年 12 月。

领域中，消费电子产品的下降幅度最大，达到了 15.32%。工业电子设备产品和电子元器件产品进口同比降幅均达到 10 个百分点以上，分别是 11.11%、14.77%。从占比情况来看，与 2015 年 1 ~ 8 月相比，电子装置、通信设备、计算机信息终端仍然是占日本电子产品进口比重最大的三项，分别为 26.00%、22.20%、19.40%，约占进口总额的 68%。

表3　2015 年 1 ~ 8 月和 2016 年 1 ~ 8 月日本电子产品进口情况

单位：百万日元，%

细分领域	2015 年 1 ~ 8 月	2016 年 1 ~ 8 月	同比增长
消费电子	448963	380171	-15.32
视频产品	329797	278658	-15.51
音频产品	119166	101513	-14.81
工业电子设备	3375066	3000189	-11.11
通信设备	1545514	1380450	-10.68
计算机信息终端	1400336	1206309	-13.86
电子应用设备	254390	245030	-3.68

续表

细分领域	2015 年 1 ~ 8 月	2016 年 1 ~ 8 月	同比增长
电子测量仪器	161763	151220	-6.52
电子商业器材	13063	17179	31.51
电子元器件	3328880	2837040	-14.77
电子元件	438837	400358	-8.77
电子装置	1940061	1616529	-16.68
电子零配件	949982	820153	-13.67
总计	7152909	6217400	-13.08

资料来源：日本电子信息技术产业协会，2016 年 12 月。

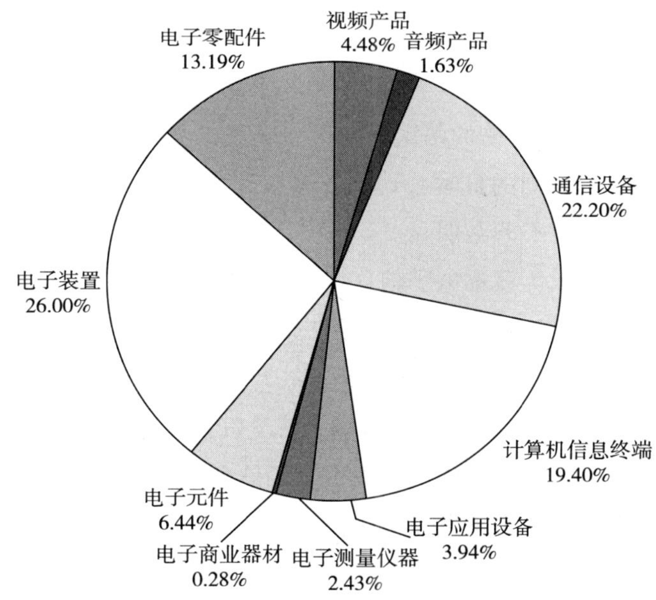

图 5　2016 年 1 ~ 8 月日本电子产品进口分类比重

资料来源：日本电子信息技术产业协会，2016 年 12 月。

四　发展模式亟待转型，汽车电子前景看好

日本电子信息产业在消费市场上份额逐年下滑，半导体产业衰退明显。

日本一些大型企业陷入了经营不善的困境。多次曝出财务造假的东芝，在家电业务上连年亏损，不得不裁减半导体部门、家电部门以及公司员工；近3年来，索尼一直以出售公司大楼、PC、锂电池等业务的方式缓解亏损。2011年开始，联想收购日本NEC的PC事业部，到2016年7月，NEC 90%的股份被联想以200亿日元收购。夏普对液晶显示器LCD的巨额投资未能获得回报，自2012年起持续出现严重亏损，到2016年，夏普66%的股权已被鸿海收购。据日本电子信息技术产业协会（JEITA）统计，2005年日本企业在全球电子元器件生产中所占的市场份额为44%，到2015年已降为38%。日本的电子元器件产品中，半数以上的中小型液晶元件和存储器都面向智能手机，尤以对苹果手机的依赖度为盛，液晶生产指数的快速升高往往伴随着iPhone新机型的上市。但2016年，苹果公司公布的前200名客户企业名单中没有2015年上榜的两家日本大型电子元器件企业。1990年位列全球十大半导体公司行列的日本公司有6家，到2015年仅剩东芝1家，日本半导体产业的衰退已经非常明显。

汽车电子有望成为日本电子信息企业的新增长点。在汽车领域，电子控制元件、电子控制模块及自动变速器这三大关键零部件几乎被日本垄断。日本“3·11”大地震后，生产半导体、微芯片的高附加值零部件企业的停产曾造成全球微芯片、发动机控件、ABS、安全气囊等系统的关键零部件供应紧张。日本作为汽车制造强国，其本土电子信息企业可将优势扩展到汽车电池和车载系统等领域。日本电装公司作为丰田汽车的主要供应商，是全球最主要的汽车零部件生产厂家之一。松下的消费型电动汽车锂电池近两年所占市场份额最高，是特斯拉的电池供应商。当前，日本电子信息企业纷纷寻求转型升级，日本在汽配零件方面的重要地位也有助于汽车电子成为其电子信息企业的新增长点。富士通已在德国建造设计中心，负责汽车电子芯片的设计和系统参考方案，主要客户有宝马和沃尔沃。日本瑞萨电子以32亿美元现金收购美国芯片制造商Intersil，计划将业务重点放在汽车芯片领域。

B.5

2016年欧盟电子信息产业发展情况

王慧娴*

摘 要： 2016年欧盟地区电子产品产值及销售规模均实现缓慢增长，主要成员国电子产品产值为1707.86亿美元，较上年的1680.87亿美元增长1.61%；销售值达到2498.39亿美元，较上年的2474.84亿美元增长0.95%。各细分领域的产值占比及市场份额情况保持稳定，电子数据处理设备仍为市场热点。以德国、英国、法国为代表的成员国聚焦数字化发展，在促进数字基础设施建设、推动移动通信发展等方面出台了相关政策。

关键词： 欧盟 电子信息产业 电子数据处理设备

2016年，受全球贸易萎靡不振及欧盟一体化进程遭遇挫折等因素的影响，欧盟国家经济复苏缓慢。根据2016年11月欧盟委员会发布的数据预计，2016年欧盟的GDP增速将为1.7%，2017年将进一步放缓至1.5%。其电子信息产业也呈现微弱回暖态势，电子产品产值及市场规模均较上年小幅增长。

一 电子产品产值稳步增长，销售规模小幅提升

根据《世界电子数据年鉴2016》统计，2016年，欧盟主要成员国电子

* 王慧娴，国家工业信息安全发展研究中心工程师，研究方向：通信技术与产业研究。

产品产值为1707.86亿美元，较上年的1680.87亿美元增长1.61%。市场规模方面，2016年欧盟主要成员国电子产品销售值达到2498.39亿美元，较上年的2474.84亿美元增长0.95%，如图1所示。

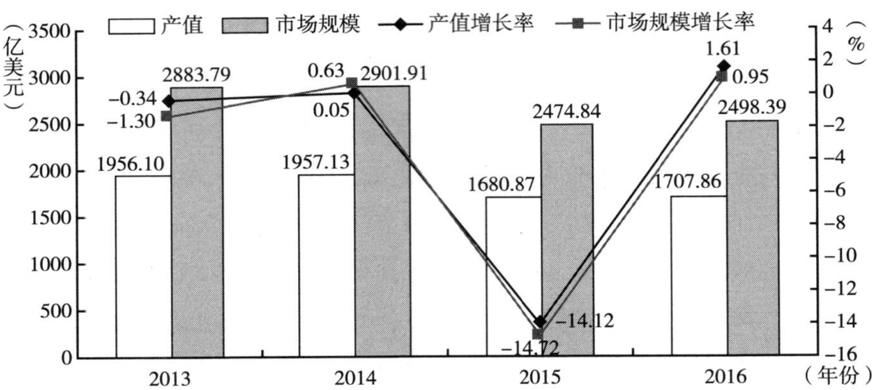

图1　2013～2016年欧盟主要成员国电子产品产值和市场情况

注：2016年为预测值。

资料来源：*The Yearbook of World Electronics Data 2016*。

从各个国家电子产品产值具体情况来看，2016年，德国产值达到556.53亿美元，居首位，较上年增长2.47%，占欧盟主要成员国总产值的32.59%；法国产值为233.61亿美元，较上年增长1.42%，居第二位，占欧盟主要成员国总产值的13.68%；英国产值为222.07亿美元，较上年增长0.95%，占欧盟主要成员国总产值的13.00%，仅次于德国、法国，居第三位。

二　各细分领域产销值份额保持稳定，电子数据处理设备仍为市场热点

欧盟主要成员国2016年电子产品细分领域产销值情况如表1所示。与上年相比，各细分领域的产值占比及市场份额情况均保持稳定。

表1　2016 年欧盟主要成员国各类电子产品产值及市场情况

单位：亿美元，%

电子产品分类	产值	占比	销售值	占比
电子数据处理设备	116.56	6.82	771.62	30.88
办公设备	2.37	0.14	23.68	0.95
控制与仪器设备	512.18	29.99	302.62	12.11
医疗与工业设备	241.33	14.13	153.84	6.16
无线通信与雷达设备	286.11	16.75	408.58	16.35
电信设备	85.76	5.02	144.68	5.79
消费类电子产品	68.40	4.01	229.90	9.20
电子元器件	395.15	23.14	463.47	18.55

注：2016 年为预测值。
资料来源：*The Yearbook of World Electronics Data 2016*。

从电子信息产品产值来看，2016 年控制与仪器设备、电子元器件及无线通信与雷达设备共占比 69.88%。其中，控制与仪器设备产值达到 512.18 亿美元，占整个电子信息产业产值的 29.99%；电子元器件产值达到 395.15 亿美元，占比 23.14%；无线通信与雷达设备产值为 286.11 亿美元，占比 16.75%（见图 2）。

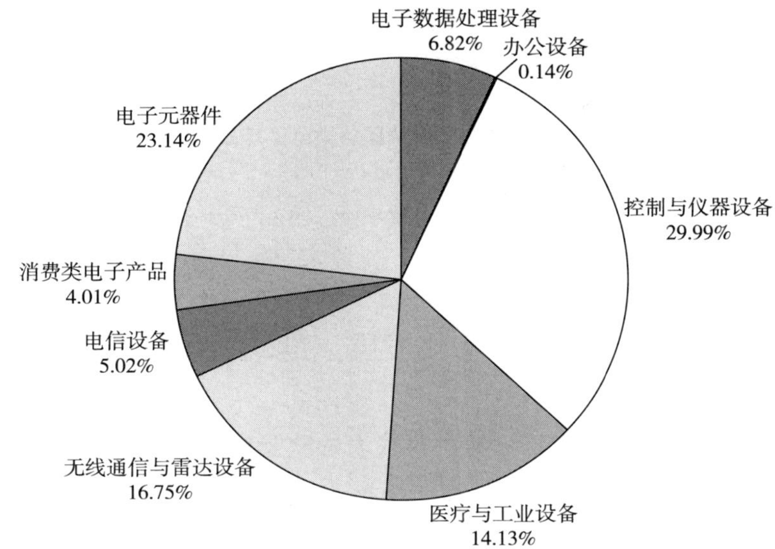

图2　2016 年欧盟主要成员国各类电子产品产值份额

注：2016 年为预测值。
资料来源：*The Yearbook of World Electronics Data 2016*。

从电子信息产品的市场份额来看，2016 年电子数据处理设备、电子元器件及无线通信与雷达设备共占比 65.78%。其中，电子数据处理设备市场销售额达 771.62 亿美元，占整个电子信息产品销售额的 30.88%；电子元器件销售额为 463.47 亿美元，占比 18.55%；无线通信与雷达设备销售额为 408.58 亿美元，占比 16.35%（见图 3）。

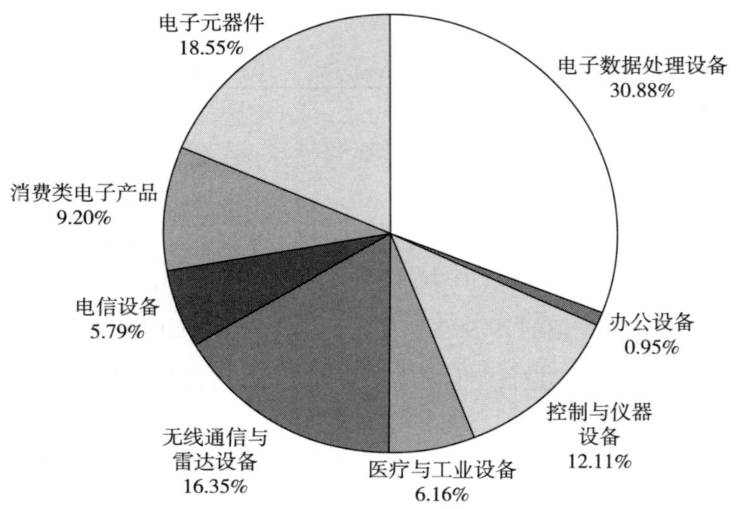

图 3　2016 年欧盟主要成员国各类电子产品市场份额

注：2016 年为预测值。

资料来源：*The Yearbook of World Electronics Data 2016*。

三　主要成员国聚焦数字化发展，推动重点领域项目建设

2016 年，以德国、英国、法国为代表的欧盟成员国重点聚焦数字化发展，在促进数字基础设施建设，推动移动通信、增材制造和物联网等领域提升方面出台了相关政策。

作为欧盟经济的龙头，2016 年德国经济持续平稳发展，就业人口达到 4370 万，为两德统一以来最多的就业人口数；企业申请破产件数减少了

5.2%，创自1999年实行破产法以来的新低。德国央行2016年12月发布的数据预计，2016年德国GDP增幅将为1.8%。《世界电子数据年鉴2016》的统计数据显示，2016年德国电子产品产值将达556.53亿美元，较上年增长2.47%；市场销售值为627.07亿美元，较上年增长1.69%（见图4）。2016年3月，德国联邦政府发布了"数字化战略2025"，在国家战略层面明确了德国数字化转型的基本路径，并提出了十大行动步骤，包括：在2025年之前建成千兆级的光纤网络；投资初创企业并促进初创企业与成熟企业之间的合作；建立促进投资和创新的监管框架；推动智能电网、智能电表、智能家居、智能交通、智慧城市、电子医疗、电子政务等智能网络化建设；加强数据安全并发展信息化主权；建设适用于中小企业发展的新型商业模式；利用"工业4.0"推进德国的现代化；加强对数字化技术的研究和创新；加强数字化教育；建立一个高效、与国际接轨的数字化机构。

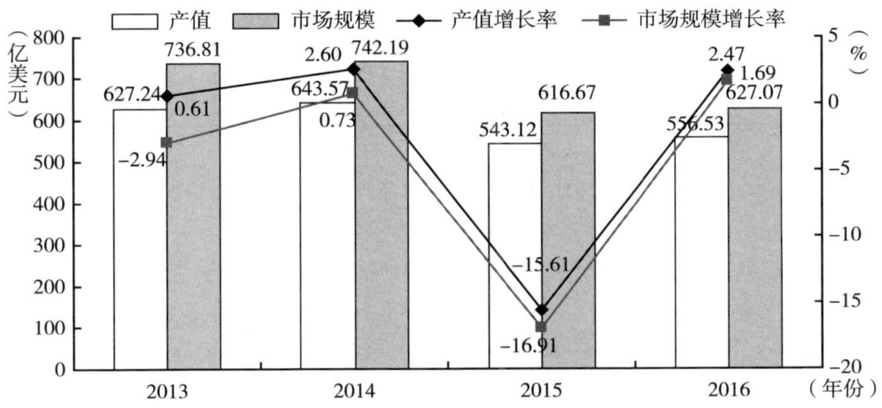

图4　2013～2016年德国电子产品产值与市场规模情况

注：2016年为预测值。

资料来源：*The Yearbook of World Electronics Data 2016*。

2016年，英国脱欧给自身经济带来的不确定性超出预期，影响继续发酵。英国脱欧导致其投资环境受到影响，对外资的吸引力减弱，伦敦国际金融服务中心的地位也面临挑战。根据2016年12月英国央行发布的数据预计，2016年英国GDP增速将为2%。《世界电子数据年鉴2016》的统计数据显示，2016 年英国电子产品产值将达 222.07 亿美元，较上年增长 0.95%；市场销售值为 417.96 亿美元，较上年降低 1.42%（见图 5）。2016 年 11 月，英国财政部计划通过基金和拨款的方式投入 10 亿英镑用于推动英国“全光”宽带建设和 5G 的发展。投资主要用来促进英国的数字基础设施建设，首批至少 200 万户家庭将受益，主要体现为网速更快。这 10 亿英镑投资分为两个部分：一部分是设立数字设施基金，用于发展全光宽带；另一部分是英国政府将拨款 7.4 亿英镑用于推动 5G 的发展。

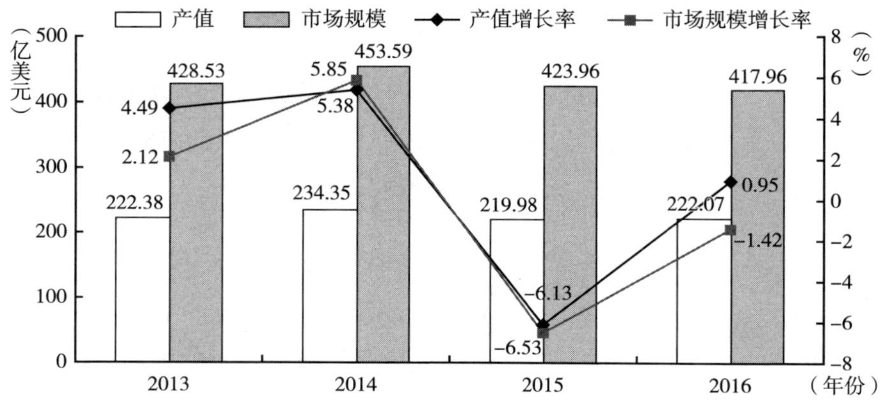

图 5　2013 ~ 2016 年英国电子产品产值与市场规模情况

注：2016 年为预测值。

资料来源：*The Yearbook of World Electronics Data 2016*。

在罢工、恐怖袭击及农业收成欠佳等因素的影响下，法国经济复苏缓慢。2016 年 12 月法国央行发布的数据预计，2016 年法国 GDP 增速将为 1.3%。《世界电子数据年鉴 2016》的统计数据显示，2016 年法国电子产品产值将达 233.61 亿美元，较上年增长 1.42%；市场销售值 318.42 亿美元，较上年增长 1.41%（见图 6）。2016 年 11 月，法国宣布了两个旨在推进国内数字技术的新行动计划，特别强调了增材制造和物联网两个领域。两个新计划将通过在国内建立“未来的工业”，使法国成为全球数字革命的领先者。同时，法国政府还将投入 1 亿欧元用于培训员工，以帮助其适应数字革命变化。

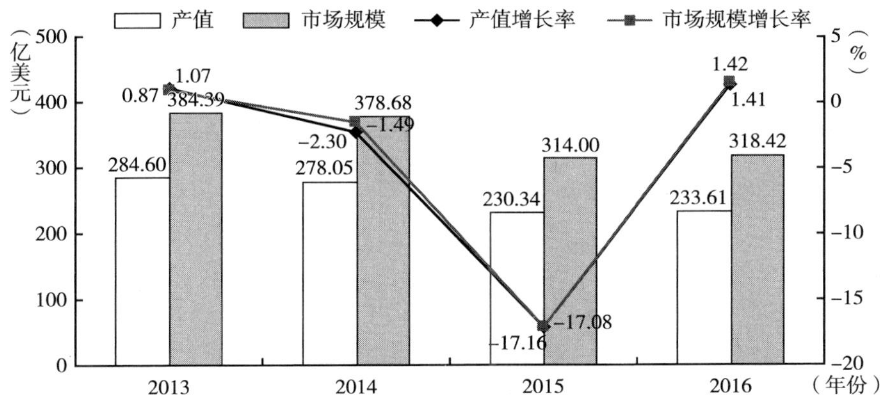

图 6　2013～2016 年法国电子产品产值和市场情况

注：2016 年为预测值。

资料来源：*The Yearbook of World Electronics Data 2016*。

四　部分厂商实现快速增长，通信企业利润大幅下滑

2016 年，得益于汽车电子、能源管理、健康医疗等领域的快速发展，欧盟地区部分电子信息厂商实现增长。2016 财年受可再生能源与医疗业务增长的带动，西门子公司的新订单额和营收均实现 5% 的增长，分别达到 865 亿欧元和 796 亿欧元，净利润为 87 亿欧元，较 2015 财年增长 13%。英飞凌公司在电动汽车与自动驾驶、可再生能源、高效用电、移动通信和数据安全等业务的带动下，2016 财年也实现了增长，营业收入达到 64.73 亿欧元，较上年同期提升 12%。

与此同时，欧洲通信企业发展势头减弱，2016 年盈利能力有所下降。爱立信公司 2016 年前三季度销售额为 1574.1 亿瑞典克朗，较上年同期下降 9.2%，实现净利润 33.37 亿瑞典克朗，较上年同期的 65.2 亿瑞典克朗大幅下降 48.8%。诺基亚公司 2016 年第三季度实现销售额 60 亿欧元，同比下降 7%，运营利润为 5.56 亿欧元，同比下降 18%。

B.6

2016年韩国电子信息产业发展情况

梁冬晗*

摘 要： 韩国得益于在移动设备、芯片和电器方面的卓越成就，获得了全球信息通信技术的强国地位。韩国半导体技术、显示技术和通信技术等关键技术处于世界领先地位，三星电子、LG、SK 海力士等公司的产品市场占有率较高。韩国政府积极发展新一代信息技术产业，全力推动信息安全和量子产业发展，致力于打造创意经济新引擎，带动韩国经济增长。

关键词： 韩国　半导体　显示器　信息安全　量子产业

韩国得益于在移动设备、芯片和电器方面的卓越成就，获得了全球信息通信技术的强国地位。当前，韩国以信息通信领域的成功为基础，致力于"第四次工业革命"，寻求在人工智能、物联网、自动驾驶、3D 打印和生物技术等领域的技术突破。

一　电子信息产品增长乏力，出口呈现下滑态势

2016 年，全球经济不确定性依旧存在，电子信息制造业发展再次陷入

* 梁冬晗，国家工业信息安全发展研究中心工程师，研究方向：信息通信产业与技术研究。

低迷。受 PC 市场饱和、智能手机市场增速放缓等因素的影响，韩国电子信息产品增长乏力。根据《世界电子数据年鉴 2016》（*The Yearbook of World Electronics Data 2016*）的数据，2016 年，韩国电子产品产值为 1080.3 亿美元，较上年下滑 3.47%；韩国电子产品的销售额为 514.56 亿美元，较上年增长 0.39%。

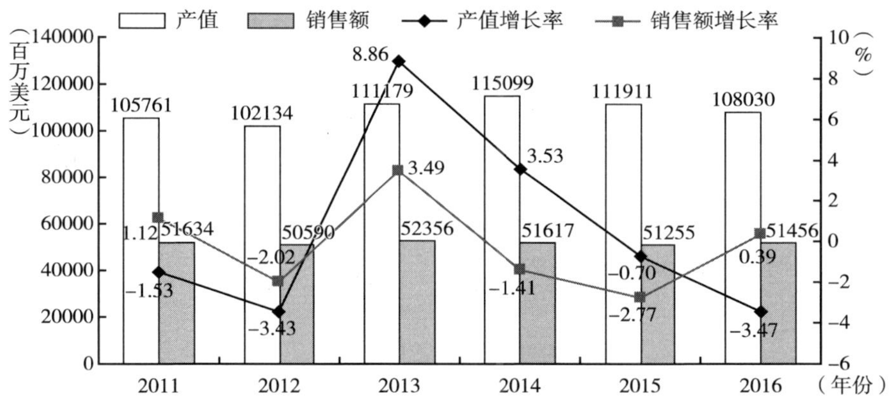

图 1　2011 ~ 2016 年韩国电子产品产值与销售情况

注：2016 年为预测值。

资料来源：*The Yearbook of World Electronics Data 2016*。

2016 年，韩国信息通信技术产品出口形势并不乐观。由于显示面板、移动设备及组件全球供应过剩和需求严重下滑，韩国信息通信技术产品出口急剧减少，截至 2016 年 10 月，韩国信息通信技术产品出口连续 21 个月出现同比减少，一直处于衰减态势。2016 年 11 月，韩国信息通信技术产品出口首次出现增长，主要得益于市场对韩国半导体、显示器和计算机的需求增长，抵消了手机出口疲软，促使出口呈现回升势头。

韩国财政部表示，作为实施全球贸易协定的一部分，12 月开始实施对 834 项信息技术产品的关税削减计划，包括视听、半导体制造机械，医疗设备和光学仪器。其中，381 项即刻实行关税削减；365 项将在未来三年内实行关税削减；剩余产品将在 5 ~ 7 年内实行关税削减。

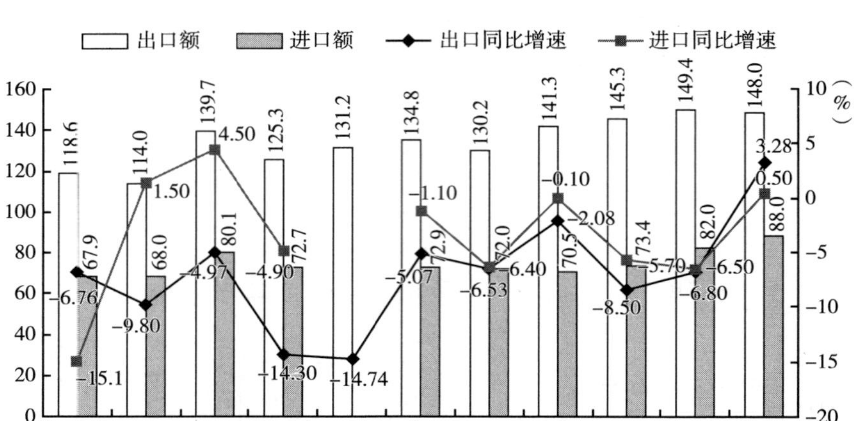

图 2　2016 年 1～11 月韩国信息通信技术产品进出口情况

资料来源：韩国未来创造科学部。

二　主要产品处于世界领先地位，市场占有率较高

2016 年，从产品占全球市场份额来看，韩国在半导体、移动通信和消费电子产品领域处于领先地位。

在半导体产品领域，三星和 SK 海力士的 DRAM 产品营业收入分别位列全球营业收入第一、第二名，市场占有率合计达 74.1%，合计营业收入达 209.19 亿美元，在移动 DRAM 产品方面，二者合计市场份额更是高达 87.2%，垄断了全球市场；三星和 SK 海力士的 NAND 产品营业收入分别居于全球营业收入第一和第五位，全球市场占有率合计达 45.7%，合计营业收入达 122.6 亿美元。

在液晶电视领域，三星电子和 LG 产量分列全球产量第一、第二的位置，二者合计出货量达 5360 万台，市场份额占 34.4%；

在移动设备领域，三星电子和 LG 智能手机产量分列全球产量第一和第五的位置，二者合计出货量达 2.88 亿部，市场份额达 30.1%。此外，

2016 年三星平板电脑出货量预计达到 2688 万台，全球市场占有率为 17.4%；

表 1　2016 年前三季度韩国电子信息产品全球市场份额

产品	单位	企业	排名	2016 年前三季度	市场份额(%)
DRAM	营业收入（亿美元）	三星	1	135.76	48.1
		SK 海力士	2	73.43	26.0
		总计	—	281.99	—
移动 DRAM	营业收入（亿美元）	三星	1	74.04	62.4
		SK 海力士	2	29.38	24.8
		总计	—	118.7	—
NAND	营业收入（亿美元）	三星	1	96.772	36.1
		SK 海力士	5	25.834	9.6
		总计	—	268.389	—
液晶电视	产量（万台）	三星电子	1	3240	20.8
		LG	2	2120	13.6
		总计	—	15541.5	—
智能手机	产量（万部）	三星	1	23591.21	24.7
		LG	5	5207.5	5.4
		总计	—	95562.2	—

注：“总计”指各产品总体收入。

资料来源：根据 DRAMeXchange、IHS、Display、WitsView 等研究机构数据综合整理。

此外，尽管中国大陆和中国台湾面板厂的全球市场份额不断攀升，韩国的显示面板企业依然占据了主要位置。LG 显示器公司在大尺寸面板领域一直居于榜首，是全球最大的智能手机和电视显示面板生产商；三星显示器公司目前是全球最大的中小型面板供应商，也是第一家量产 OLED 屏幕的公司。据 IHS 公司统计，2016 年第三季度三星显示器公司销售额达到了 36.68 亿美元，占据小型、中型（9 寸以内）面板市场 31.8% 的市场份额，细分到 OLED 市场，三星的份额高达 96.2%，销售额达到 10.53 亿美元，突破 10 亿美元大关，更是垄断了全球智能手机 OLED 屏幕市场 99% 的市场份额。

三　18纳米内存技术即将放量，OLED产品良品率不断提升

从产品技术水平来看，三星、LG、SK 海力士等公司拥有 DRAM、OLED 等关键技术。

在 DRAM 领域，三星仍然占据移动内存霸主地位，技术领先优势明显。除20纳米工艺已经进入成熟阶段外，2016 年第四季度其 LPDDR4 16Gb mono die 正接受客户的验证，如果验证成功，2017 年的高端手机将有望搭载8GB 内存。此外，三星 18 纳米工艺技术也将于 2017 年开始放量，届时将有望进一步提升三星半导体部门的获利能力。SK 海力士 21 纳米工艺良品率正逐步提升，2017 年下半年 SK 海力士将导入 18 纳米的试产，以提高自身竞争力。

在 OLED 显示技术方面，LG 正在加速智能手机和电视产品线向 OLED 显示屏过渡，LG 显示器公司在技术、良品率及成本方面优势明显，已经将其生产良品率稳定在 80% 以上，每月保有 10 万片以上的产能。三星显示器公司致力于开拓 OLED 市场，不断加大对 OLED 的投资，将部分液晶面板产线改造为 OLED 面板产线。三星显示器公司计划将提高硬式 OLED 产能。预计 A2 厂的硬式 OLED 产量，将从当前的每月生产 18 万片增至 2017 年的每月生产 19 万片。苹果下一代产品有望采用三星的 OLED 曲面屏。

在通信技术方面，韩国移动运营商 SK 电信和三星电子两家公司联合宣布，已成功完成了室外环境下 28GHz 频段上 5G 基站之间的切换测试。而另一家移动运营商 KT 计划在 2017 年 9 月之前在平昌和首尔部分地区的体育赛事现场完成 5G 网络基础设施的建设。KT 计划于 2018 年 2 月激活启用 5G 试验网络。

此外，韩国政府注重培育新兴技术。2016 年，韩国政府继续实施创意经济与创新中心（CCEI）计划，在三星和 LG 等企业的支持下，开办创业孵化器以培养本地人才。与 IT、机器人学、生物、医疗、智能汽车、能源和

新材料相关的企业也将有资格获得援助。一个包括全息图、虚拟现实（VR）、计算机图形学（CG）和3D媒体在内的文化产业中心将落地首尔。

四　打造创意经济新引擎，推动信息安全和量子产业发展

2016年，韩国政府公布了名为“韩国ICT 2020”（K－ICT 2020）的信息安全产业五年战略规划，旨在将韩国打造为全球信息安全行业领导者，在新一代核心技术方面，将韩国与美国等发达国家的差距缩短至0.2年内，将信息安全培育成韩国经济增长的新引擎。韩国政府将扩大在信息通信技术领域的投资，使其成为韩国创新经济推动下的新“蓝海”。韩国将要实行的信息安全产业政策主要涵盖全球创业项目、智能融合信息安全技术、增加信息安全预算、加强传统行业信息通信技术与信息安全技术融合、发展新兴信息安全技术、进军海外信息安全市场、推进“K－Security”品牌化、构建海外战略基地并建立网络安全合作联盟、提高应对网络入侵能力、推进信息保护法制定及制度等十大课题。

韩国国会还决定通过推出量子产业特别法来重点推广其量子产业。韩国认为，量子产业需要通过特殊法律来得到全力支持，同时要制定量子信息通信的中长期发展战略，不仅要增强量子信息通信技术的竞争优势，而且要创造工业生态系统，使韩国成为量子工业强国。量子产业可以应用于各种行业，比如，量子传感器和量子组件被认为是信息通信技术领域的“蓝海”。韩国提出的量子产业特别法案由5个章节和4个条款组成，包括量子信息通信技术的工业推广系统，如量子计算机、量子应用测量基地的形成和新产业的推广。

B.7
2016年印度电子信息产业发展情况

刘晓馨*

摘　要：　2016 年，尽管年末的“废钞令”对印度的经济增长造成了一定的影响，但其 7.1% 的经济增长预期仍位居世界前列。经济的平稳增长及其国内需求的不断释放，为印度电子信息产业的发展营造了良好的氛围，2016 年，印度电子信息产业规模继续扩大，国内市场快速增长，产业发展态势持续向好。印度电子信息产业细分领域快速增长，无线通信设备成为产业发展的主要动力。智能手机市场快速增长，印度借机打造全球手机制造中心。印度制定一揽子政策力推电子支付，力争打造无现金国家。印度建成全球最大太阳能光伏电站，积极推动太阳能光伏产业发展。

关键词：　印度　电子信息产业　软件外包

在莫迪政府一系列改革措施的积极推动下，2016 年，印度经济仍保持快速增长态势，2016 年第一季度印度经济增长速度达到 7.9%，多家研究机构预测，2016 年全年印度经济增长速度将超过 7.5%。2016 年 11 月，印度政府宣布废除大额面值纸币，尽管目前尚不能明确评估废钞对经济可能产生的影响，但市场普遍认为，此举大大减弱了消费者的购买能力，造成市场流动性缺失，对印度经济增长将产生一定的负面影响。2016 年 12 月，印度中

* 刘晓馨，国家工业信息安全发展研究中心高级工程师，研究方向：电子信息产业、技术创新。

央银行——印度储备银行宣布，将 2016～2017 财年（2016 年 4 月至 2017 年 3 月）印度经济增长预期从原先的 7.6% 下调至 7.1%。尽管经济增长预期值有所下调，但 7.1% 的增速仍位居世界前列。经济的快速增长为印度电子信息产业的发展营造了良好的氛围，2016 年，印度电子信息产业规模继续扩大，国内市场快速增长，产业发展环境不断改善，产业发展态势持续向好，智能手机、电子支付、太阳能光伏等产业取得新突破。

一　产销规模持续扩大，产业发展态势向好

2016 年，在莫迪政府“印度制造”“数字化印度”等一揽子政策的积极推动下，印度电子信息产业延续自 2015 年以来的增长态势，产业规模继续扩大，国内市场需求进一步释放，销售额不断提升，产业发展态势持续向好。根据《世界电子数据年鉴 2016》（*The Yearbook of World Electronics Data 2016*）的测算，2016 年印度电子产品产值为 223.54 亿美元，同比增长 12.5%；销售额为 424.18 亿美元，同比增长 7.92%。

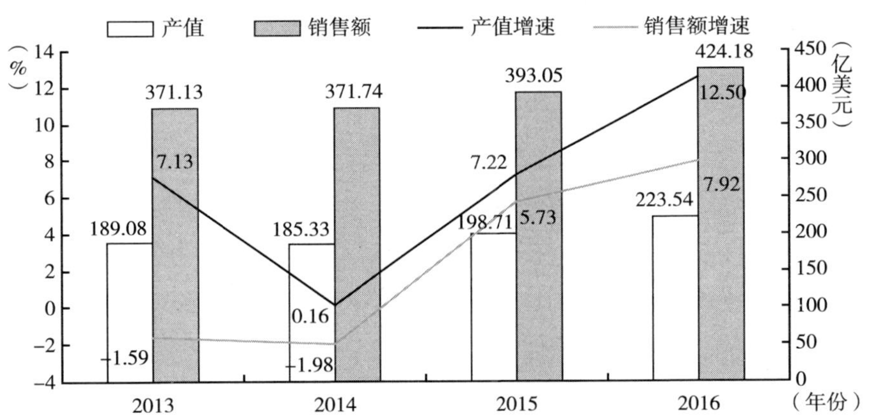

图 1　2013～2016 年印度电子信息产业产销值及其增长率

资料来源：*The Yearbook of World Electronics Data 2016*。

二　细分领域快速增长，无线通信设备成为产业发展的主要动力

在印度政府一系列政策措施的推动下，2016 年，除办公设备外，印度细分电子产品产销值均呈现增长态势，详见表 1。在产值方面，无线通信设备、控制与仪器设备以及电子数据处理设备增长最为突出，产值分别增长 20%、11.97%、8%。在销售额方面，电子元器件、医疗与工业设备以及控制与仪器设备增长最快，销售额分别增长 14.88%、11.33% 和 10%。

表 1　2013～2016 年印度电子产品产销值情况

单位：百万美元，%

项目		2013 年	2014 年	2015 年	2016 年	2016 年增长率
电子数据处理设备	产值	2637	3016	3125	3375	8.00
	销售额	7153	7139	7142	7428	4.00
办公设备	产值	86	78	70	68	-2.86
	销售额	132	124	127	129	1.57
控制与仪器设备	产值	1877	2049	2188	2450	11.97
	销售额	4261	4571	4788	5267	10.00
医疗与工业设备	产值	644	705	680	702	3.24
	销售额	1086	1110	1280	1425	11.33
无线通信设备	产值	7884	6967	8125	9750	20.00
	销售额	11914	12198	13533	14589	7.80
电信设备	产值	1519	1508	1523	1630	7.03
	销售额	2116	2096	2076	2169	4.48
消费电子产品	产值	2580	2651	2639	2768	4.89
	销售额	4363	4325	4271	4417	3.42
电子元器件	产值	1681	1558	1521	1611	5.92
	销售额	6088	5611	6087	6993	14.88
总计	产值	18908	18533	19871	22354	12.50
	销售额	37113	37174	39305	42418	7.92

资料来源：*The Yearbook of World Electronics Data 2016*。

从电子信息产品产值来看，随着印度制造业的快速发展，移动通信产业的崛起以及本土消费市场潜力的不断释放，无线通信设备、电子数据处理设备和消费电子产品产值占据了总产值的71.1%，成为印度电子信息产品的主要组成部分。其中，无线通信设备产值97.5亿美元，占总产值的43.62%；电子数据处理设备产值33.75亿美元，占总产值的15.10%；消费电子产品产值27.68亿美元，占总产值的12.38%。

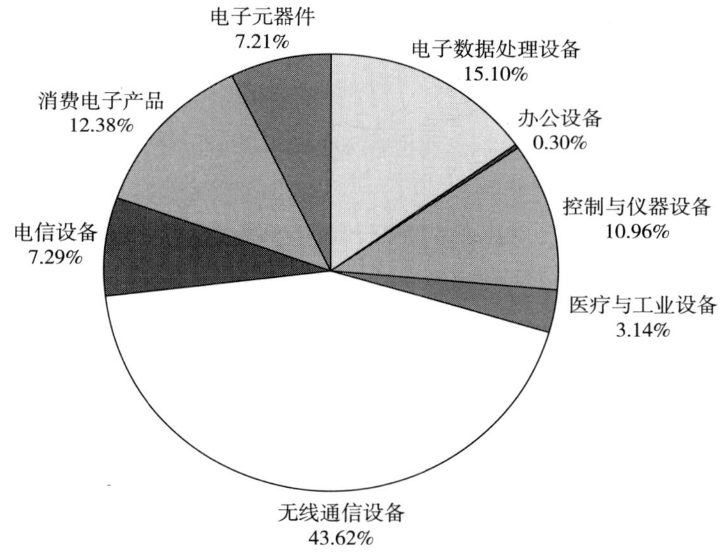

图2　2016年印度电子信息产品产值占比

资料来源：*The Yearbook of World Electronics Data 2016*。

从电子信息产品销售额来看，无线通信设备、电子数据处理设备和电子元器件销售额占据了总销售额的68.39%，三大产业所占市场份额继续上升。其中，无线通信设备销售额145.89亿美元，占总销售额的34.39%；电子数据处理设备销售额74.28亿美元，占总销售额的17.51%；电子元器件销售额69.93亿美元，占总销售额的16.49%。

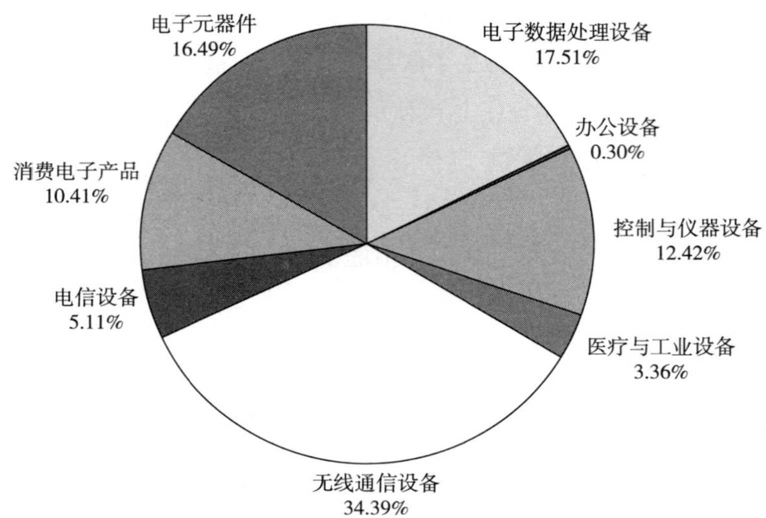

图 3　2016 年印度电子信息产品销售额占比

资料来源：*The Yearbook of World Electronics Data 2016*。

三　智能手机市场快速增长，借机打造全球手机制造中心

随着全球智能手机市场增长放缓，印度正成为智能手机产业发展的"新大陆"。2016 年，印度已成为全球智能手机增长最快的市场，吸引了诸多行业目光。根据用户数计算，2016 年印度将超过美国，成为全球第二大智能手机市场，预计未来五年印度智能手机销量将达到 10 亿部。但与中国和韩国等国家相比，印度手机通过本土制造带来的附加值较低。在中国和韩国，分别有 70% 和 50% 的手机制造工作是在国内完成，而由市场研究机构 Counterpoint Research 和印度著名学府班加罗尔管理学院联合开展的研究表明，当前印度本土制造或组装的手机只占到该国所售出手机总价值的 6% 左右，不过这一数据将在未来五年内增长至 30% 左右。

莫迪政府一直将"印度制造"视为其经济政策的重要组成部分，印度

正通过提升对进口零部件和设备的税率等政策措施，吸引电池、摄像头、半导体等高附加值产品的生产企业到该国设厂，立图将印度打造为手机制造生态链中的“领头羊”。2016 年 7 月，印度政府决定放宽针对海外直接投资（FDI）的相关标准限制，以便特定地区的外国公司在印度开展运营业务，包括建立单一品牌的零售店在内。印度政府新一轮的政策改革，以及巨大的智能手机市场需求，已成功吸引了诸多手机制造商在印度投资设厂。富士康、金立、联想、小米、华为已陆续在印度设厂。苹果首席执行官蒂姆·库克于 2016 年 5 月首次访问印度，这被誉为苹果对印度市场具有浓厚兴趣的象征，苹果也一直在与印度政府洽谈设立专卖店事宜。“诺基亚”品牌也把印度选为其手机业务重新复出的重要场所，2016 年 12 月，由原诺基亚手机业务组建的芬兰 HMD 公司计划与富士康集团合作，推出功能手机，这些手机产品将在印度工厂进行生产。

目前，印度政府在吸引更多的手机组装工厂落地方面正逐渐取得成效。在推出“印度制造”系列政策之前，印度只有两家手机组装工厂，2016 年增至 50 家，其中本土企业占到八成，中国企业占到两成，这些工厂的客户包括三星电子和华为等全球领先智能手机制造商。据 Counterpoint 预计，2016 年在印度组装的手机将超过 1. 8 亿部，占到该市场售出的 2. 67 亿部手机的 67%，这一比例较 2014 年的 14% 有明显提升。

四 一揽子政策力推电子支付，打造无现金国家

2016 年以来，印度政府积极推动电子支付，立图打造无现金国家。长期以来，印度一直坚持使用现金。五年前，印度现金的使用比例是 89%，2015 年印度 78% 的消费者是用现金完成交易的，这一比例是发达经济体的 3 ~4 倍。

2016 年 11 月 8 日，印度总理莫迪宣布，为打击腐败，断绝假币流通渠道和恐怖团体资金链，从即日零时起，废除 500 卢比和 1000 卢比两种最大面额纸币的流通，并发行新的 500 卢比和 2000 卢比面值的钞票。截至 2016

年 12 月 30 日，上述两种纸币将正式停止流通，这也是 38 年来，印度首次废除流通中的纸币。随后，2016 年 12 月，印度财政部长阿伦 · 贾伊特利公布“一揽子政策”，通过折扣和减免刷卡手续费等手段，推动电子支付方式的发展。

这一系列政策的实施，对印度电子支付产业的发展起到推动作用。2010 年以来，印度成立了数十家数字化支付企业，在这些企业中，最大的两家是 Paytm 和 MobiKwik。Paytm 最近的估值达到 50 亿美元，MobiKwik 也得到了一系列投资者的投资，包括红杉资本、美国运通、思科等。“废钞令”公布后 Paytm 开业的第一个小时内，全国各地账号中的资金增加了近 200 万美元，而在通常情况下每日只会增加 20 万美元。Paytm 称，自“废钞令”实施以来，截至 2016 年 12 月，已有 400 万人开始使用 Paytm 钱包。该公司网站的流量飙升了 7 倍，其智能客户端应用的下载次数也增加了 3 倍。MobiKwik 的情况与 Paytm 类似，应用下载次数增加了两倍，其虚拟钱包中充入的资金增加了近 20 倍。

印度电子支付促进政策的颁布，也为国外移动支付提供商进军印度市场提供了机遇。2016 年 12 月，据外媒报道，三星电子计划于 2017 年上半年在印度推出支付服务。目前，三星电子在印度智能手机市场中的占有率排名第一，按照惯例，三星将会在自有品牌的智能手机上预装支付客户端，并且进行整合推广。三星电子将成为第一家在印度落地的移动支付服务商，鉴于 NFC 收款设备严重不足，安卓支付和苹果支付进入印度市场仍需较长时间。

五　建成全球最大的太阳能光伏电站，积极推动太阳能光伏产业发展

随着光伏安装成本的下降和国内需求的增长，2016 年，印度光伏市场呈现繁荣景象。据 2016 年 11 月 30 日的消息，印度建成了全球装机容量最大的太阳能光伏电站。该太阳能光伏电站位于印度南部泰米尔纳德邦卡穆蒂，电站装机容量为 648MW，占地面积为 10 平方公里，这使得它取代加利

福尼亚州装机容量为550MW的Topaz太阳能农场，成为全球最大的太阳能光伏电站。该电站由250万块光伏太阳能模块组建而成，成本为6.79亿美元，在满负荷运行时，其产生的电力能够满足15万户家庭的需要。值得一提的是，这座电站仅耗时8个月就建造完成，每天由机器人进行系统清洁，所有机器人均配备太阳能电池板进行自主充电。根据市场研究机构Bridge to India的报告显示，该电站已帮助印度实现10GW的太阳能累计装机容量，目前仅有少数国家能达到这个水平。

一直以来，印度的太阳能产品主要依赖进口，印度政府为鼓励国内生产，大力支持海外厂商与本国厂商合作，并在印度建设生产基地，目前印度国内已有约1212MW的电池产能与5620MW的模组产能。由于对海外产能的依赖度仍高，印度暂时放弃了对海外产品征收双反税的保护政策，光伏关税在2015~2016年降低了近33%。由于中国内需增速放缓，部分厂商把出口目标放在印度，这有可能进一步刺激印度的装机量。根据相关统计数据，2016年，印度将超越英国、德国和法国成为全球第四大光伏市场。

B.8
2016年中国电子信息产业发展情况

陈　健*

摘　要： 2016年，中国电子信息产业整体运行良好，主要行业保持稳定发展。通信设备行业保持高速增长，是拉动产业增长的主要动力，集成电路和光伏行业增势迅猛。受全球产业增长乏力和国际贸易保护主义抬头影响，中国电子信息产业进出口降幅进一步扩大，各行业出口均有不同程度的下滑，内资企业进口保持增长态势。全行业效益持续向好发展，行业利润增势强劲。固定资产投资保持增长，半导体分立器件和集成电路成为投资增长热点。以存储器为代表的电子信息制造布局加速拓展，高性能计算、5G等领域的技术产品取得突破性进展。

关键词： 中国　电子信息制造业　通信设备　集成电路　高性能计算

2016年，发达经济体总需求不足和长期增长率不高现象并存，新兴经济体总体增长率下滑趋势难以得到有效遏制，货币宽松政策延续，英国脱欧、美国大选增加了国际不稳定因素，全球经济复苏乏力。我国正处于经济增速的换挡期，新旧动能转换并相互交织，经济发展面临严峻的挑战，在“中国制造2025”“互联网+”等国家重大战略，以及一系列稳增长、调结

---

* 陈健，国家工业信息安全发展研究中心工程师，研究方向：电子信息产业、半导体、集成电路。

构、增效益的政策的带动下，国内经济整体保持中速增长态势。2016 年，中国电子信息产业整体运行良好，进出口逐渐回暖，经营状况持续改善。

一　产业整体运行良好，主要行业稳定发展

根据工业和信息化部运行监测协调局的统计数据，2016 年 1 ~ 11 月，规模以上电子信息制造业增加值同比增长 9.6%，增速比 2015 年同期回落 1.2 个百分点，高出工业平均水平 3.6 个百分点，占规模以上工业增加值比重为 7.4%。出口交货值同比下降 0.9%，比上年同期增速回落 1.3 个百分点。

2016 年，受 4G 网络建设及商用全面铺开等因素影响，通信设备行业生产仍保持两位数增长，是拉动产业增长的主要力量。1 ~ 11 月，全行业共生产手机 20 亿部，同比增长 19.9%，其中，生产智能手机 14 亿部，同比增长 12.7%，在全部手机产量中的占比为 70%；生产移动通信基站设备 28884 万信道，同比增长 15.6%；通信设备出口交货值实现同比增长 2.0%。

计算机进入市场饱和期，行业生产继续下降。1 ~ 11 月，全行业共生产微型计算机设备 26204 万台，同比下降 10%，其中，生产笔记本电脑 14931 万台，同比下降 7.5%；生产平板电脑 7659 万台，同比下降 3.6%。计算机产品出口交货值同比下降 5.50%，截至 11 月（同比下降 1.6%）下降趋势有所减缓。

家用视听行业生产增速放缓，智能电视高速增长。1 ~ 11 月，全行业共生产彩色电视机 15677 万台，同比增长 8.2%，其中，生产液晶电视机 15147 万台，同比增长 8.2%；生产智能电视 9517 万台，同比增长 17.1%，占彩电产量的比重为 60.7%。进入 10 月以来，出口交货值保持高增长，10 月同比增长 8.3%，11 月同比增长 10.4%，受年终下滑影响，全年同比增长 1.0%。

电子元件行业生产平稳增长，集成电路、光伏电池等电子器件重点产品产量迅猛增长。电子元件行业，1 ~ 11 月，生产电子元件 33715 亿只，同比增长 7.8%；出口交货值同比增长 2.2%。电子器件行业，1 ~ 11 月，生产

集成电路1191亿块，同比增长20.9%；生产光伏电池6838万千瓦，同比增长16.6%；生产半导体分立器件5797亿只，同比增长10.6%；出口交货值受此前连续下降影响，尽管11月实现增长0.9%，但1～11月累计仍同比下降1.6%。

二　进出口降幅扩大，全行业出口下滑

2016年，全球电子信息产业增长乏力，贸易保护主义抬头，中国电子信息产品的进出口持续下滑，下降幅度有所扩大。根据海关统计，1～11月，电子信息产品进出口总额10982亿美元，同比下降6.5%，其中，出口6479亿美元，同比下降7.6%，较上年同比降幅扩大6.5个百分点；进口4503亿美元，同比下降4.9%，较上年同比降幅扩大3.4个百分点。

出口方面，各行业均呈下滑态势。从行业看，1～11月，通信设备行业出口1812亿美元，同比下降5.8%；计算机行业出口1577亿美元，同比下降10.1%。从主要产品看，手机出口1021亿美元，同比下降7.9%；笔记本电脑出口521亿美元，同比下降11.9%。进口方面，电子仪器设备、电子材料和广播电视设备行业进口有所增长，其他行业进口出现不同程度的衰退，电子器件行业进口2561亿美元，同比下降4.6%，降幅扩大；集成电路行业进口2031亿美元，同比下降1.3%。

从企业类型看，内资企业出口下滑，但进口增长；三资企业进出口双双下滑。出口方面，1～11月，内资企业出口2091亿美元，同比下降2.6%；三资企业出口4387亿美元，同比下降9.9%。内资企业中，民营企业出口1567亿美元，同比下降0.4%，占出口总额的比重为24.2%，占比同比提高1.8个百分点；三资企业中，外商独资企业出口3294亿美元，同比下降9.9%，占出口总额的比重为50.8%，占比同比下降1.4个百分点；中外合资企业出口1070亿美元，同比下降9.9%。进口方面，内资企业进口1494亿美元，同比增长4.9%；三资企业进口3010亿美元，同比下降9.1%。内资企业中，民营企业进口1207亿美元，同比增长4.9%，占进口总额的比

重为26.8%，同比提高2.5个百分点；三资企业中，外商独资企业进口2251亿美元，同比下降8.8%，占进口总额的比重为50.0%，同比下降2.2个百分点；中外合资企业进口754亿美元，同比下降10.2%。

三　全行业效益持续向好，企业亏损面继续收窄

在电子信息制造业转型升级和供给侧结构性改革推动下，全行业效益持续向好。根据工业和信息化部运行监测协调局的数据，2016年1～11月，电子信息制造业主营业务收入107060亿元，同比增长7.4%；实现利润5475亿元，同比增长17.7%。主营业务收入利润率为4.71%，同比提高0.4个百分点；企业亏损面为18.9%，同比下降了2.2个百分点。而截至11月末，全行业应收账款同比增长17.7%，超过2016年同期主营业务收入增幅10.3个百分点，产成品存货则同比下降2.1%。整体上看，进入2016年以来，全行业主营业务收入保持了稳步增长态势，增速逐渐提升，行业利润保持高速增长，增速略有波动，基本保持在两位数。

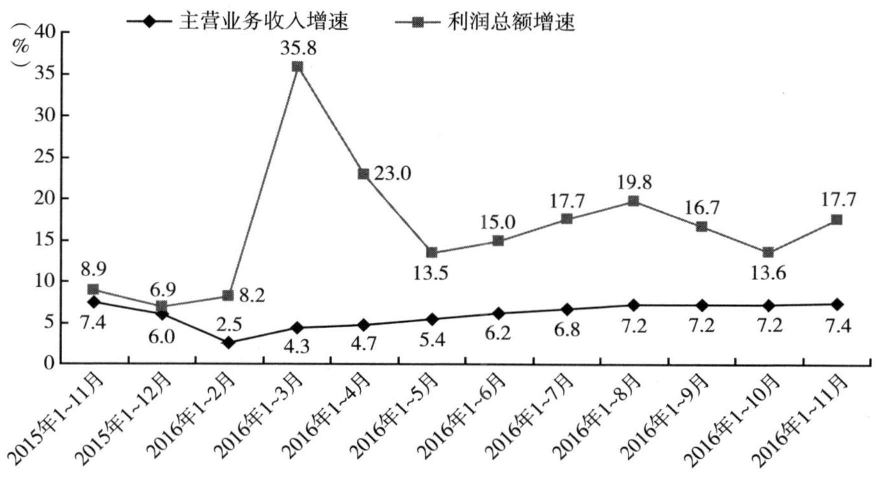

图1　中国电子信息制造业主营业务收入及利润增速

资料来源：根据工业和信息化部数据整理。

四　固定资产投资保持增长，电子元器件投资活跃

2016 年，电子信息产业固定资产投资保持增长态势，根据工业和信息化部运行监测协调局的统计数据，1 ~9 月，电子信息产业 500 万元以上项目完成固定资产投资额 11071.6 亿元，同比增长 11.5%，增速比上年同期低 3.6 个百分点。电子信息产业新增固定资产 5951.5 亿元，同比增长 18.8%。

从细分行业看，1 ~9 月，电子器件投资加速增长，半导体分立器件和集成电路投资出现暴涨，电子计算机投资大幅滑落。电子器件行业完成投资 2653.7 亿元，同比增长 16.1%，高于上年同期 6.2 个百分点，其中，集成电路领域完成投资 615.5 亿元，同比增长 22.3%，比上年同期提高 19.4 个百分点，半导体分立器件投资出现暴涨，同比增长 122.3%；电子元件行业完成投资 2353.3 亿元，同比增长 13.9%。整机行业中，通信设备行业完成投资 977.5 亿元，同比增长 19.1%，比上年提高 1 个百分点；电子计算机行业完成投资 829.5 亿元，同比增长 4.7%，比上年回落 27.4 个百分点；家用视听行业完成投资 202.7 亿元，同比增长 19.8%，比上年回落 2.5 个百分点。

五　产业布局加速拓展，技术产品局部突破

中国半导体产业成为制造业升级的重点布局领域，产业布局不断拓展。在《国家集成电路产业发展推进纲要》和《中国制造 2025》的推动下，集成电路产业投资取得显著成效，3 月 28 日，总投资 240 亿美元的国家存储器项目（长江存储）在武汉启动，7 月 16 日，与台联电合作的晋华集成电路项目在福建泉州晋江市开工，合肥市与北京兆易创新合作成立合肥三鑫，打造另一个存储器基地，加上致力于整合存储器产业链的紫光集团，三个地方加一个企业牵头的“3 +1”存储器版图已初现端倪。中国半导体产业初步具备国际竞争力。近年来，在汽车电子、工业和消费电子等应用的带动

下，半导体分立器件市场快速增长，中国是最大的地区市场，并保持了较高增速，在全球市场中的比重逐年上升。随着技术水平的提升，中国企业的产品结构向中高端发展，连续多年实现进口超过出口。2016 年，中国半导体分立器件投资出现暴涨，前三季度行业投资同比增长 122.3%。

中国电子信息技术不断取得新突破。在高性能计算领域，2016 年 6 月 20 日，采用国产处理器的“神威·太湖之光”超级计算机位列世界超级计算机 TOP500 榜首，“天河二号”排第二位，中国上榜系统数量首次超过美国，达到了 167 台。11 月，中国团队在“神威”上运行的“千万核可扩展全球大气非静力云分辨模拟”应用获得 2016 年“戈登贝尔奖”，这表明中国超级计算机在性能和应用上都达到国际高性能计算最高水平。在下一代移动通信领域，2016 年 11 月 17 日，在 3GPP（第三代合作伙伴计划）RAN1（无线物理层）87 次会议的 5G 短码方案讨论中，中国主导的 Polar Code（极化码）方案成为 5G 控制信道 eMBB 场景编码最终方案，这标志着中国在通信基础技术方案上的影响力得到进一步提升，为华为等中国企业在 5G 时代的市场竞争中确立了优势。

B.9

2016年中国台湾电子信息产业发展情况

孟　拓*

摘　要：　2016年，随着全球竞争加剧，中国台湾电子信息产业的发展压力更为巨大，电子产品产值为660.47亿美元，同比下降3.1%，电子产品市场额为239.66亿美元，同比降低0.86%，下降幅度均有所收窄。IC产业发展较快，尤其是芯片代工产业表现强劲，增速在20%以上。受中国大陆同行的挤压，以及年初台南大地震的影响，中国台湾面板产业下滑幅度较大。LED产业供过于求，厂商急于谋求转型和政策扶持，未来发展机遇与挑战并存。

关键词：　中国台湾　电子信息产业　IC产业　LED

2016年，随着新技术（云计算、人工智能、智能驾驶）的逐步兴起，全球电子信息产业在经历了2015年的短暂衰退后逐步回暖。中国台湾国际化程度深，受全球电子信息产业格局变动影响较大，尤其是近年来中国大陆电子信息产业的崛起，更是对中国台湾电子信息产业的发展产生了较大的影响。尤其是在面板产业，中国台湾近5年来衰退幅度超过40%。中国台湾电子产品产值及市场也连续两年衰退，但由于中国台湾IC产业的强劲表现，衰退幅度收窄，尤其是高端芯片代工产业更是成为中国台湾电子信息产业发展的主要驱动力。中国台湾LED产业依然面临产品供过于求的压力，厂商急于谋求转型。

---

* 孟拓，国家工业信息安全发展研究中心工程师，研究方向：电子信息产业、视听产业。

一　电子产品产值和市场下滑趋缓，各产品门类份额稳定

据《世界电子数据年鉴2016》（*The Yearbook of World Electronics Data 2016*）的统计，2016年，中国台湾电子产品产值为660.47亿美元，同比下降3.1%，降速趋缓，但延续了近年来的下滑趋势。其中，电子元器件仍然是最大种类，产值为521.67亿美元，占产值总额的78.98%；无线通信与雷达设备位居第二，产值为46.06亿美元，占产值总额的6.97%；医疗与工业设备紧随其后，产值为36.22亿美元，占产值总额的5.48%。与上年相比，各产品门类产值规模和市场份额变化不大。

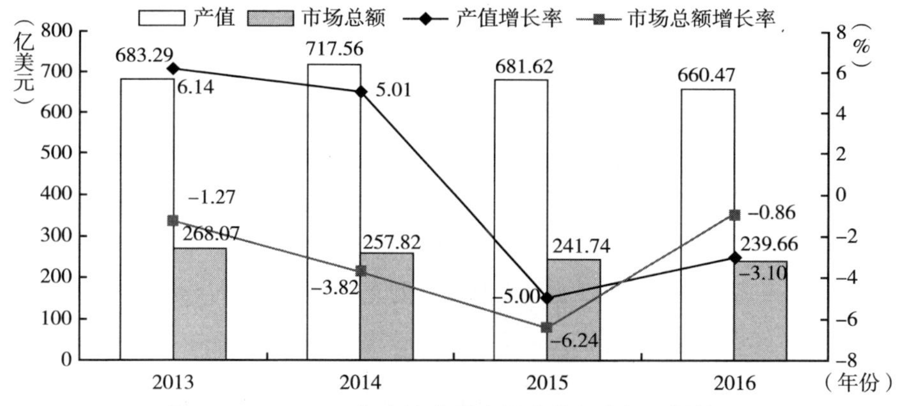

图1　2013～2016年台湾电子产品产值与市场总额情况

注：2013～2014年数据采用当年汇率，2015～2016年数据采用2015年汇率。

资料来源：*The Yearbook of World Electronics Data 2016*。

2016年，中国台湾电子产品市场总额为239.66亿美元，同比增长-0.86%，较上年的回升了5.38个百分点，产业回暖迹象明显，但仍然保持自2012年以来的负增长态势。从产品门类看，电子元器件稳居首位，市场规模为130.91亿美元，占市场总额的54.62%；电子数据处理设备位居第二，市场规模为42.45亿美元，占市场总额的17.71%；控制与仪器设备和无线通信与雷达设备紧随其后，市场规模分别为26.07亿美元和23.55亿美元，分别占市场总额的10.88%和9.83%。与2015年相比，各产品门类市场份额保持稳定。

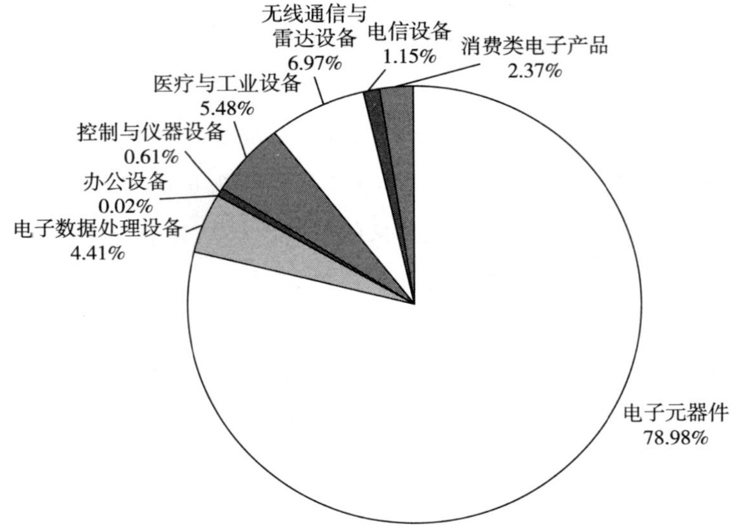

图 2　2016 年中国台湾各类电子产品产值份额情况

资料来源：*The Yearbook of World Electronics Data 2016*。

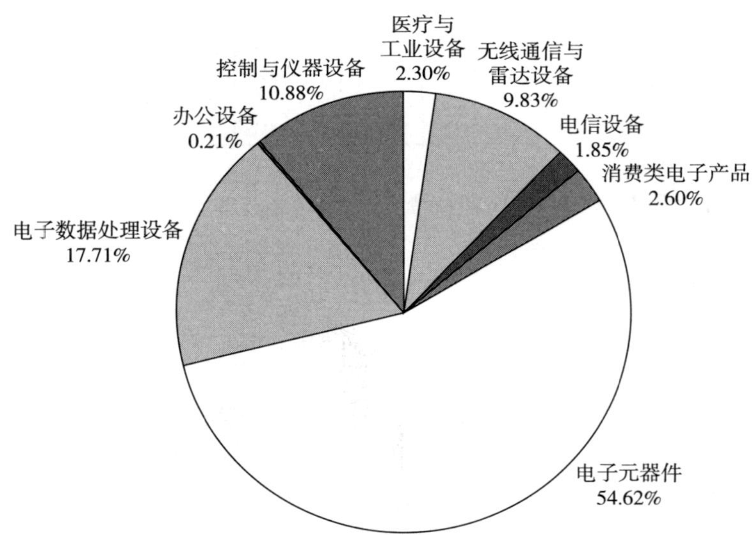

图 3　2016 年中国台湾各类电子产品市场份额情况

资料来源：*The Yearbook of World Electronics Data 2016*。

二　IC 产业发展景气，产值逐年攀升

自 2012 年起，中国台湾 IC 产业一直保持平稳增长态势。2013 ~ 2014 年，随着智能手机及平板电脑等产品的热销，中国台湾 IC 产业发展形势大好，年产值增长率在 15% 以上。2015 年，受中国大陆 IC 产业的迅猛发展、智能终端出货趋缓的影响，中国台湾 IC 产业增长幅度锐减至 2. 8% 。2016 年，中国台湾 IC 产业整体形势向好，据台湾工业技术研究院（IEK）预估，全年产值为新台币 2. 4328 万亿元（折合人民币 5255 亿元），同比增长 7. 5% 。

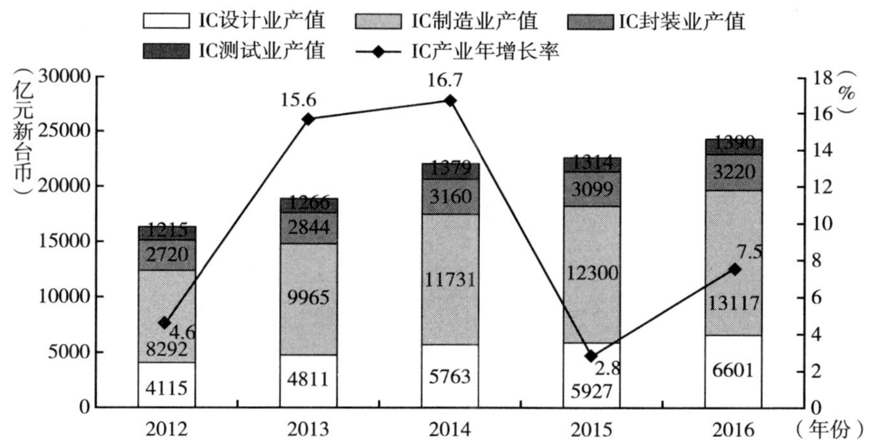

图 4　2012 ~ 2016 年中国台湾 IC 产业产值情况

注：2016 年数据为预测值。

资料来源：台湾工业技术研究院（IEK）。

IC 设计业强势复苏。尽管中国大陆 IC 设计业迅猛崛起，但受益于联发科转投汇顶在中国大陆挂牌，市值一度超越自身价值，加之装有联发科芯片的智能手机品牌 OPPO、魅族手机大卖，中国台湾 IC 设计业发展形势大好。IEK 预测，2016 年 IC 设计业产值为新台币 6601 亿元（折合人民币 1426 亿

元)，同比增长近 11.37%。

IC 制造业总体保持增长。其中，芯片代工产业依旧是带动中国台湾半导体产业增长的主力，在全球前十大 IC 制造企业中，中国台湾占据四席，包括台积电、台联电、力晶半导体和先进半导体。IEK 预测，2016 年 IC 制造业产值为新台币 1.3117 万亿元（折合人民币 2833 亿元），同比增长 6.64%。

IC 封装测试业缓步回暖，弥补了上年负增长的空缺。IEK 预计，2016 年 IC 封装测试业产值为新台币 4610 亿元（折合人民币 995 亿元），同比增长 4.46%。其中，IC 封装业产值新台币 3220 亿元（折合人民币 695 亿元），同比上升 3.9%，IC 测试业产值新台币 1390 亿元（折合人民币 300 亿元），同比上升 5.78%。

2016 年全球半导体产业产值将持续衰退，在这一形势下，中国台湾的半导体产业仍能保持 7% 以上的增长，约占全球总产值的 1/4，占中国台湾 GDP 的 13% 左右，未来台湾地区半导体前景大好。

三　智能手机需求拉动，芯片代工产业表现强劲

2016 年，中国台湾芯片代工产业第一季度市场出现回暖，到了第二季度迅速反弹，直至第三季度产值再创新高，实现了快速增长，第四季度保持了淡季不淡的发展态势。DIGITIMES 提供的数据显示，中国台湾前三大代工厂（即台湾积体电路制造股份有限公司、联华电子股份有限公司和世界先进积体电路股份有限公司，分别简称为“台积电”、“联华电子”和“世界先进”）2016 年四个季度营业收入分别为 74 亿美元、81.9 亿美元、96.2 亿美元和 95.6 亿美元，季度环比增长分别为 -0.5%、10.7%、17.5% 和 -0.6%。

中国台湾芯片代工产业表现强劲主要得益于智能手机的需求拉动，如苹果 A10 应用处理器大量出货、联发科智能手机芯片出货大幅增长，以及中国大陆的 4G 布局和新兴市场 4G 升级需求推动了终端需求的增长，加上受

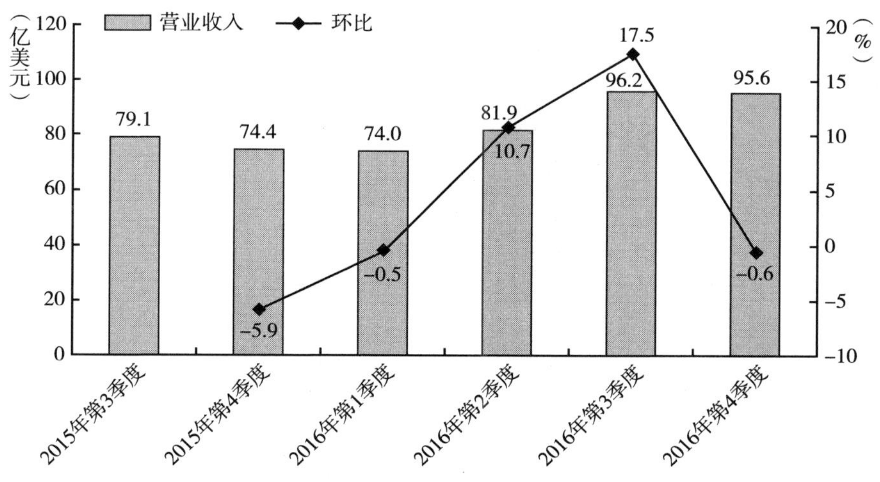

图 5 中国台湾芯片代工产业发展情况

注：2016 年第 4 季度数据为预测值。

资料来源：DIGITIMES Research。

TV、手机面板驱动 IC 需求上升，工业用车用电源管理 IC 需求也升温，这一形势拉动了 28 纳米、16 纳米及 8 纳米制程营收的提升。

四 受全球竞争冲击，面板产业持续下滑

2016 年，受全球经济增长疲软、终端市场需求疲弱，以及年初台南地震的影响，预计中国台湾面板业产值同比下降 31.9%。

中国台湾面板产业在液晶电视、笔记本电脑、手机等终端产品需求的带动下，于 2007 年产值突破万亿元大关，并创下新台币 1.18 万亿元的历史新高。得益于全球智能手机及平板电脑销售旺盛，以及市场对大尺寸电视面板的需求，自 2010 年起，中国台湾面板产业连续 5 年产值维持在新台币 1.1 万亿元左右。2015 年，随着智能手机市场增长放缓以及平板电脑销售下滑，中国台湾面板产业产值下降至新台币 9533 亿元，同比增长为 -13.5%，并且这一影响持续到 2016 年。

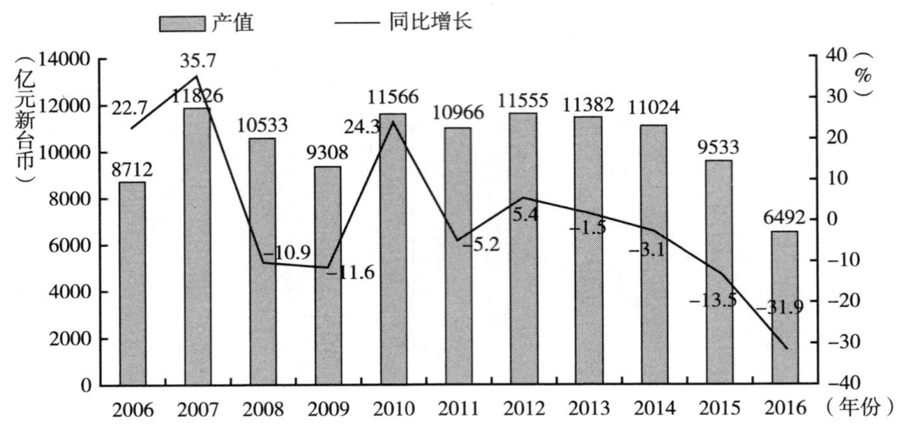

图6　2006～2016年中国台湾液晶面板及组件产值

注：2016年数据为预测值。

资料来源：中国台湾“经济部”。

2016年初，台南大地震冲击面板企业的生产，且近年来中国大陆面板产能不断增强，竞争加剧，促使中国台湾面板产业衰退严重。为了减缓冲击，中国台湾面板厂商已逐渐朝着高端化、差异化方向发展。中国台湾当局也针对台湾地区及全球面板产业的发展形势，着力推动台湾地区面板厂商与东南亚等新兴市场进行中下游整合，以减小对中国大陆市场的依赖，并积极推动国际合作，以深化与国际大厂的产业链合作关系。

五　LED产业供过于求，市场规模再创新高

中国台湾作为全球第二大LED制造基地，2016年整体市场规模将突破新台币8000亿元（约合人民币1599.2亿元），年均复合增长率基本维持在5%的水平。其中，LED照明占据1/3的市场份额；LED背光的产值有所减少，未来3年还将会有3%～5%的衰退；汽车应用的增长率每年维持在6%左右；移动终端和LED户外显示屏的增长率则保持稳定。

目前，LED照明的市场渗透率只有35%，未来还有很大的发展空间；

汽车应用是一个很好的着力点，无论是可见光还是红外线 LED，在电动车、无人驾驶车中都扮演着重要的角色；在 LED 背光方面，尽管当前 LED 磊晶、封装存在一定的产能过剩压力，但是随着 OLED 的逐步发展，其将会取代一些小的 LCD 面板，这对于背光厂商而言不失为一个好的发展契机。因此，尽管近年来中国台湾 LED 产业产能供过于求，产业形势较为严峻，但是只要台湾厂商重新调整定位，大力转型，未来 LED 产业仍有着广阔的发展前景。

行 业 篇

Industry Reports

B.10 2016年世界集成电路产业发展回顾与展望

陈 健*

摘 要： 2016年，市场需求持续疲软，亚太市场增速放缓，美国半导体市场陷入衰退，全球半导体市场未能实现增长。受存储器和逻辑芯片衰退影响，集成电路市场保持小幅衰退态势，增长率为-0.7%。全球领先半导体企业总营收实现3%的增长，存储器企业业绩下滑，代工厂和移动芯片企业营收高速增长，企业排名发生较大变动。产业持续衰退促使企业并购持续高涨，年度并购金额逾1400亿美元，创历史新高，跨界布局成为行业并购新特点，未来新兴市场布局竞争渐趋激烈。

* 陈健，国家工业信息安全发展研究中心工程师，研究方向：电子信息产业、半导体、集成电路。

芯片制造工艺进入10纳米量产阶段，7纳米开发呈现清晰时间表，英特尔工艺领先地位遭遇代工厂挑战，7纳米有望成为技术格局的转折点。未来几年，全球集成电路市场复苏，保持适度增长态势，新兴应用市场逐渐成长为产业增长的主要推动力，工艺演进逼近摩尔定律极限，先进封装、3D封装成为改善芯片集成度和功耗性能的重要手段。

关键词：　集成电路　电子信息产业　企业并购　摩尔定律

2016年，PC出货量持续疲软，智能手机出货量减缓，新兴应用尚未成长为拉动行业增长的主要力量，全球半导体产业仍未能摆脱衰退实现增长。受年内存储器价格长期处于低位的影响，集成电路持续小幅衰退态势。随着亚太市场增长放缓以及美国市场陷入衰退，日本和欧洲市场的好转未能拉动整体市场摆脱颓势。产业的持续衰退进一步加剧了行业并购，并购金额再创历史新高，众多行业龙头积极跨界布局未来增长点，产业格局发生深刻变化。为抢夺高端产品订单，代工厂积极部署前沿工艺开发，10纳米节点在本年度实现量产，英特尔的领先地位迎来真正挑战。

一　2016年集成电路产业发展态势

（一）半导体市场基本持平，集成电路市场略有下滑

2016年全球集成电路市场继续保持负增长态势，增速为 -0.7%，虽然比2015年的 -1%有所缓和，但仍未能实现增长。存储器市场的负增长态势进一步加剧。

根据WSTS统计，2016年全球半导体市场规模达到3350亿美元，较2015年（3352亿美元）衰退 -0.1%，自2014年的高速增长9.9%以来，

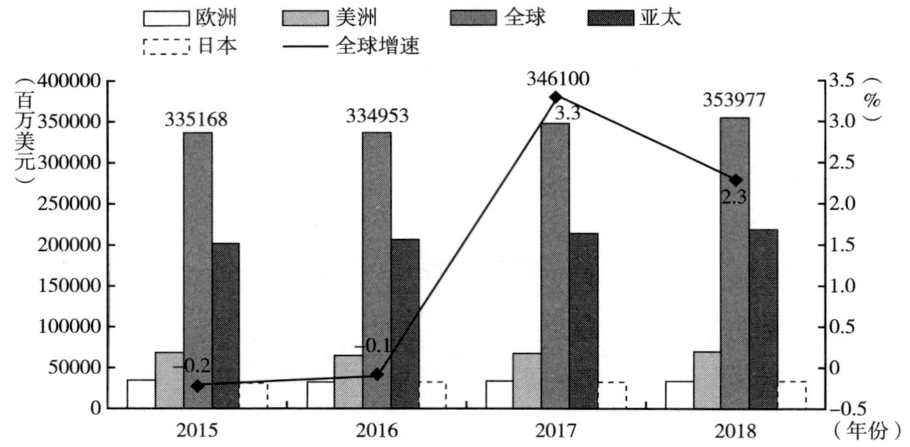

图1　2015～2018年全球半导体市场规模和增速

资料来源：WSTS，2016年11月。

连续两年未能实现正增长。从地区上看，作为全球最大市场的亚太地区继续保持增长，增速为2.5%，比2015年的3.5%有所回落；日本市场强势逆转，摆脱了上年的负增长（-10.7%）态势，增速为3.2%；欧洲市场虽然未能摆脱负增长，增速为-4.9%，但是比上年的-8.5%已经有所好转；美洲市场则陷入衰退，增速为-6.5%，在上年-0.8%的基础上进一步大幅下滑。受制于美洲市场的颓势和亚太市场增长的放缓，全球半导体市场未能实现增长，日本和欧洲市场的好转则止住了全球市场的较大衰退。从产品门类上看，全球半导体市场的增长动力主要来自传感器市场（22.6%）的爆发和分立半导体市场的扭负（上年增速为-7.7%）为正（4.2%）；相比之下，第二大细分市场的光电半导体则大幅下滑，增速由上年的11.3%下滑到-3.6%，基本抵消了传感器和分立半导体市场的增长；集成电路市场则略有好转，增速由上年的-1%提升为-0.7%，但仍未摆脱负增长态势。受制于光电半导体的颓势，全球半导体市场未能摆脱负增长态势。

作为规模最大的半导体细分市场，2016年集成电路市场规模为2727亿美元，同比增长-0.7%，仍然未能摆脱负增长颓势。其中，前两大产品门类逻辑器件（同比增长-2.7%）和存储器（同比增长-3.8%）的进一步衰退是集成电路整体衰退的主要原因，而模拟器件的扩大增长（同比增长4.8%）和微处理器的扭负为正（同比增长2.3%）是本年度集成电路市场衰退有所减缓的利好因素。存储器价格的低位状态在第四季度有所好转，但从全年看市场规模下滑态势仍然持续。

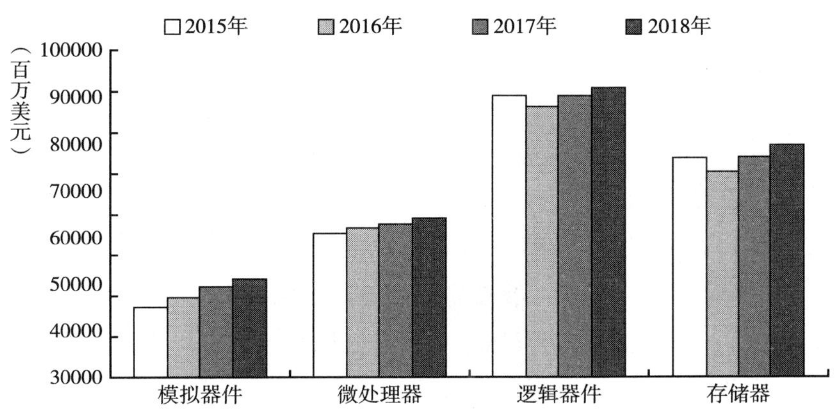

图2　2015～2018年集成电路细分市场规模

资料来源：WSTS，2016年11月。

（二）领先企业排名波动，存储器企业业绩下滑

2016年，全球半导体领先企业营业收入小幅增长，据IC Insights 2016年11月中旬的预计，2016年全球前20大半导体厂总营收将逾2821亿美元，比上年增长3%（见表1）。企业排名发生较大变化，五家企业（英伟达、联发科、苹果、东芝、台积电）以两位数增长，而四家企业（SK海力士、美光、格罗方德、恩智浦）则陷入两位数衰退中。

2016年全球半导体企业中，英特尔、三星、台积电稳居前三；高通超越SK海力士重返第4；SK海力士营收大幅下滑，排名跌落2个位次，位居第6；博通则跃居第5位；美光、德州仪器排名保持在第7、8位；东芝业绩上扬，排名上升1个位次至第9；恩智浦收购飞思卡尔后营收下滑10%，勉强保住第十的位置。在第11～20位的企业中，排名变化较大的是联发科、苹果、英伟

达和格罗方德，联发科借中国大陆市场摆脱颓势，营收大涨29%，排名上升2个位次至第11；苹果则上升3个位次排名升至第14，自纳入统计以来表现强势，本年度营收增长17%；英伟达凭借强大的GPU和处理器产品成为营收增长最快的前20强企业，增速达到35%，排名上升2个位次至第16；格罗方德则成为衰退的代表之一，本年度营收下滑-11%，排名下跌3个位次至第18。上述排名中包含了三家纯代工厂——台积电、格罗方德和台联电，若不计入统计，则超微（42.28亿美元）、华为海思（37.62亿美元）和夏普（37.06亿美元）将递补进入前20强序列。

榜首三强地位稳固，英特尔营收将达到563.13亿美元，对三星的领先优势由上年的24%扩大到29%；受益于稳定的工艺，台积电业绩增长11%强于三星。瑞萨和高通成为表现扭转的企业，2016年瑞萨实现增长1%，高通仍负增长-4%但回升态势显著。英伟达、联发科分别以35%、29%的增速领跑。苹果、东芝分别实现了17%和16%的高速增长。SK海力士业绩下滑最大，-15%的增速使其在超越高通仅1年后迅速让出位置，并被博通超越，同为存储器大厂的美光也大幅下滑-11%，本年度（尤其是上半年）存储器行业的萎靡可见一斑。格罗方德在工艺演进竞争中处于不利地位，业绩大幅下滑-11%。恩智浦收购飞思卡尔，整体营收迈上新台阶，但营收下滑严重，同比增长-10%，被强势增长的东芝超越。苹果的芯片全部自用，凭借手机产品的热卖而跻身前20强，并保持高速增长。安森美则在收购飞兆半导体后超越台联电排名第19位，反映了模拟半导体的成长势头。

表1　2016年全球半导体产业排名前20强企业

单位：百万美元，%

2016年预计排名	2015年排名	企业名称	2015年收入	2016年预计收入	2015年增长率	2016年预计增长率
1	1	英特尔	52144	56313	-2	8
2	2	三星	42043	43535	10	4
3	3	台积电	26439	29324	6	11
4	5	高通	16008	15436	4	-4

续表

2016 年预计排名	2015 年排名	企业名称	2015 年收入	2016 年预计收入	2015 年增长率	2016 年预计增长率
5	6	博通	15183	15332	-19	1
6	4	SK 海力士	16649	14234	-11	-15
7	7	美光	14483	12842	0	-11
8	8	德州仪器	12112	12349	12	2
9	10	东芝	9429	10922	0	16
10	9	恩智浦	10563	9498	23	-10
11	13	联发科	6699	8610	16	29
12	11	英飞凌	6916	7343	-7	6
13	12	意法半导体	6873	6944	-8	1
14	17	苹果	5531	6493	11	17
15	14	索尼	6263	6466	3	3
16	18	英伟达	4696	6340	-22	35
17	16	瑞萨	5682	5751	15	1
18	15	格罗方德	5729	5085	6	-11
19	19	安森美	4866	4858	3	0
20	20	台联电	4464	4455	-3	0
全球 20 强			272772	282130	0	3

资料来源：IC Insights，2016 年 11 月。

（三）企业并购持续爆发，跨界布局特点凸显

继 2015 年全球半导体并购规模超过 1300 亿美元，达到历史最高点后，2016 年，半导体企业的并购态势持续火爆，在范围覆盖、涉及企业及并购金额等方面都超过了上一年度。据统计，2016 年，全球半导体产业并购案达到 40 多起，产业链覆盖了上游环节的 IC 设计、IC 制造以及下游环节的元器件分销企业，涵盖多个国家和地区，涉及金额 1400 多亿美元（其中还有多起并购金额不详），应用领域涉及消费电子、通信、汽车电子、物联网等。在延续了上一年度业内企业强强联合的特点之外，在本年度的大规模并购中跨界布局的案例更加突出。

表 2　2016 年全球半导体十大并购

单位：亿美元

排名	收购方	被收购方	收购金额	宣布时间
1	高通	恩智浦	470	10 月 27 日
2	软银	ARM	320	7 月 18 日
3	亚德诺半导体	凌力尔特	148	7 月 26 日
4	三星	哈曼集团	80	11 月 14 日
5	博通	博科	59	11 月 2 日
6	思佳讯	美高森美	53	11 月 4 日
7	西门子	明导	45	11 月 14 日
8	瑞萨	Intersil	32	8 月 22 日
9	ASML	汉威科	31.4	6 月 16 日
10	建广资本 & 智路资本	恩智浦标准产品业务	27.5	6 月 14 日

资料来源：根据新闻数据整理。

根据统计，2016 年全球半导体十大并购案例涉及金额高达 1265.9 亿美元，高通以 470 亿美元收购恩智浦，创下半导体收购金额新高。从时间上看，经过 2016 年上半年的相对沉寂后，半导体收购在下半年快速爆发，软银收购 ARM、亚德诺半导体收购凌力尔特、高通收购恩智浦三大并购案奠定了本年度并购大年的基本走向。与上年安华高收购博通、西部数据收购闪迪、恩智浦收购飞思卡尔等不同的是，高通收购汽车电子企业恩智浦、软银收购芯片 IP 设计企业 ARM 都体现出收购企业跨界布局的特点：高通本是移动芯片霸主，通过收购恩智浦，一举成为汽车芯片龙头；软银通过收购 ARM，一举进入芯片产业链，并掌控功低耗芯片技术源头，预期将在物联网等新兴领域开创新局面。此外，三星凭借收购哈曼集团重返汽车电子领域，成为跨界布局的另一个典型案例，配合收购智能语音技术企业 Viv Labs 以及投资无人驾驶技术企业 nuTonomy，三星的汽车产业布局不断完善。

以跨界布局为特点的大规模并购反映出半导体产业正迎来转型，在主要应用产品智能手机增长放缓的情况下，寻找下一个市场爆发点成为领先企业的当务之急，而跨界并购则是卡位、布局的有效手段。跨界并购案例表明，汽车电子、物联网正成为拉动未来市场增长和企业成长的热门领域。

（四）10纳米工艺进入量产，代工厂借重先进封装

半导体制造工艺演进正在进入 10 纳米量产阶段。2016 年，处理器最新工艺仍然停留在 14/16 纳米节点，苹果的 A10 处理器由台积电 16 纳米 FinFET 工艺代工，高通的骁龙 820、821 采用了三星的 14 纳米 FinFET 工艺，10 纳米工艺将应用在下一代的 A11 处理器和骁龙 835 处理器上。相比代工厂，英特尔的 14 纳米工艺屡遭推迟，2016 年推出 14 纳米产品完成更新换代。由于代工厂的 14/16 纳米工艺并未使真实线宽达到 14/16 纳米，英特尔与两大代工厂的工艺竞争转向 10 纳米和 7 纳米。2016 年第四季度，三星宣布 10 纳米工艺进入量产，根据台积电的计划，其 10 纳米工艺也将在年底量产，并于 2017 年第一季度开始贡献营收。总体上看，先进工艺已经进入 10 纳米量产节点，苹果、高通采用 10 纳米工艺的新一代处理器也将陆续推出。英特尔的 10 纳米工艺开发再次遭遇困难，14 纳米节点将延长。格罗方德则宣布跳过 10 纳米节点，直接开发下一代 7 纳米工艺，一直采用格罗方德工艺的 AMD 处理器面临工艺跳票或转换代工厂的选择。

英特尔 10 纳米工艺的延迟推出集中体现了当前工艺演进的困难，摩尔定律正遭受严重挑战。虽然在先进工艺的开发中，三星和台积电走在了前列，10 纳米量产之后，台积电宣布将于 2017 年试产 7 纳米工艺，2018 年初实现量产，然而工艺微缩的成本不断推高，如 10 纳米已经采用了三重曝光，未来节点的实现或将借助极紫外光科技的协助，促使代工厂向后道延伸，开发先进封装技术以降低芯片尺寸和功耗。台积电的整合扇出型封装（inFO－WLP）技术应用于 A10 处理器，可减少 20% 的体积、降低 40% 的功耗，成为台积电独得 A10 处理器订单的重要原因。

二　未来发展趋势

（一）半导体市场迎来复苏，集成电路市场回归增长

随着汽车电子、云计算、虚拟现实、物联网等新兴应用市场的逐渐成

长，全球半导体市场即将迎来增长期。集成电路市场增长态势的回归已成定局，2016 年第四季度存储器价格回温的效应将在 2017 年显现。然而受到全球宏观经济不稳定性，以及半导体产业内部调整的影响，这种增长势头将呈现波动性特点，未来的形势仍有待进一步观察。

据 WSTS 的预测，全球半导体市场规模在 2016 年基本持平的基础上，将于 2017 年和 2018 年迎来增长期，预计 2017 年全球市场规模达到 3461 亿美元，2018 年增长 2.3%，规模达到 3540 亿美元。从地区看，预计 2017 年全球各主要地区市场都将迎来正增长，特别是美洲市场将强势扭转负增长局面，亚太地区的进一步增长将带动全球市场增长态势迅速回归，2018 年全球市场保持正增长但增速略有回落，反映了全球经济形势的不稳定性。细分市场上看，2017 年，主要产品门类都将增长，传感器爆发式增长态势有所缓和，但仍保持最高增速，2018 年，除光电半导体出现负增长外，其他细分市场仍将保持增长态势。

集成电路市场将迎来正增长，预计 2017 年集成电路市场规模达到 2814 亿美元，2018 年增长 2.5%，规模达到 2885 亿美元。从产品门类看，各主要产品市场未来两年保持增长态势，模拟芯片将保持强势增长态势，存储器价格提振的效应将显现，呈现强势逆转态势。

（二）整合并购效果初显，新兴应用市场爆发在即

经过 2015~2016 年全球半导体企业并购的持续爆发，产业布局的态势逐渐明朗，整合并购从业内企业的强强联合，或抱团取暖保持竞争力，或集中市场份额提升利润率，逐渐发展到面向新兴应用市场的跨界布局。在全球智能手机市场增长进一步放缓的情况下，新兴应用市场的产业布局愈发成为龙头企业和国际资本转型和投资的焦点，英特尔、高通、ARM、三星等行业巨头纷纷发起或卷入大规模并购案。

随着云计算和大数据的发展，数据中心不断成长，并带动存储器和服务器芯片市场增长，中国资本强势加入存储器芯片产业竞争，ARM 架构欲抓住机遇挑战 x86 架构在服务器芯片上一家独大的局面，以 ARM、高通为代

表的先进企业积极推动芯片研发，并不断开拓新的生态系统。物联网技术不断成熟，华为、高通等积极推进5G国际标准落地，软银强势收购ARM，看好ARM芯片在物联网等市场中的巨大前景；汽车电子成为下一个巨型市场，车联网、新能源汽车电子、自动驾驶等技术将改变未来汽车的概念，使之成为半导体产品的下一个载体，恩智浦、高通、三星等通过并购拓展汽车电子布局；虚拟现实的开发和应用不断成熟，未来芯片设计中异构计算的优势愈发凸显，英伟达凭借强大的GPU技术实现业绩暴涨，AMD急速跟进；以深度学习、语音识别为代表的人工智能技术不断发展，神经网络芯片成为研发新热点。

（三）工艺竞争迎来转折，摩尔定律逼近极限

英特尔在工艺竞争中的领先地位迎来真正挑战。近年来，英特尔14纳米工艺屡遭延迟，这一情形再次发生在10纳米工艺上，未来一段时间14纳米仍将成为英特尔的前沿工艺；与此同时，代工厂的工艺演进不断推进，三星和台积电已经实现10纳米量产，7纳米的研发也有清晰的时间表，台积电有望2017年底试产7纳米工艺，并于2018年初实现量产，5纳米、3纳米的研发布局已经展开。考虑到真实的沟道宽度，英特尔推迟14纳米节点尚未动摇其领先地位，10纳米、7纳米节点将成为代工厂与英特尔工艺较量的真正转折点。

英特尔14纳米工艺推迟，摩尔定律开始受到挑战，工艺演进遭遇技术难关，摩尔定律能否继续指引产业发展方向引发质疑。代工厂不断开发新工艺，正从10纳米转向7纳米，这表明摩尔定律指导下的工艺演进仍在继续。然而在技术难关之外，经济效益成为重要因素，10纳米节点采用三重曝光，7纳米或将需要极紫外光刻机的支持，先进工艺制造的成本急速推高，重新挖掘成熟工艺的产能，或者采用先进封装、3D封装改善芯片集成度和功耗的思路逐渐受到重视。

B.11
2016年世界电子元器件产业发展回顾与展望

张　倩*

摘　要： 2016年电子元器件产值企稳回升，中国电子元器件产值仍然领跑全球。氮化镓产品大量上市，逐渐进入军事、宇航、无线基础设施、卫星通信、有线宽带等应用领域，未来需求将呈指数级增长。硅光电集成器件可充分发挥光传输优势，为各国所重视，可集成器件的种类和集成度进一步提升，下一步将首先应用于数据中心并带来变革性影响。

关键词： 电子元器件　氮化镓器件　硅光电集成器件

2016年电子元器件产值在2015年出现较大幅下跌后企稳回升，中国电子元器件产值仍然领跑全球，成为重要的带头力量。氮化镓器件可提供其他器件所不具备的功率、功率附加效率和增益，成为功率器件领域的研究热点。2016年众多厂商推出多个氮化镓器件产品，性能指标继续提升，应用范围不断扩大。硅光电集成器件既可充分引入光传输优势，又可克服光电器件体积大、难集成等缺点，在各国的高度重视下，可集成器件的种类和集成度进一步提升，未来将逐步应用于数据中心、芯片级光通信。

---

* 张倩，国家工业信息安全发展研究中心工程师，研究方向：物联网和大数据等新兴信息技术、电子元器件等。

一 2016年电子元器件产业发展态势

（一）全球产值企稳回升，中国大陆领跑发展

在经历了2013～2014年的高速增长后，全球电子元器件产值规模在2015年出现了回落，2016年略有上升，但未回到2014年的峰值水平。2013年、2014年、2015年和2016年产值分别达到5083.48亿美元、5343.32亿美元、5200.41亿美元和5250.98亿美元，2014～2016年产值增速分别为5.11%、-2.67%和0.97%，如图1所示。

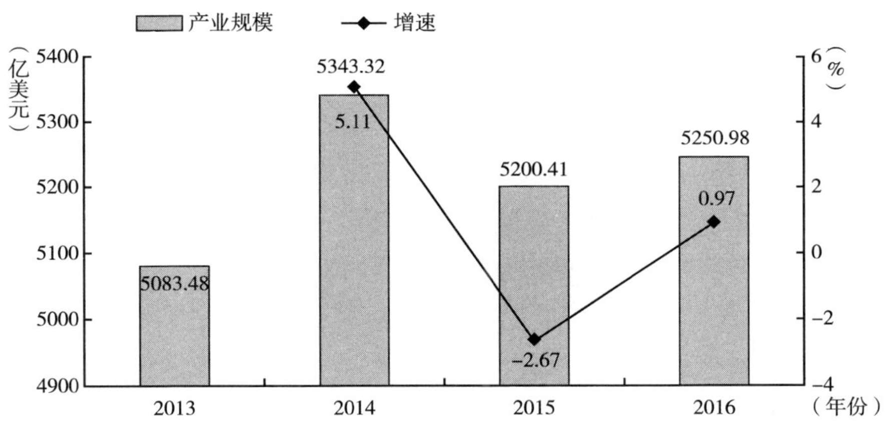

图1 2013～2016年全球电子元器件产值规模及增速

资料来源：*The Yearbook of World Electronics Data 2016*。

从地区来看，与往年全球电子元器件产业增长主要得益于除日本外亚太各国电子元器件产业的复苏或增长不同，2016年亚太地区各国除了中国大陆和马来西亚保持上升外，其他地区均呈现下降趋势。中国大陆仍是唯一产值规模超过1000亿美元的地区，2016年产值达到1408.14亿美元，较2015年增加8%，在全球总产值规模中的占比进一步上升，达到27%，远超过排名第二的韩国（12%），如图2所示。中国大陆也是产值规模增长第一快的地区，

2013～2016 年复合年增长率（CAGR）达到9.28%。中国台湾、韩国和马来西亚分别是产值规模增长第二、第三和第四快的地区，2013～2016 年的 CAGR 分别达到 1.56%、-0.28%和-1.86%。日本则出现较大衰退，2016 年产值规模仅有 631.71 亿美元，仍不及 2013 年的 677.77 亿美元，2013～2016 年的 CAGR 为-2.32%。美国和新加坡保持 CAGR 为-1%～-2%的速度缓慢发展，西欧则刚遏制住连年下滑态势，企稳复苏，2015～2016 年增长率为0.91%，但 2013～2016 年的 CAGR 为-5.44%。全球主要地区产值情况如表 1 所示。

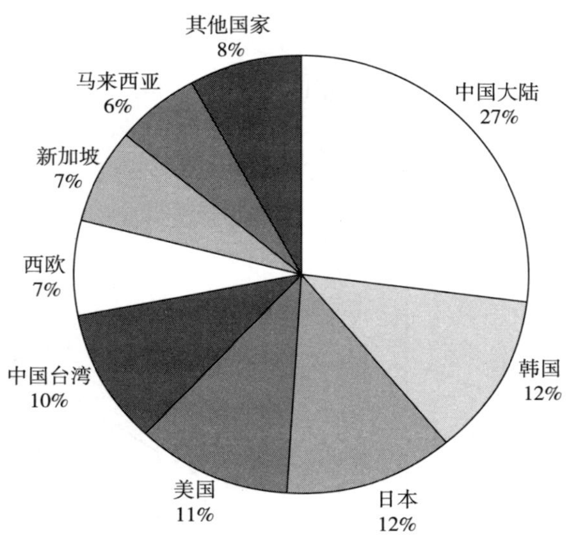

图 2　2016 年全球主要地区电子元器件产值占比

资料来源：*The Yearbook of World Electronics Data 2016*。

表 1　2013～2016 年全球主要地区电子元器件产值情况

单位：亿美元，%

地区	2013 年	2014 年	2015 年	2016 年	2015～2016 年增长率	CAGR
美　　国	571.34	592.24	565.95	553.85	-2.14	-1.03
西　　欧	467.29	456.8	391.58	395.15	0.91	-5.44
中国大陆	1079.15	1202.8	1303.8	1408.14	8.00	9.28
中国台湾	498	555.09	534.76	521.68	-2.45	1.56

续表

地区	2013 年	2014 年	2015 年	2016 年	2015～2016 年增长率	CAGR
日　本	677.77	681.6	633.22	631.71	-0.24	-2.32
韩　国	649.91	698.3	676.84	644.55	-4.77	-0.28
新加坡	379.29	381.85	367.19	359.7	-2.04	-1.75
马来西亚	334.41	346.3	310.75	316.14	1.73	-1.86
世界总和	5083.48	5343.32	5200.41	5250.98	0.97	1.09

资料来源：*The Yearbook of World Electronics Data 2016*。

（二）氮化镓器件性能持续提升，应用范围显著扩大

氮化镓（GaN）器件可提供其他器件所不具备的功率、功率附加效率和增益，能显著改进军用雷达、通信和电子战系统的性能，并减少尺寸和成本，成为功率器件领域的研究热点。2016 年，众多功率器件厂商纷纷推出 GaN 器件产品，且性能指标不断提升，应用范围持续扩大。

1. 器件研制方面

3 月，美国 Navitas 公司研制出全球首个单片集成 GaN 功率场效应晶体管（FET）及配套的 GaN 逻辑和驱动电路，电压达到 650V，开关频率是现有硅基电路的 10～100 倍，成为更小、更轻和更低成本的功率电子器件。7 月，日本丰田合成株式会社（Toyoda Gosei）通过重新设计沟道厚度和漂移层的掺杂浓度，研发出全球首个 GaN 基 1200V 功率晶体管芯片，工作电流超过 20A，体积仅有 1.5 平方毫米。9 月，欧空局“基于氮化镓技术的高功率固态功率放大器的宇航验证”（SLOGAN）项目研制出可用于伽利略卫星、技术成熟度达到 6 的 GaN 固态功率放大器，平均失效时间大约是 60 万小时，寿命超过 12 年的可能性超过 83.8%。

2. 散热技术研究方面

10 月，美国伊利诺伊大学表示，通过将 GaN 层厚度减薄至 1 微米，可将高功率 GaN 晶体管热点温度减少约 50 摄氏度；新加坡科学、技术和研究局（A＊STAR）微电子研究所则表示，金刚石导热层可显著改善氮化镓器件中存在的热效应问题，在对比试验中，使用金刚石导热层的测试芯片比使用铜导热层的测

试芯片温度低 27.3%，比没有使用任何导热层的测试芯片温度低 40%。

3. 产品方面

2016 年 4 月，美国 Wolfspeed 公司联合 KCB 解决方案公司对其碳化硅基氮化镓（GaN－on－SiC）射频功率晶体管进行了全面测试，证实符合美国国家航空航天局（NASA）EEE－INST－002 中 1 级可靠性和性能标准。在 5 月召开的 2016 年国际微波会议上，包括 Qorvo、恩智浦（NXP）、金刚石微波（Diamond Microwave）、美高森美（Microsemi）、MACOM、GaN System 等公司在内的多家 GaN 生产商均推出了新的 GaN 产品。Qorvo 和 NXP 的碳化硅基氮化镓（GaN－on－SiC）产品均满足军用雷达、通信和电子战领域的应用标准，产品性能分别如表 2 和表 3 所示。Microsemi 也推出了 6 款基于 GaN－on－SiC 的 L 波段（1－2GHz）射频功率晶体管和驱动器，功率输出范围在 120～750W，适用于雷达、航空和通信应用。

表 2　Qorvo 公司新推出 GaN 产品性能

项目	TGM2635－CP	TGA2307－SM	TGA2963
频率范围(GHz)	X 波段 7.9～11	C 波段 5～6	宽带 6～18
输出功率(W)	100	50	20
饱和输出功率(dBm)	50	>47	>43
大信号增益(dB)	22.5	>20	>20
功率附加效率(%)	35	>44	>20
封装	纯铜 bolt－down 封装	小型低成本 6mm x 6mm QFN 塑封	裸片
	散热效率高	具有 SWaP 优势	

表 3　NXP 公司新推出 GaN 产品性能

项目	MMRF5011N(28V) MMRF5013N(50V)	MMRF 5019N	MMRF 5023N	MMRF 5015NR5	MMRF5021H
工作频率(MHz)	1～3000		1～2700		
输出功率(W/CW)	12	25	63	125	250
增益(dB)	15	18	6	16	16
效率(%)	60	40	60	64	68
封装	OM－270－8 塑封		OM－270－2 塑封		NI－780H－4L 陶封
其他	用作驱动和最后一级放大器，集合了高功率密度、高可靠和宽频带内频率响应曲线平坦等特性，能够经受超过 20:1 的电压驻波比及 3dB 的过载				

4. 应用方面

基于 GaN 器件技术的射频系统可探测和跟踪更远距离的目标，并能减小天线尺寸、增加灵活性、改善传输性能、减少采购和全寿命周期成本。GaN 器件已在性能、能效、尺寸、可靠性和成本间取得平衡，正加速进入军事和宇航、无线基础设施、卫星通信、有线宽带（有线电视和光纤到户），以及其他 ISM 频段等应用领域。3 月，英国科巴姆（Cobham）公司和韩国 RFHIC 公司合作，共同推进以氮化镓（GaN）技术为基础的 175kW 固态传输器的研发，满足军/民用雷达应用需求。7 月，美国陆军研究实验室授予美国雷神公司价值 110 万美元的合同，为陆军的“下一代雷达”（NGR）研发基于雷神 GaN 技术的可微缩、敏捷、多模射频前端技术（SAMFET），雷神公司的 GaN 器件产生每瓦射频信号的成本是同等砷化镓（GaAs）器件的 1/3，已验证平均失效时间达到超乎意料的 1 亿小时。9 月，美国海军陆战队与诺格公司签订价值 3.75 亿美元的合同，用于采购 9 部基于氮化镓（GaN）技术的地/空任务导向雷达（G/ATOR）低速率初始生产（LRIP）系统，基于氮化镓（GaN）技术可拓展 G/ATOR 系统四大功能的威胁探测和跟踪范围，并使单个系统全寿命周期内的成本节约超过 200 万美元。与此同时，法国空客国防和宇航公司与加拿大研华无线公司先后于 7 月和 9 月表示，其卫星用 GaN 基固态功率放大器（SSPA）和海事用 GaN SSPA 出货量加速上升。

（三）硅光电集成技术受各国重视，技术不断取得突破

硅光电集成技术可充分将硅互补金属氧化物（CMOS）集成电路制造过程中的成本优势引入光电器件中，有效克服光电器件难微缩、难集成的缺点，为各国政府和企业高度重视。例如，美国于 2015 年 7 月在“美国创新业制造中心”下设启动了“美国光电集成制造中心”（AIM Photonics），欧盟将光电视为欧盟产业成功实现数字化的核心。

1. 政府举措方面

2015 年 12 月，欧盟启动了为期 3 年的“以极低成本实现突破性互连的

板级集成收发机的 CMOS 解决方案”（COSMICC）项目，聚焦于电路板级硅光电收发器的研发和商业化，目标是数据速率达到 2.4Tb/s（采用 12 根光纤，每根光纤的数据速率是 200Gb/s），功耗小于 2pJ/bit，成本大约是 0.2 欧元/Gb/s，满足数据中心和超级计算系统的使用需求。2016 年 2 月，欧盟启动“硅基直接调制激光”（DIMENSION）项目，分别在硅前道和后道工艺线中生长超薄Ⅲ-V族材料结构和嵌入有源光功能，使硅 CMOS 平台能够制造Ⅲ-V族光电器件，实现在硅芯片上制造有源激光组件的目标，通信速率可达 25Gb/s，并显著降低制造成本。9 月，AIM Photonics 研发出硅光电集成工艺设计工具包（PDK），降低硅光电器件集成制造实现难度。10 月，欧盟委员会资助英国 HiLight 半导体有限公司 177.4 万欧元（约 200 万美元），开发 100 – Gbps 传输速率的超低功耗硅光电集成电路，满足数据中心网络领域应用。

2. 技术进展方面

2016 年 2 月，美国国防先期研究计划局“光学优化嵌入式微处理器”（POEM）和“嵌入式计算技术能量效率革命”（PERFECT）项目研发出首个光电集成微处理器，标志着芯片级光电系统的出现。3 月，比利时微电子研究中心（IMEC）在 2016 年光网络和通信（OFC）会议上展示了其基于晶圆级集成硅光电平台（iSiPP）上的多种硅光电集成器件的研究进展，该器件可有效支持 50Gb/s 不归零（NRZ）通路数据速率通信的发展，满足高密度、高带宽、低功耗远程通信和数据通信收发机以及传感器或激光雷达等低成本、大批量应用需求。法国纳米科技（Nanoelec）技术研究所（IRT）宣布实现了Ⅲ – V/硅基激光器和硅基马赫 – 曾德尔（Mach Zehnder）调制器的首次单片集成，单信道内数据传输速率达到 25Gbps。4 月，美国加州大学圣芭芭拉、美国海军实验室和美国威斯康星大学合作，通过研发出被称为“SONOI”（绝缘层上氮上硅）的新型波导和对应的硅上激光器，研制出世界首个硅基量子级联激光器。11 月，美国普林斯顿大学在全球首次使用调制器作为神经元，基于硅光电集成技术，以模拟神经网络的方式，研制出“全球首个光电神经形态芯片”，并用“神经编译器”仿真了一个带有 49 个节点的光电神经网络，在完成一个实验性差分系统仿真任务时，计算速度比传统方法快1960倍。

二　未来发展趋势

（一）市场需求持续放大，产值继续提升

对比2013~2016年全球电子元器件产值规模和2013~2019年已有和预期市场需求可以看出，如图3所示，产业规模一直未能有效满足市场需求。未来，在物联网、电子信息产业技术的发展带动下，电子元器件的市场规模将持续增大，预计在2019年达到6062.36亿美元，2013~2019年的CAGR达到3.2%。

就地区来看，中国大陆的市场规模和增速仍领跑全球，2019年达到2343.61亿美元，2013~2019年CAGR将达到3.72%。美国占据市场规模第二的位置，2019年达到865.16亿美元。韩国则是增长第二快的国家，以2013~2019年CAGR 2.96%的速度增长到2019年的296.85亿美元。全球主要地区的市场规模增长总体呈现趋缓态势，如图4所示，具体数值详见表4。

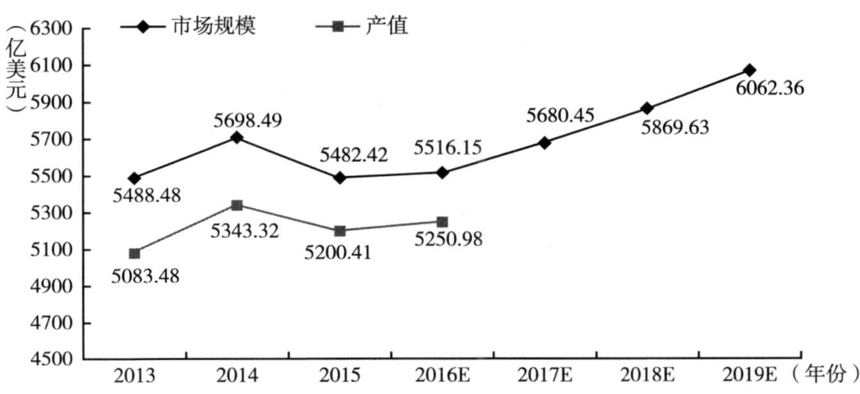

图3　2013~2019年全球电子元器件市场规模和产值情况

资料来源：*The Yearbook of World Electronics Data 2016*。

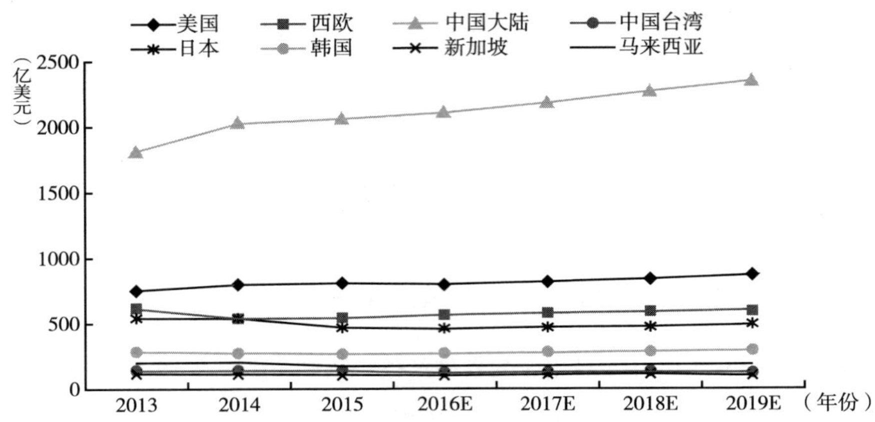

图 4　2013～2019 年全球主要地区电子元器件市场规模

资料来源：*The Yearbook of World Electronics Data 2016*。

表 4　2013～2019 年全球主要地区电子元器件市场情况

单位：亿美元，%

项　目	2013 年	2014 年	2015 年	2016 年 E	2017 年 E	2018 年 E	2019 年 E	2013～2019 年 CAGR
美　国	751.04	799.05	803.38	800.69	820.88	841.15	865.16	2.61
西　欧	611.25	544.10	549.80	565.52	580.66	592.96	605.02	2.28
中国大陆	1825.51	2014.69	2058.12	2100.51	2177.99	2262.59	2343.61	3.72
中国台湾	149.55	143.05	134.01	130.92	129.27	130.94	133.33	0.61
日　本	542.01	534.53	472.73	464.64	470.13	478.18	486.95	1.58
韩　国	282.35	277.25	273.62	272.01	279.39	288.23	296.85	2.96
新 加 坡	122.29	117.61	106.42	104.33	106.23	108.51	110.71	2.00
马来西亚	204.11	203.01	173.03	173.37	177.41	181.76	186.21	2.41
世界总和	5488.48	5698.49	5482.42	5516.15	5680.45	5869.63	6062.36	3.20

资料来源：*The Yearbook of World Electronics Data 2016*。

（二）氮化镓器件保持指数级增长，消费类充电器占比将增加

随着高频率 GaN 功率器件对低频率硅功率器件的替代，市场将再一次被颠覆，密度、效率都将再次得到显著提升，GaN 器件将越来越多地应用于重要宇航、军事和卫星电子系统中，迎来高速发展。

2016 年 3 月，法国著名咨询公司 Yole 在《2016～2020 年 GaN 射频市场：应用、企业、技术和衬底》中预测，2016～2020 年 GaN 射频器件市场将扩大至目前的 2 倍，CAGR 将达到 4%；2020 年末，市场规模将扩大至目前的 2.5 倍。2015 年受益于中国 LTE 网络的大规模应用，无线基础设施市场规模大幅增长，有力地刺激了 GaN 射频产业。2015 年末，整个 GaN 射频市场规模接近 3 亿美元。2017～2018 年，在无线基础设施及国防应用市场需求增长的推动下，GaN 市场规模会进一步增大，但增速较 2015 年会有所放缓。2019～2020 年，5G 网络的实施将进一步推动氮化镓市场规模的增长。下一步，GaN－on－SiC 和硅基 GaN 技术将继续并行发展。目前，GaN－on－SiC 占 GaN 商用器件总量的 95% 以上，成熟度远高于 GaN－on－Silicon。但 GaN－on－Silicon 对成本敏感的应用领域而言将具有吸引力，如 LTE、卫星通信终端、有线电视和射频能量收集等，并对 GaN－on－SiC 市场形成挑战。

9 月，美国市场研究咨询机构透明市场研究（TMR）公司预测，2016～2024 年，全球 GaN 半导体器件市场 CAGR 将达到 17.0%，呈指数级增长；2015 年全球 GaN 半导体器件市场总值为 8.7 亿美元，预计 2024 年将达到 34.4 亿美元。同月，美国 Point the power 公司发布的《GaN 功率电子应用和市场》表示，GaN 器件在消费类电源领域的应用将不断增加，增长最快的是笔记本和电子设备的充电器，到 2022 年消费类设备用充电器占据 GaN 功率市场的 30%。

（三）硅光电器件首先应用于数据中心，未来实现芯片内光通信

硅光电器件将有力推动光互联、光通信、光信号处理等器件的发展，数据传输速度有望达到每秒太比特，突破现有计算机、超大容量和超高速信息传输处理的发展瓶颈，带动从网络基础设施到数据中心，再到超级计算机的全方位发展，硅光电器件短期和中期目标将聚焦于数据中心和网络内的应用，以满足这些领域大数据量的传输需求。长期目标是封装内芯片间和芯片内的通信，最终将替代现有高速接口，甚至传统晶体管，但可能需要十年或

更长的时间。众多器件和模块供应商已将硅光电技术纳入其发展路线图，并开始增加研发资金，极力避免因忽视该技术所带来的后果。

2016 年 2 月，美国行业研究公司 LightCounting 在《包括硅光电（SiP）在内的光集成技术的市场机会》中指出，2016～2021 年，硅光电技术将与磷化铟和砷化镓技术展开激烈竞争，若能胜出，未来有望在下一个十年对市场带来颠覆性影响，但需开发出晶圆级光制造、封装和测试技术，以及实现与电子器件集成的三维晶圆堆叠技术。

10 月，法国市场研究公司悠乐（Yole）在《用于数据中心和其他应用的硅光电器件》中指出，硅光电器件市场即将引爆，出现巨大增长，硅光电器件当下最好的应用领域是数据中心，也包括其他硅光电器件可以支撑的应用，如高性能计算机、远程通信、传感器、生命科学、量子计算机和其他高端应用。到 2025 年，硅光电器件在数据中心和其他几个新兴应用领域的市场销售总值将达到数十亿美元。2020 年及以后，硅光电器件的传输能力将远超过铜电缆，并用于高速信号传输。2025 年及以后，硅光电器件将更多地用于信号处理，如处理器芯片中多个处理核之间的互联。硅光电器件未来发展面临的挑战包括激光源的集成、降低功耗、从并行光纤到波分复用（WDM）、降低成本、先进封装技术和建立硅光电供应链等。

B.12

2016年视听产业发展回顾与展望

梁冬晗*

摘　要：全球视听产业规模持续萎缩，产业进入下行通道。中国制造的视听产品产值份额逐渐提升，中国电视品牌首次超越韩国成为全球销量冠军。超高清大尺寸产品需求旺盛，市场份额不断攀升。虽然 OLED 电视目前仍属于小众市场，但其发展前景逐渐被行业看好，生产 OLED 电视的供应商数量也有所增加。随着视听行业市场饱和，市场增长需要新产品和新技术的刺激，未来，超高清大尺寸智能电视将驱动产品更新换代，以 OLED、量子点、全息技术为代表的新兴技术逐渐成为行业发展的主流方向。

关键词：视听产业　智能电视　OLED　量子点

2016 年，全球经济除了美国出现复苏外，欧洲、日本全在泥潭里，新兴市场国家更危险，如金砖四国中的巴西和俄罗斯甚至有可能出现政治危机。全球经济的不确定性，使得原本就低迷的视听产业持续下滑态势。但电视市场有所回暖，中国电视品牌首次超越韩国成为全球销量冠军。尽管如此，随着新技术、新产品、新商业模式的出现，产业链创新不断，未来视听产业仍有新机遇。

---

* 梁冬晗，国家工业信息安全发展研究中心工程师，研究方向：信息通信产业与技术研究。

一　2016年视听产业发展态势

（一）消费电子市场需求不振，行业进入下行通道

近年来，全球消费电子产业发展形势严峻，市场需求萎靡不振，加之全球经济低迷，经济增长依旧存在不确定性，行业创新步伐放缓，导致消费电子行业下行趋势凸显。据《世界电子数据年鉴 2016》（*The Yearbook of World Electronics Data 2016*）统计，2016 年，消费电子产品产值预计为 1120.31 亿美元，比 2015 年的 1141.81 亿美元小幅下滑 1.88%。从市场情况来看，2016 年，消费电子产品销售值为 1033.08 亿美元，同比下降 1.95%。

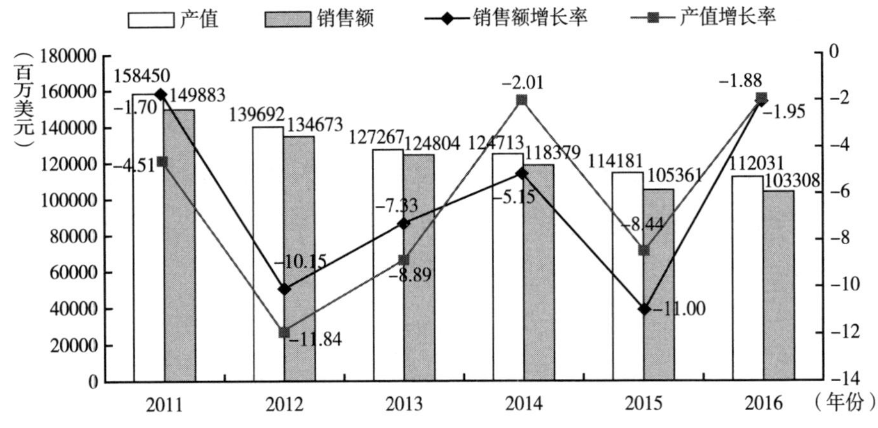

图 1　2011～2016 年消费电子产品产值与销售情况

注：2016 年为预测值。消费电子产业涵盖音视频设备、个人消费电子、彩电、数码相机、DVD 等产品。

资料来源：*The Yearbook of World Electronics Data 2016*。

（二）视听产业规模持续萎缩，中国制造的产值份额有所提升

视听产业规模持续萎缩。据《世界电子数据年鉴 2016》（*The Yearbook of World Electronics Data 2016*）统计，2016 年，视频设备产值规模达 787.23 亿美元，同比下滑 1.55%；音频设备产值规模达 197.23，同比下滑 4.95%。

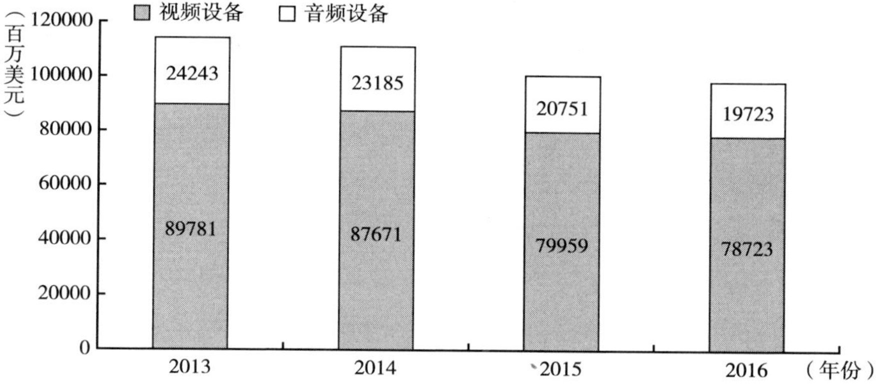

图 2　2013～2016 年视频和音频设备产值

注：2016 年为预测值。

资料来源：*The Yearbook of World Electronics Data 2016*。

视听设备生产主要集中在东亚，所占份额高达 52%。其中，中国是世界最大的视听设备生产国，产值规模达到 422.73 亿美元，占全球产值的 42.9%，这一数值较上年增长了 3.44 个百分点；其后是墨西哥、斯洛伐克和马来西亚，占全球产值的比重分别为 17.5%、4.3% 和 3.8%。

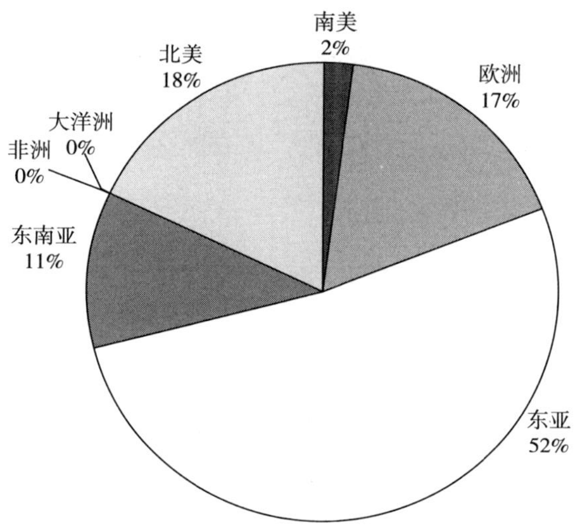

图 3　2016 年按区域划分视频和音频设备产值规模

北美是最大的视听设备市场，市场规模达到244.13亿美元，市场占有率达26.7%；其后是中国、日本、德国和印度，所占全球份额分别为15.3%、6.2%、5.3%和4.6%。

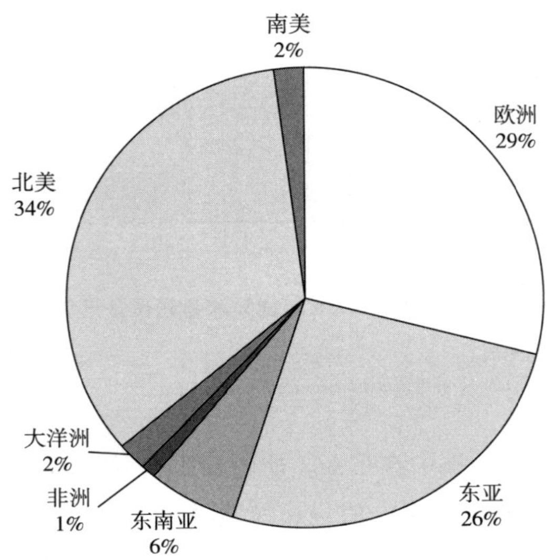

图4　2016年按区域划分视频和音频设备市场规模

注：2016年为预测值。
资料来源：*The Yearbook of World Electronics Data 2016*。

（三）电视市场出现回暖趋势，中国电视品牌首次成为全球销量冠军

电视市场2016年出现回暖趋势。据Futuresource Consulting统计，2016年全球电视出货量预计可达到2.25亿台，市场规模达到860亿美元。尽管全球电视市场整体较为稳定，但个别国家波动较大。受俄罗斯经济衰退影响，东欧电视市场发展停滞，除法国、德国和英国外，西欧其他国家的电视市场也面临阵痛，法国市场2016年预计增长20%；拉美市场销售正在下滑，墨西哥和巴西市场预计将出现逾10%的下滑幅度；中国市场将增长至少5%，电视出货量占据全球的1/5；印度和其他亚太地区国家也将推动全球电视出货量的增长。

中国电视品牌的全球出货量将首次超越韩国，拿下全球电视出货量冠军的头衔。据群智咨询统计，2016 年中国品牌彩电出货量将达到 8360 万台，较 2015 年增长 15%，全球市场占有率达到 33.9%，较 2015 年提高 4 个百分点；韩国品牌市场占有率则预计下降 1.2 个百分点，降至 31.3%；而日本企业预计只有 9.4% 的市场占有率。中国内外销市场增势迅猛。2016 年，中国品牌内销市场的出货量将较 2015 年增长 12.5%，高达 5120 万台；中国品牌出口电视达到 3240 万台。其中，TCL 在北美市场年销量增长突破 50%。此外，创维电视成为非洲和德国市场的热销品牌。同时，长虹电视借助在捷克的电视工厂在欧洲的销量大幅提升。

但从品牌销量来看，韩国厂商依然位居前两名，高端产品竞争优势明显。其中，三星和 LG 的市场占有率分别为 19.7% 和 11.6%；中国品牌 TCL、海信和创维分列第三、第四、第五位，市场占有率分别为 7.6%、7.1% 和 6.6%；索尼位列第六，市场占有率 5%。目前彩电高端品牌领域仍被日韩品牌所占据，国内品牌的竞争优势更多的是价格优势。在品牌市场布局方面，三星和 LG 继续主宰欧洲市场。在美国市场，LG 排在三星和 Vizio 之后，位列第三。在日本，夏普处于领军地位，而创维和海信等国产品牌主要还是在中国大陆市场较具竞争力。

（四）超高清大尺寸产品需求旺盛，OLED 市场潜力强劲

电视产品大尺寸化和超高清化的需求旺盛。尽管 4K 超高清电视增长低于预期，但其增长势头仍然强劲，预计 2016 年 4K 电视出货量将增长 75%，占据全球电视出货量的 25%，达到 5625 万台。智能电视将占据 2016 年全球出货量的 59%，达到 1.33 亿台。4K 超高清液晶电视占有份额最大且最具潜力的目标市场在中国，2016 年市场占有率超过 40%；其次北美、西欧及日本等地区的占有份额在 2016 年均超过 20%。据统计，2016 年 55 英寸以上大尺寸电视出货比重达到 17.8%。

虽然 OLED 电视目前仍属于小众市场，但其发展前景逐渐被行业看好，生产 OLED 电视的供应商数量也有所增加。据 Futuresource 数据，预计 2016

年 OLED 电视出货量将达到近 100 万台，但占市场总量的比重不到 0.5%。由于 OLED 的高端定位和较高售价，从市场销售总额上看，OLED 占据了 3%的份额。从美国市场来看，65 英寸 OLED 电视在高端产品中销量占比 74%，而 55 英寸的占比则更高达 77%。而考虑到美国市场作为全球高端市场的风向标，这或意味着全球高端彩电 OLED 化日趋明显。

二　未来发展趋势

全球视听产业市场已经从增量市场变为存量市场，在新的市场环境下，视听产品形态多样化发展，可穿戴、智能化产品融入视听产业。彩电产业正在步入发展的新拐点，传统的液晶显示技术面临挑战，OLED 和量子点作为下一代显示技术被寄予希望，在技术驱动下彩电产品将向品牌高端化发展。

（一）产业总体下滑态势有所收窄，亟待寻求新的增长点

受全球经济形势影响，消费电子产业延续低迷态势，2019 年将实现销售额 988.29 亿美元，较 2015 年下滑 1.42%，降幅有所收窄。视听产业规模继续萎缩，已经从增量市场变为存量市场。

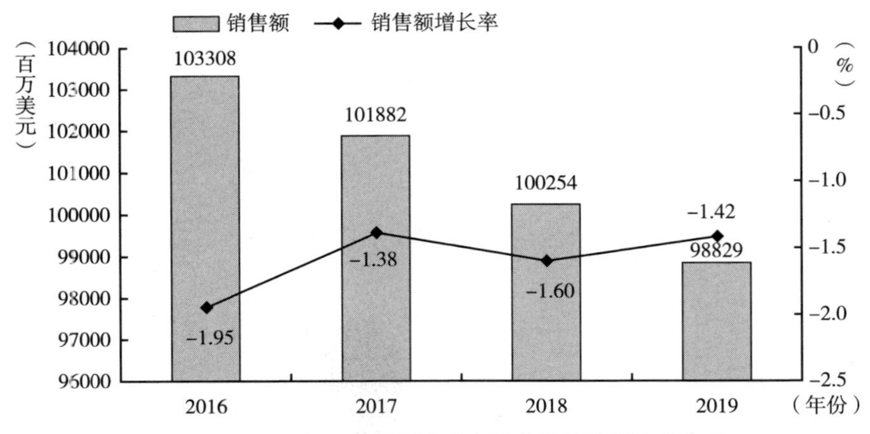

图 5　2016 ~ 2019 年世界消费电子产业销售额变化趋势

注：2016 ~ 2019 年为预测值。

资料来源：*The Yearbook of World Electronics Data 2016*。

（二）未来液晶面板价格或上涨，彩电产品成本上涨

随着近两年互联网电视的崛起，电视行业净利润减少。加上韩国三星、LG 等上游面板商不断关闭液晶面板生产线，尤其是韩国三星宣布将关闭占全球大尺寸面板产能 4% 的 G7 生产线，中国台湾面板企业也受到 2 月 6 日地震影响减产，液晶面板的价格 2016 年持续上涨，11 月面板价格直接上调 6% ~8%，全年面板价格报复性反弹约 40%；原材料、大宗材料、人工成本等持续上涨，线路板、塑胶硅胶等的涨幅均超过 10%，进而促使彩电企业生产成本上涨。未来液晶面板价格或持续上涨，电视整机企业面临的成本压力加大，多个品牌的彩电机型价格已经上调，互联网品牌乐视超级电视已经先后在 9 月和 11 月上调了电视价格，传统 32 英寸的电视价格普遍上涨 100 ~200 元，TCL、创维和康佳等彩电厂商均表示 2017 年初还会对电视价格进行调整，预计 2017 年彩电平均售价较 2016 年第四季度还会高出 15% ~20%，电视产业或将迎来新一轮的洗牌。

（三）超高清大尺寸电视势头迅猛，智能电视驱动产品更新换代

大尺寸面板市场以“大尺寸化、高清化”为趋势，中小尺寸面板市场以“技术多元化”为趋势，不断引领显示技术和产品发展创新。超高清电视、大尺寸电视、智能电视已然成为彩电市场的主流产品。从面板尺寸来看，市场对于 50 英寸以上的产品需求旺盛。从清晰度来看，4K 液晶电视面板渗透率不断攀升。根据群智咨询和 IHS 预测，2017 年和 2018 年全球 4K 液晶电视面板渗透率预计分别提升到 31% 和 39%。8K 面板也将步入市场，预计 8K 产品将在 2020 年前后出现爆发式增长。目前面板厂商、电视品牌厂商对 8K 产品非常积极，尺寸布局从 65 英寸覆盖到 110 英寸。随着智能电视的发展，未来会形成新的替换高峰期。智能电视让用户回归客厅娱乐。智能电视的普及，为互联网智能电视产业生态奠定了坚实的基础。依托智能电视而衍生出的家庭互联网生态内容、服务和应用将越来越深入到用户家庭中，成为智能家庭的枢纽。

（四）OLED、量子点、全息技术日新月异，新技术驱动产业发展

以 OLED、量子点、全息技术为代表的新兴技术正逐步登上平板显示的大舞台，产品性能优势凸显，逐渐成为行业发展的主流方向。OLED 技术发展趋于成熟，显示性能优异。OLED 市场逐渐形成完整的产业链，随着技术提升、产线良率提高及供应链的成熟，OLED 在销量和应用方面实现了快速突破。OLED 对于 LCD 的替代将首先从高端产品展开，OLED 电视的市场占有率将有望提升至 5% ~8% 。在大尺寸面板方面，LG Display 拥有最成熟的 OLED 技术。LG 预计 2017 年可生产 200 万片 OLED 电视面板，2018 年的产量可达 250 万片以上；量子点技术电视在 2014 年进入大众视野，通过 TCL、三星等品牌的持续产品丰富，经过近 3 年的发展，已经成为中高端市场的一个重要品类，预计到 2018 年量子点电视出货量将增至 1870 万台。韩国开发出 360 度全息显示技术，日本 NHK 计划 2030 年推出全息立体电视，BBC 也宣布开始研制全息投影电视。

B.13

2016年通信产业发展回顾与展望

王慧娴*

摘 要： 2016年全球通信产业保持平稳增长态势，产值及市场规模较上年均有所提升。欧洲厂商发展呈现疲软态势，中国、美国通信企业快速发展。全球4G网络的商用进程持续加快，用户数量及商用网络数量大幅增加。通信技术不断取得新突破，引领行业全面提升。预计未来通信产业将继续保持稳定增长态势，技术持续快速演进，应用领域也将进一步拓展和延伸。

关键词： 通信产业 4G 光通信

2016年，全球通信产业保持平稳增长态势，产值及市场规模较上年均有所提升。欧洲通信设备厂商利润下滑，中美通信企业快速发展。全球4G网络建设进程持续加快，根据全球移动供应商联盟（GSA）的统计数据显示，预计到2016年底，全球4G用户数量将突破20亿户。与此同时，第五代移动通信（5G）、光通信等技术不断取得新突破，引领了行业的全面提升。

预计未来通信产业将呈现以下三大特点：一是随着全球移动互联网、物联网的高速发展，行业将继续保持平稳增长；二是在网络传输速率及容量需求大幅增长的带动下，通信技术将持续快速发展；三是得益于5G、近场通信（NFC）、射频识别（RFID）、智能传感器、虚拟现实（VR）等技术日趋成熟的推动，通信产品的应用领域将不断拓展。

---

* 王慧娴，国家工业信息安全发展研究中心工程师，研究方向：通信技术与产业研究。

一 2016年通信设备产业发展态势

（一）市场规模持续扩大，产业保持平稳增长

2016年，全球通信设备市场的持续扩大，为产业发展创造了良好的空间。根据《世界电子数据年鉴2016》（*The Yearbook of World Electronics Data 2016*）统计，2016年全球无线通信与雷达设备市场规模为3229.09亿美元，同比增长2.8%；电信设备市场规模达到802.95亿美元，同比增长2.1%，如表1所示。

表1 2013~2016年世界通信产品市场情况

单位：亿美元

年份	2013	2014	2015	2016
无线通信与雷达设备	3139.16	3230.86	3140.95	3229.09
电信设备	837.24	837.88	786.76	802.95
总计	3976.4	4068.74	3927.71	4032.04

资料来源：*The Yearbook of World Electronics Data 2016*。

在产值方面，2016年全球无线通信与雷达设备产值为3776.5亿美元，同比增长3%；电信设备产值达到752.51亿美元，同比增长2.1%，如表2所示。

表2 2013~2016年世界通信产品产值情况

单位：百万美元

年份	2013	2014	2015	2016
无线通信与雷达设备	3467.18	3665.62	3666.24	3776.5
电信设备	782.33	764.33	737.39	752.51
总计	4249.51	4429.95	4403.63	4529.01

资料来源：*The Yearbook of World Electronics Data 2016*。

（二）中美厂商快速发展，欧洲厂商利润下滑

2016 年，欧洲通信设备厂商发展呈现疲软态势，盈利能力大幅下滑。中国、美国通信企业则快速发展，营业收入及利润都实现增长。

欧洲通信设备厂商方面，爱立信公布的财报显示，受全球宏观经济环境疲软态势的影响，爱立信 2016 年前三季度销售额为 1574.1 亿瑞典克朗，较上年同期下降 9.2%；与此同时，随着新增移动宽带需求减少，2016 年前三季度实现净利润 33.37 亿瑞典克朗，较上年同期的 65.2 亿瑞典克朗下降 48.8%。而诺基亚发布的 2016 年第三季度业绩报告显示，受网络设备业务下滑的影响，其于 2016 年第三季度实现销售额 60 亿欧元，同比下降 7%，运营利润为 5.56 亿欧元，同比下降 18%。

美国通信设备厂商方面，受美洲、欧洲、中东和非洲地区营业收入增长的驱动，思科公司的盈利能力有所提升。其发布的 2016 财年全年业绩报告显示，2016 财年公司实现净销售 492 亿美元，与 2015 财年持平，净利润 107 亿美元，比 2015 财年的 90 亿美元增长 19%。

中国通信设备厂商方面，华为公司作为全球最大通信设备生产商，受益于智能手机和网络设备在全球市场保持稳健增长，2016 年实现销售收入 5200 亿元人民币，同比增长 32%，运营利润率约为 12%。中兴通讯公布的 2016 年三季度财报显示，受国内及国际 4G 系统产品和光传送产品、国内手机产品和家庭终端产品营业收入同比增长带动，截至 2016 年 9 月 30 日，中兴通讯实现营业收入 715.64 亿元人民币，同比增长 4.44%，实现净利润 28.59 亿元人民币，同比增长 9.78%。

（三）4G 网络商用进程加快，中国市场增长迅猛

2016 年，全球 4G 网络的商用进程持续加快。GSA 在 2016 年 8 月发布的统计数据显示，截至 2016 年 7 月底，全球已经有 521 张 4G 网络在 170 个国家商用。GSA 预计，到 2016 年底，全球 4G 用户数量将达到 20 亿，商用运营商将达到 560 家，如图 1 所示。

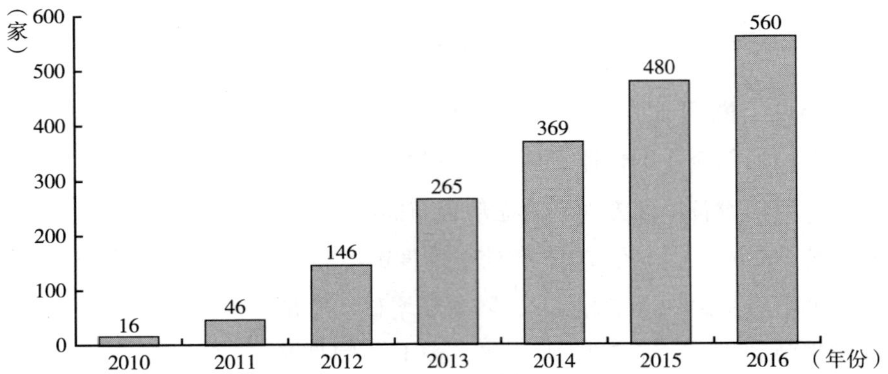

图1　2010～2016 年全球 4G 商用运营商

资料来源：*Global Mobile Suppliers Association*。

从地区分布来看，亚洲是全球最大的 4G 市场，并且市场份额仍在不断增长。2016 年第一季度，亚洲地区的 4G 用户数达到 7.34 亿，占据全球 56.9% 的份额。亚洲的增长主要来自中国，中国市场的 4G 用户数在 2016 年第一季度增长量达到 9630 万，占据了全球 4G 用户数净增长总量的一半以上；北美是全球第二大 4G 市场，第一季度的 4G 用户数达到 2.53 亿；欧洲市场的用户数为 1.81 亿；拉丁美洲和加勒比海地区的 4G 用户增长也非常强劲，第一季度 4G 用户数达到 6700 万；中东地区的 4G 用户数为 4660 万；非洲的 4G 用户数为 900 万。

（四）技术不断取得新突破，引领行业全面提升

2016 年通信技术不断取得新突破，引领了行业的全面提升。在智能手机领域，无线音频、双曲面屏幕、增强现实（AR）等新技术不断成熟。2016 年 9 月苹果公司发布了 iPhone 7 智能手机产品，该手机取消了 3.5mm 耳机接口，推出无线耳机 Apple AirPods。Apple AirPods 耳机内置红外传感器，能够自动识别并进行播放，还可以通过双击开启 Siri。2016 年 2 月，三星公司发布了 Galaxy S7 edge 手机，该手机拥有双侧曲面屏幕，将原来一列的侧边屏幕应用变为两列，同时，侧屏面板的自定义范围非常大，面板位

置、触发面积、透明度、面板排序、图标功能和位置、资讯显示都能够进行定制。2016 年 6 月，联想发布了基于谷歌 Project Tango 技术的智能手机 PHAB 2 Pro，首度为智能手机融入了增强现实（AR）体验，手机通过多枚传感器和摄像头扫描空间，能对设备周围的环境进行 3D 建模，帮助用户实现房间虚拟布置、服装试穿等功能。

在第五代移动通信（5G）领域，2016 年华为、爱立信、三星等厂商积极开展相关研究，并取得一定突破。2016 年 4 月，华为公司联合多家企业与研究机构，率先完成 5G 空口技术外场的测试验证，并在中国成都建设了全球最大规模的 5G 技术验证外场，通过多项 5G 全新空口技术组合实现了 3 倍频谱效率提升。2016 年 9 月，爱立信发布了名为 AIR 6468 的 5G 新无线（NR，New Radio）设备。该设备采用爱立信 5G Plug – Ins 软件模块，支持 64 收发天线的大规模 MIMO 和 MU – MIMO 等技术，配合爱立信 Baseband 5216 基带单元，便可组建 5G 基站。2016 年 9 月，三星电子与韩国 SK 电讯合作完成了室外环境 28GHz 5G 基站之间的切换测试，实现了将多个毫米波基站系统连接到电信运营商光纤基础设施。

在光通信领域，2016 年 9 月，G. 654 标准修订完成并获通过，标志着应用于陆地高速传送系统的 G. 654. E 光纤正式完成标准化工作。2016 年 10 月，美国脸书、谷歌公司、海底通信技术供应商 TE SubCom 及香港太平洋光缆数据通讯公司宣布，将共同建造连接美国加利福尼亚州洛杉矶与中国香港的太平洋光缆网络系统（PLCN），这条跨太平洋海底的光缆全长 1. 28 万公里，预计 2018 年夏季投入使用。2016 年 11 月，奥地利维也纳大学科学家在加纳利群岛进行的实验中，成功让弯曲激光束携带信息行进了 143 公里，创造了新的世界纪录，较之前的纪录提高了 50 倍，这一新突破将给卫星通信方式带来革命性变化。

二　未来发展趋势

（一）行业保持平稳增长

伴随着移动互联网、物联网的普及与深入发展，5G 商用网络有望在未来3～5年内广泛部署，如中国计划于2017年开始5G大规模外场实验、美国已为5G网络分配频率资源并准备在2018年开展商用。在全球移动通信网络建设步伐加快、新一代智能终端快速普及的带动下，预计未来通信行业将继续保持平稳增长。根据《世界电子数据年鉴2016》（*The Yearbook of World Electronics Data 2016*）的数据预计，到2019年全球通信市场规模有望达到4425.65亿美元，年均复合增长率为3.15%，如图2所示。

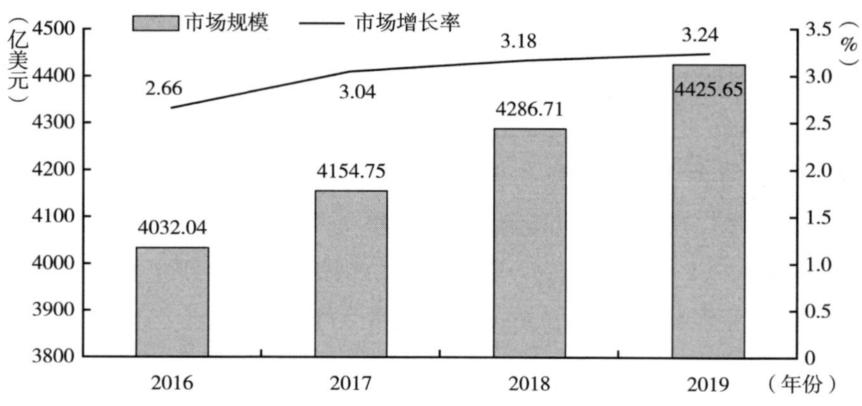

图2　2016～2019年通信产业市场规模

注：2016年为预测值。
资料来源：*The Yearbook of World Electronics Data 2016*。

（二）技术创新持续加快

随着网络传输速率及容量需求的大幅增长，通信技术将持续快速演进。在光通信领域，超100Gb/s技术将成为主流，Pbit多芯空分复用以及光子轨道角动量复用将成为研究热点，高级正交幅度调制、相干接收、数字信号处理、多载波技术和光电集成工艺等新技术将逐步引入、普及并持续优化，以不断提升光传输性能、降低光传输成本。在移动通信领域，极密集网路、大规模阵列天线、高频段传输技术等关键领域有望实现进一步突破。

（三）应用领域不断拓展

随着5G、近场通信（NFC）、射频识别（RFID）、智能传感器、虚拟现实（VR）等技术的日趋成熟，通信产品的应用将不断推陈出新。未来的通信网络将是多业务系统、多接入技术及多层次覆盖的复杂网络，支持更广泛的覆盖，提供随时随地地无缝接入和移动性支持。同时，为了支持广泛的机器对机器（M2M）、三维地图（D2D）及公众保护与救灾通信（PPDR）等各种面向公众和行业的应用，现有系统将进行空口接入的优化设计、协议栈和流程的适应性修改、接入架构的扩展等。智能终端的概念也将逐步泛化，进而缔造出新的产品形态。

B.14 2016年计算机及网络产业发展回顾与展望

崔学民*

摘　要： 2016年，全球PC市场出货量再创新低，服务器市场呈下滑态势，这与整个计算机领域的需求低迷及创新不足有关，短时间内难见回暖迹象。中国在高性能计算领域取得的成绩赢得了广泛的关注，神威太湖之光的上榜使得中国在这一领域实现八连冠。受大数据、云计算等影响，以太网设备市场保持稳定增长。

关键词： 计算机　服务器　高性能计算　交换机　路由器　IT产业

2016年，计算机行业整体仍处在调整期，PC市场持续低迷，预计全年出货量仅为2.65亿台，是近几年出货量最低的一年；服务器市场出现下滑态势，x86架构设备在市场上仍占有绝对优势；高性能计算技术增速稳定，神威太湖之光为中国赢得了全球超级计算机500强排行榜的八连冠；受大数据、云计算等快速发展的影响，以太网交换机与路由器市场稳步增长。

一　2016年计算机产业发展态势

（一）PC行业继续下滑，市场持续向大厂商集中

2016年，全球PC市场持续下滑。多家机构不断调低对PC市场的预期，

* 崔学民，国家工业信息安全发展研究中心高级工程师，研究方向：计算机与网络。

研究机构 Gartner 预计，2016 年全球 PC 出货量仅有 2.65 亿台，同比下滑 8%。PC 市场不景气主要是因为过多消费类设备导致 PC 产品生命周期不断延长，以及来自新兴市场的消费需求表现疲软，此外，成熟市场中大部分消费者至少拥有并使用 3 种不同计算设备，PC 并非大部分消费者心目中优先的使用设备，因此像以往那样经常升级 PC 的需求持续下降。

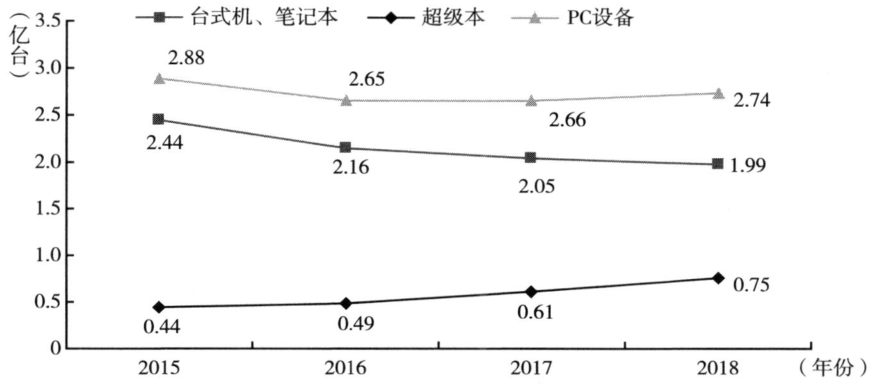

图 1　全球 PC 产品出货量统计与预测

注：2016～2018 年为预测数据。

资料来源：根据 Gartner 统计数据整理，2016 年 10 月。

PC 市场持续出现集中化现象。前六大厂商（联想、惠普、戴尔、华硕、苹果、宏碁）的 PC 出货量在 2016 年第三季度达到了全球总出货量的 78%，创下历史新高。联想仍是全球最大的 PC 厂商，2016 年的出货量占到了全球 PC 市场的 20% 以上，惠普以近乎相同的出货量紧随其后，但是，联想出货量已连续 6 个季度出现同比下滑，惠普及戴尔则自 2016 年第二季开始出现持续增长。

Windows 仍是 PC 市场的主流操作系统，占据着 PC 市场 90.89% 的份额，比上年同期的 91.39% 略有下降，苹果 Mac 操作系统的市场份额由上年同期的 6.99% 增至 7.5%。从具体操作系统的版本看，Windows 7 的市场份额从年初的 52.47% 降至 11 月底的 47.17%，Windows 10 的市场份额则从年初的 11.85% 增至 23.72%，预计未来 1～3 年将继续保持快速增长，成为全球用户最多的操作系统。

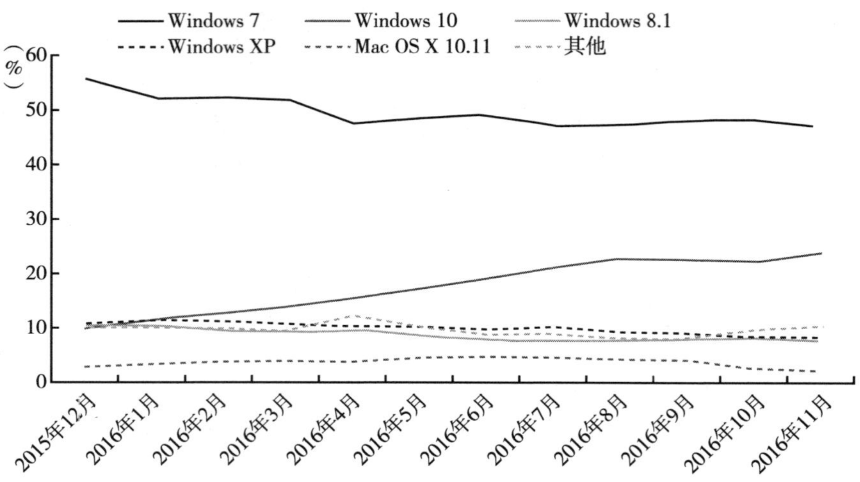

图 2 PC 操作系统市场份额走势

资料来源：Net Applications，2016 年 12 月。

（二）服务器行业增长乏力，市场格局进一步调整

受大规模数据中心增长放缓、高端服务器销售下滑，以及虚拟化与云服务的使用增多等因素的影响，服务器市场难以维持增长态势。市场研究机构 Gartner 的统计数据显示，2016 年第一季度，全球服务器的出货量同比增长 1.7%，但销售收入同比下降了 2.3%；第二季度出货量同比增长 2%，销售收入同比下降 0.8%；第三季度双双出现下滑态势，出货量同比下降 2.6%，销售收入同比下滑 5.8%。

从地区看，在数据中心细分领域增长的多样化，以及汇率等因素的影响下，2016 年，东欧等地区出货量增长，其他地区均出现下滑态势，销售收入方面，除了日本之外的所有地区也都在下降。

惠普依然是全球最大的服务器厂商，市场份额始终保持在全球的 25% 以上，遥遥领先于排在第二位的戴尔，联想与思科已经超过 IBM，分别排在第三和第四的位置。五大服务器厂商均出现不同程度的下滑，仅保留高端服务器业务的 IBM 下滑幅度最大，第 1 ~3 季度分别同比下滑 32.7%、34.4% 和 33.0%。

（三）高性能计算能力持续提升，中国实现八连冠

2016 年，全球高性能计算能力大幅提升。11 月的全球超级计算机 500 强排行榜显示，其总的计算能力为每秒 672 千万亿次，比上年同期的 421 千万亿次增长了 60%，增速提高了近 24 个百分点。

由国家并行计算机工程技术研究中心研制，位于国家超算无锡中心的神威太湖之光第二次位居全球超级计算机 500 强排行榜首位，实现了中国超算在 500 强的八连冠，其峰值性能达到每秒 125.43 千万亿次，持续性能为每秒 93.01 千万亿次。

表 1　超级计算机 500 强排行榜前十名

单位：个，十亿次/秒

排名	名称	安装地点	制造商	处理器数	运算速度
1	神威太湖之光	国家超算无锡中心，中国江苏	国家并行计算机工程技术研究中心	10649600	93014594
2	天河二号	国家超算中心，中国广州	国防科学技术大学	3120000	33862700
3	泰坦（Titan）	美国能源部橡树岭实验室	克雷	560640	17590000
4	红杉（Sequoia）	劳伦斯 - 利弗莫尔国家实验室，美国	IBM	1572864	17173224
5	Cori	国家能源研究科学计算中心，美国	克雷	622336	14014700
6	Oakforest - PACS	东京大学高性能计算联合中心（JCAHPC），日本	富士通	556104	13554600
7	京（K）	理化高级研究所（AICS），日本神户	富士通	705024	10510000
8	PizDaint	国家计算中心，瑞士	克雷	206720	9779000
9	米拉（Mira）	伊利诺斯州阿贡国家实验室，美国	IBM	786432	8586612
10	Trinity	美国能源部	克雷	301056	8100900

资料来源：http：//www.top500.org，2016 年 11 月。

中国在超级计算机 500 强中的上榜数量大幅上升，11 月的榜单中，中国和美国各占 171 个席位，并列第一，排在第 3 ~6 位的依次是德国、日本、法国和英国。

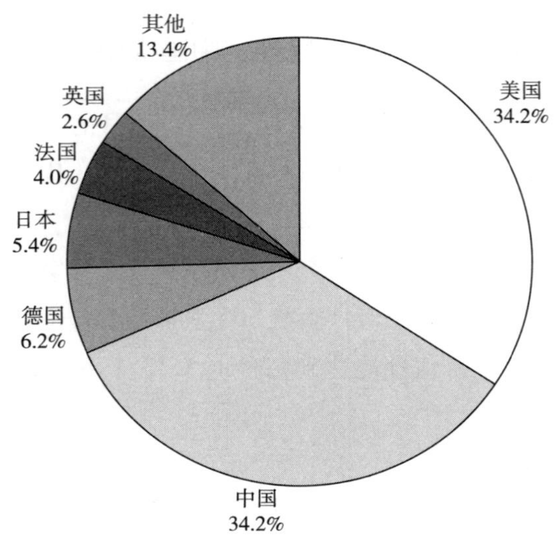

图3　全球超级计算机500强国家与地区装机数量分布

资料来源：http：//www. top500. org，2016年11月。

惠普仍是最大的供应商，在全球超级计算机500强中有140个为惠普制造，但较上年同期的155个有所下降；联想大幅增至96个，排名第二；克雷则由上年同期的69个降至56个，排名第三。

英特尔处理器仍在超级计算机中广泛使用，500强中使用英特尔处理器的个数由上年同期的445个增至462个，使用了IBM处理器的有22个，使用了AMD处理器的由上年的21个降至7个。Linux操作系统在超级计算机中的使用率继续升高，本次超级计算机500强中除了两个使用UNIX系统的外，其余498个全部使用Linux操作系统。

（四）大数据等需求增长，以太网设备市场增速平稳

云存储、移动互联网、大数据等的发展仍是推动以太网交换机与路由器市场增长的主要动力。市场研究机构IDC的数据显示，2016年，全球2～3层以太网交换机市场保持稳定增长，前三季度的销售收入分别达到54.8亿美元、59.7亿美元和62.9亿美元，同比分别增长1.4%、3%和2.0%。

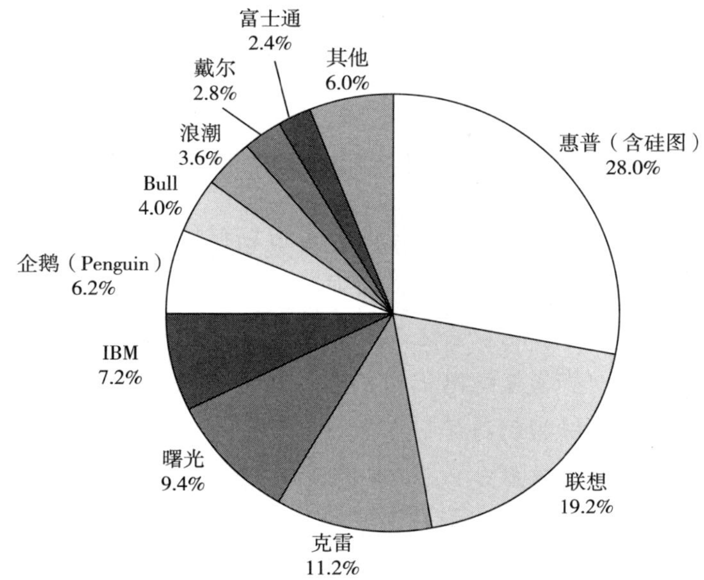

图 4　全球超级计算机 500 强供应商分布

资料来源：http：//www. top500. org，2016 年 11 月。

以太网交换机市场的增长主要来自 40Gb 及 100Gb 设备。第三季度，40Gb 交换机的销售收入同比增长 20. 5%，端口数量同比增长 68. 5%，100Gb 交换机的销售收入同比增长 330. 1%，端口数量同比增长高达 447. 5%。

以太网路由器的销售收入主要来自运营商和企业市场，前三季度以太网路由器的销售收入分别为 34. 7 亿美元、36. 7 亿美元和 35. 6 亿美元，同比增长 3. 3%、－2%和 2. 6%。

思科仍然是全球最大的以太网设备商。市场研究机构 IDC 的数据显示，在 2～3 层以太网交换机领域，思科仍占据着 60%左右的市场份额，华为超过惠普成为第二大以太网交换机厂商。路由器市场由思科、华为和瞻博控制着全球 90%以上的市场份额，但思科的市场份额已经下降到 45%左右。

二　未来发展趋势

（一）计算机市场仍将处于持续调整阶段

受经济形势等因素影响，全球计算机市场将持续调整。PC 领域的出货量向六厂商集中的趋势会进一步加强，PC 市场低迷状态短期内未见改变迹象，尽管华为等厂商开始进入 PC 市场，但与 PC 大厂相比，其市场份额仍十分微小，全球总的出货量仍会继续向六大 PC 厂商集中，联想、惠普和戴尔的市场份额仍将领先于其他厂商，苹果依靠品牌效应，具备超过华硕与宏碁成为第四大 PC 厂商的潜力。服务器市场中 x86 设备的出货量将继续扩大相对于其他架构服务器的领先优势，POWER 与 ARM 等架构的服务器的生存环境将继续受到挤压；未来 1～2 年内，数据中心等仍将虚拟化与云计算作为首选，服务器市场难以再现高增长态势。随着中国在高性能计算领域的快速发展，日本、韩国、欧盟等国家与地区加大了在这一领域的研发与投入，受此影响，高性能计算仍是未来几年的关注热点。

（二）如何创新发展仍是未来几年亟须解决的问题

未来几年，如何创新发展仍是计算机行业亟须解决的问题。目前，个人计算机领域缺乏创新亮点，近期也并未看到好转迹象。笔记本电脑方面，虽然有二合一设备、超薄本等形式的产品，但并没有明显改善 PC 市场的迹象，创新不足或者说创新不到位制约了个人计算机市场的发展，与智能设备、可穿戴设备的快速发展相比，计算机市场在未来 1～3 年内回暖的希望不大，如何创新发展将是各大厂商需重点解决的问题。长期主导计算机产业的英特尔芯片产品更新速度将继续减缓，受苹果、谷歌等操作系统冲击，以及操作系统从 PC 到平板的统一趋势影响，微软的 Windows 操作系统的绝对优势也将进一步削弱，市场仍需要新形态和新技术来拉动。创新发展在服务器领域更加迫切。x86 架构处理器仍是服务器领域的主流产品，POWER 架构与 ARM 架构的服务器在未来几年也只能保持其小众产品的地位，受虚拟化与云存储的影响，大型服务器市场的下滑态势难以在短时间内有所缓和，怎样通过新技术和新产品来改变目前的颓势将是整个行业需共同面临的难题。

B.15
2016年物联网产业发展回顾与展望

方　颖*

摘　要：　2016年，全球物联网市场规模持续扩大，物联网连接设备数逐年上升。工业物联网成为发展热点，投资交易额已占物联网行业的四成。各国积极加快物联网建设，全球运营商纷纷筹划物联网的部署，推进新技术的测试及试商用，物联网产业的发展将迎来新阶段。未来数年，伴随着物联网的高速增长，物联网安全市场也将进一步扩大。

关键词：　物联网　工业物联网　通信　物联网安全

2016年，全球物联网设备的安装基数和连接设备数继续上升，工业物联网投资交易额在物联网行业中的占比持续增长。韩国、荷兰等国家进一步加强物联网基础设施建设，率先测试新的物联网连接技术。美国遭遇大规模DDoS攻击，引发全球关注物联网安全问题，物联网行业在安全投入上还有待加强。伴随着物联网市场的持续高涨，物联网用半导体行业也呈现稳步增长的态势。

一　2016年物联网产业发展态势

（一）市场规模逐年扩大，工业物联网投资持续提升

全球物联网市场规模持续扩大。根据麦肯锡数据分析，2025年之前，

* 方颖，国家工业信息安全发展研究中心工程师，研究方向：物联网等新兴信息技术。

物联网的潜在经济影响力为2.7万亿~6.2万亿美元。2016年，全球企业在物联网技术的产品和服务上的支出预计达到1200亿美元，2021年这个数字将增长到2530亿美元，达到16%的年均复合增长率。物联网技术服务单独支出预计在未来五年将以17%的年均复合增长率增长，到2021年达到1430亿美元。

全球物联网连接设备数逐年上升，Gartner预计，到2020年这一数字将达到208亿。2014年，全球物联网连接设备数为38.07亿，此后逐年稳步上升，预计2016年达到63.92亿。其中，消费类设备一直保持为占比最大的一部分，预计在2020年全球208亿物联网连接设备中有135亿是消费类设备。

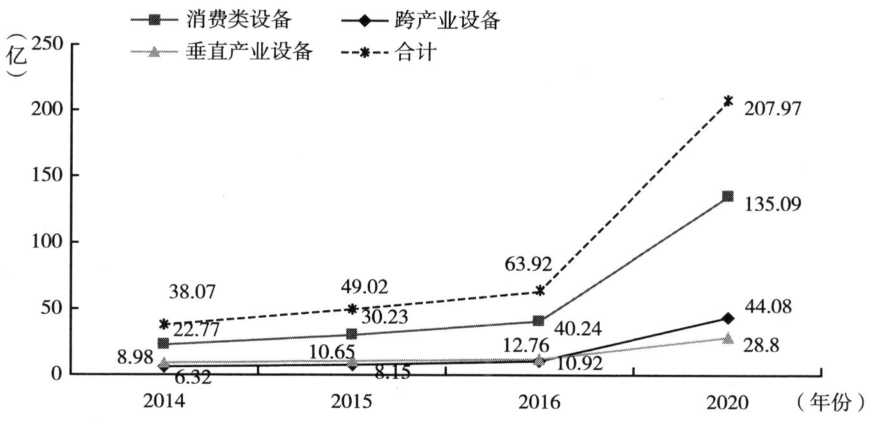

图1　2014~2020年全球物联网设备数

注：2016年、2020年为预测值。
资料来源：Gartner，2015年11月。

工业物联网投资交易额占物联网行业的四成。物联网应用正向资产充裕的行业靠拢，如制造业、石油业、矿业等。据CB Insights数据分析，2012年，工业物联网投资交易量占物联网行业的35.08%，在经历2013年短暂的下滑后，自2014年起占比持续增长。截至2016年第三季度工业物联网投资交易量占物联网行业的39.09%。工业物联网投资交易额在物

联网行业中的占比也在持续增长。2012 年，工业物联网投资交易额占物联网行业的 36.87%，2013 年占比降至 26.93%，此后一直保持增长态势。截至 2016 年第三季度工业物联网投资交易额占物联网行业的 39.99%。此外，通用电气预测，在未来 15 年间工业物联网的投资额最高可达 60 万亿美元。

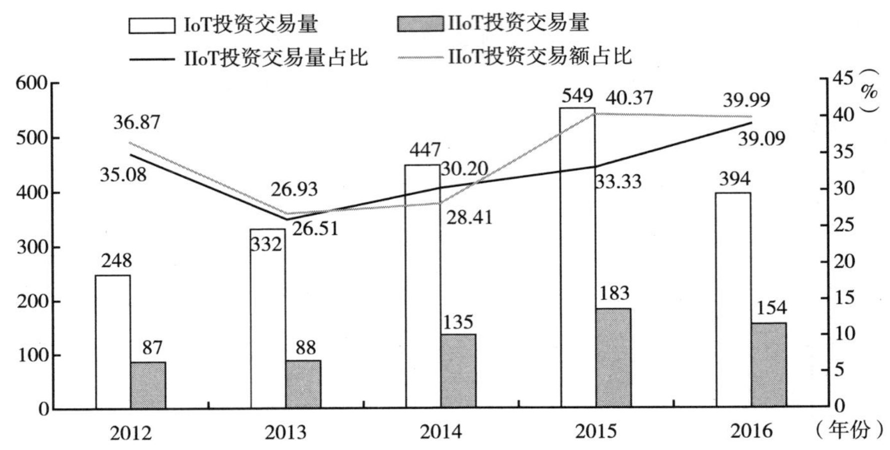

图 2　2012～2016 年工业物联网投资交易量、交易额在物联网行业中的占比

注：2016 年的数据截至第三季度，IoT 指物联网，IIoT 指工业物联网。

资料来源：CB Insights，2016 年 10 月。

（二）各国加快物联网建设，营造良好产业生态

2016 年，发达国家持续加大对物联网的投入力度。美国发布了物联网安全战略，为物联网的发展提供安全保障；韩国进一步加强物联网基础设施建设；新的物联网连接技术已率先在欧洲得到测试。

美国于 2016 年 11 月发布了《保障物联网安全战略原则》，迈出物联网安全保障第一步。《保障物联网安全战略原则》指出，目前很多物联网产品未采取基本的安全措施。美国国土安全部（DHS）表示，物联网制造商必须在产品设计阶段构建安全屏障，否则可能会被起诉。

韩国电信KT进一步加强物联网基础设施建设以适应物联网大幅增长的M2M应用与通信的需求。2016年3月，韩国电信KT联手诺基亚完成全球第一个eMTC（增强型机器通信）场地测试，利用诺基亚通信的无线电技术与现有LTE网络，扩展无线信号的覆盖范围，以实现中等速率的物联网信息传输。韩国政府希望借助2018年平昌冬季奥运会率先商用5G网络服务，举办全球首个5G网络物联网奥运，借此抢占5G物联网制高点。

荷兰电信运营商KPN联合爱立信、高通在欧洲率先测试LTE－M，为更广泛的物联网应用打下基础。LTE－M是物联网连接的全新3GPP标准，能够通过4G网络实现，并支持更广泛的物联网应用，包括智能交通系统、可穿戴设备和实用程序的智能计量。在此之前，KPN已经在荷兰推出了LoRa网络，并表示LTE－M将通过其移动网络完善现有M2M服务。LTE－M模块预计在2017年开始批量生产，KPN计划在2017年提供LTE－M服务。

（三）窄带物联网标准冻结，全球运营商加快部署

2016年6月，国际标准组织3GPP冻结窄带物联网（NB－IoT）标准核心协议。作为物联网领域新兴的无线通信技术，NB－IoT标准化工作的完成也预示着各类物联网厂商的产品开发节奏将大大加快，物联网产业的发展将迎来新阶段。NB－IoT能够使所有终端设备直接接入运营商网络，其广覆盖、支持海量连接、低功耗、低成本的特性更能为未来物联网的连接提供强大的支撑，GSMA预测，2017年底全球将有20家主流运营商部署NB－IoT网络。

NB－IoT尚未正式商用，全球的运营商都在加快部署。在标准冻结之前，沃达丰已在英国构建了全球首个NB－IoT开放实验室，并计划于2017年在德国、爱尔兰、荷兰及西班牙推出NB－IoT网络。目前，西班牙一些城市已经开始部署NB－IoT服务，荷兰地区正在推进对核心网的升级工作。2016年10月，T－Mobile荷兰抢在沃达丰之前推出世界首个NB－IoT网络，计划最初将部署在阿姆斯特丹、鹿特丹等地区，并于2017年实现全国覆盖。2016年11月，韩国运营商KT与三星电子、

Ericsson - LG 及诺基亚丰富了合作协议，计划在 2017 年上半年建立全国性 NB - IoT 网络。

以华为为代表的中国企业正积极推进 NB - IoT 的技术实践，智能水表、智慧水务领先试商用。2016 年 6 月，华为联合苏州电信与苏州自来水表有限公司研发基于 NB - IoT 的智能水表；2016 年 11 月，华为联合南非跨国电信集团 MTN 在非洲推出了智能水表计量（Smart Water Metering）解决方案，成为非洲首个 NB - IoT 解决方案；同期，作为中国首个 NB - IoT 规模商用的承接项目，福州市城市供水漏损治理项目即将进入实施阶段，项目建成后，一个基站可同时并发 5 万个水表数据。此外，中兴通讯联合浙江移动成功开通演示了“五水共治”水质监测业务，成为中国率先使用 NB - IoT 的业务案例。

二　物联网产业未来发展趋势

（一）物联网产值持续扩大，相关电子信息产业稳步增长

根据 MIC 预估，全球物联网产业的产值到 2020 年将达到 1.45 兆美元。其中又以工业物联网的范畴更广、影响更大，到 2020 年产值将达到 8699 亿美元，约占整个物联网产业产值的六成。根据麦肯锡数据分析，到 2025 年，物联网的应用包括个人、城市、工厂、汽车、家庭、零售、办公室等，对全球的经济贡献最高可能超过 11 万亿美元。

随着全球物联网架构越来越完善，大规模物联网应用服务将部署在城市环境中，相关电子信息产业将获得稳步增长。据 IC Insights 数据分析，2014 ~ 2019 年全球物联网用半导体销售额的复合年增长率预计为 19.9%。在经历 2015 年 29.41% 的快速增长后，全球物联网用半导体销售额在 2016 年的增长率预计下降为 19.48%，销售额上升到 184 亿美元，此后增长率将保持在 10 多个百分点。到 2019 年，全球物联网用半导体销售额预计达到 296 亿美元。

（二）安全问题引发关注，安全市场有望扩大

近年来，物联网安全问题愈演愈烈，危害范围加速蔓延，保障安全已成为物联网持续发展的必要条件。2016 年 10 月 21 日，美国遭遇史上最严重“分布式拒绝服务”攻击。数十万个物联网设备被控制后持续发起网络攻击，导致美国超过半数互联网站在 6 个小时内无法访问，引发全球关注。物联网被入侵后将危害系统运行和数据安全。2016 年，由美国联邦贸易委员会主办的隐私大会指出，现存物联网设备极易泄露隐私，国际黑客大会也例证，美国数千个监测地质活动的地震感应系统可被入侵及篡改关键信息。

物联网行业在安全投入上还有较大上升空间。根据 Gartner 数据分析，2015 年物联网安全预算费用还未达到行业年度预算的 1%。如果按照 IT 行业每年 7% ~8% 的安全投入计算，2019 年全球物联网安全市场的规模将达到 910 亿 ~1040 亿美元。在大规模物联网安全事件的推动下，随着公共安全的持续建设，物联网安全市场规模有望逐步扩大。

B.16
2016年世界传感器产业发展回顾与展望

张　倩*

摘　要：　2016 年，传感器在物联网、汽车、医疗等应用领域的巨大需求下，保持高速发展态势，光电传感器和生物传感器成为研究热点，并加速在汽车和医疗领域的应用。随着应用量的进一步增加，功耗过高和安全隐患将成为传感器发展道路上必须克服的障碍。

关键词：　光电传感器　生物传感器　低功耗

2016 年，传感器在物联网各领域继续深入应用的背景下，保持快速发展态势。为了满足能提供更多新感知形态、具备更高性能和更低功耗传感器的发展需求，各国纷纷启动针对性基础材料、低功耗和制造能力研究和建设。在分类上，光电传感器和生物传感器发展迅速，成为研究热点。在应用层面上，汽车和医疗成为市场关注的焦点。此外，传感器因为量多、结构简单、安全防范能力低，成为物联网安全的薄弱环节，应给予高度重视。

一　2016年传感器产业发展态势

（一）基础研究获持续推进，制造能力建设受重视

随着传感器应用范围日益广泛和应用量的快速增加，各国对于能提供更

* 张倩，国家工业信息安全发展研究中心工程师，研究方向：物联网和大数据等新兴信息技术、电子元器件等。

多新型功能、功耗更低的传感器需求强烈。为此，各国纷纷加强传感器基础材料、功耗、制造能力方面的研究和建设。

1. 基础材料领域

2016 年 9 月，美国空军研究实验室宣布授予美国 UES 公司为期 6 年、价值 4200 万美元的“纳米电子材料优化”（NEMO）项目合同，希望在 2022 年 9 月前研发出带有新型电磁和光电特性的超晶格、量子点、超薄膜或分层异质结构等，实现对电子、磁和光电器件至关重要的新型纳米级材料和经改进的处理工艺，满足传感器应用和通信应用。同月，美国麻省理工学院（MIT）获美国国防先期研究计划局（DARPA）“活性制造厂：1000 分子”项目第二阶段 820 万美元的研发合同，继续研发生物工程用基础材料，满足先进军用传感器、化学制剂、材料和治疗等领域的应用需求。

2. 低功耗领域

7 月，美国加州大学戴维斯分校在 DARPA “近零”（N－ZERO）项目的支持下开发出超低功耗传感器技术，可感知汽车驶过时地面的压力变化，功耗仅为 10 纳瓦，是现有低功耗手机传感器所需 10 毫瓦功率的百万分之一。DARPA 希望通过“近零”项目研发出满足特定需求的物理、电磁和其他类型传感器技术：能在一般情况下保持休眠，功耗尽可能降至零，但可被车辆驶过或打开发电机等特定的外部事件以无线方式触发和唤醒；仅在被激活后才能正常工作和消耗能量，休眠状态下的功耗小于 10 纳瓦，约等于手表电池自动放电时的耗电量。通过使用这种技术，将远程部署、无人值守的通信与环境等传感器的工作寿命从数周延长至数年，进而降低维护成本和重新部署的频率；或在保持陆基传感器当前运行寿命的情况下，极大缩减电池大小和数量（至少 20 倍），满足美国国防部对特定事件发生情况持续监测能力的需求。“近零”项目示意图如图 1 所示。

3. 制造能力建设方面

5 月，欧盟启动为期三年名为“为实现万物互联建造灵活的前/后端传感器先进制造线”（IoSense）项目，以满足欧洲下一步物联网发展需求和促进欧洲半导体产业的发展。IoSense 项目将在英飞凌公司现有制造厂中建造 3

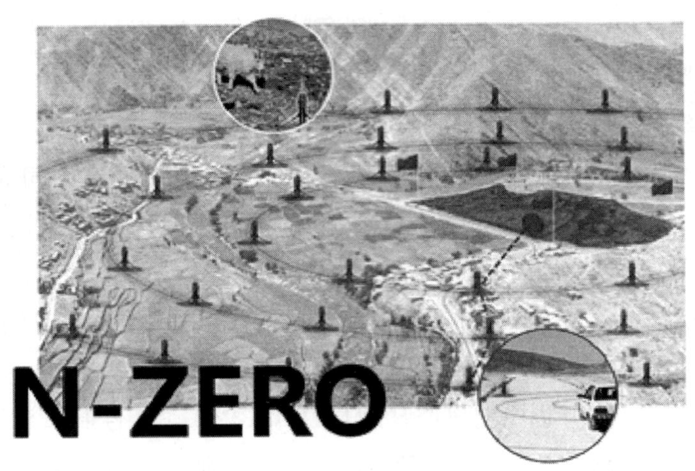

图1　DARPA"近零"项目示意图

条工艺制造线，并通过模块化思路将欧洲现有先进制造能力整合进相应环节，形成欧洲范围内先进生产能力的网状连接，包括比利时微电子研究中心的光子和光电集成技术、德国弗朗恩霍夫光电微系统研究所的微机电系统技术、奥地利艾迈斯半导体公司和荷兰先进封装公司的三维集成组装技术等，如图2所示；重点实现压力、光学、磁、气体、温度、环境等各类传感器，并可进一步按需嵌入数据存储、处理和收发，以及自配置、自修复、安全和功率监控等系统级功能；目标是将欧洲先进传感器和微机电系统的制造产能增加10倍，制造成本和时间减少30%，传感器新产品从概念提出到上市销售的时间缩短至1年以内，以提高竞争力和满足未来巨大市场需求。项目总预算6500万欧元，由英飞凌牵头，来自比利时等6个国家的33个机构参与其中。

（二）光电传感器感知精度高，保持高速发展

光电传感器是采用光电元件作为检测元件的传感器。光电检测方法具有精度高、反应快、非接触等优点，光电传感器还具有可测参数多、结构简单、形式灵活多样等优点，在2016年获得高速发展。

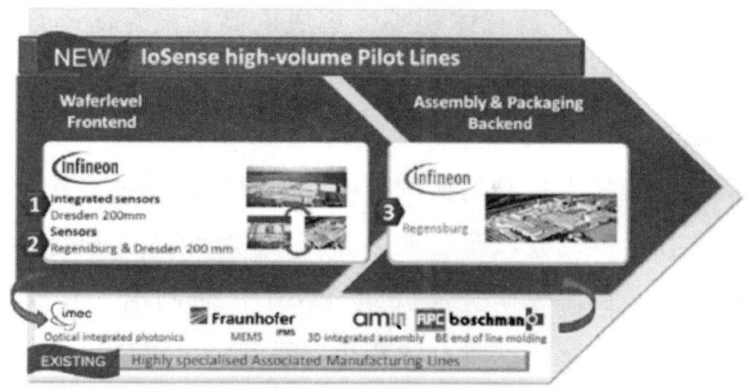

图2 IoSense项目全互联先进生产线结构

1. 政府推进方面

2月，欧洲“光电子公私合作”（PPP）计划获得欧盟3500万欧元（约3900万美元）投资，启建“化学传感和频谱分析用中红外光电器件制造（MIRPHAB）”等3条光电子器件和电路的试产线，将依托欧洲现有小型化激光器技术建立一条新的试产线，并大量引入集成电路/微机电器件技术，以及开发硅和Ⅲ－Ⅴ材料集成工艺模型，以制造低成本、低功耗紧凑型下一代中红外化学传感器，这种传感器能够探测30米外的药品和爆炸物，探测速率是现有的6倍。满足欧洲在中红外器件和分析微传感器领域不断增加的需求。8月，DARPA与美国诺格、TREX、模拟光子、Teledyne四家公司签订了总额为1630万美元的“模块化的光学孔径积木（MOABB）”项目合同，共同开发使可集成光子器件在大角度范围内产生、放大、传输并接收自由空间光辐射的新技术，并基于晶圆级加工工艺开发出一体化集成、轻小型、低成本、扫描速度远高于当前水平的光电传感器，使新型光电传感器的重量和体积都下降100倍，光束转向速度为传统机械组件的1000倍，实现光探测、光测距及激光雷达系统等应用。

2. 研究成果方面

8月，美国麻省理工学院（MIT）光子微系统研究团队研制出基于300毫米硅光电器件制造工艺、体积仅为0.5mm×6mm的微型单片集成激光雷达传感器，如图 3 所示，具有体积小、集成度高、没有活动部件、可靠性高、制造工艺简单、可以以极低成本实现量产等优点，图像扫描速率几乎是机械旋转设计激光雷达系统的 1000 倍。激光雷达利用激光进行探测，拥有比无线电波雷达探测技术更高的探测精度，如可使机器人轻松分辨并抓取复杂微小的物件，在无人驾驶汽车、地形和海洋测绘、无人机等领域具有重大应用前景。同月，美国海军研究实验室（NRL）研制出一种新型分布反馈式声波发射光纤激光传感器，具有体积小、重量轻、灵敏度高、易于实现多路复用、可靠性高等优点，克服了传统压电传感器所具有的体积庞大且多路复用能力有限等问题，并利用该传感器首次实现了对裂痕的成功检测。该传感器还可与现有的光纤光学应变系统和温度传感系统相结合，实现对武器装备、桥体、建筑物等被测物体结构健康程度的低成本、实时、完整监测。

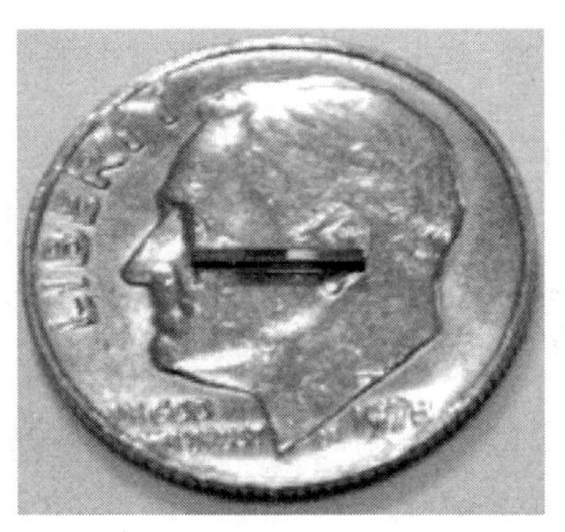

图 3　单片集成激光雷达传感器

（三）生物传感器在医疗应用带动下成为新增长点

生物传感器是近年逐渐发展起来的一种高新生物学分析检测技术，它将生物学或仿生学信号感应部件紧密连接或整合到传感系统内，具有敏感、快速、便携及操作简便等优点，发展非常迅速，并已被应用到医疗保健、食品工业、畜牧兽医等多个领域。

1. 政府推进方面

2016 年 2 月，英国商务、创新和技能部部长发布由英国合成生物学领导理事会（SBLC）提出的“生物经济的生物设计—合成生物学战略计划2016”，旨在依托英国的基础研究能力加速合成生物学的商业化，在2030年前促进英国合成生物学市场规模扩大至100亿英镑，其技术转化与商业化工作重点之一是生物传感器。7月，美国DARPA和陆军研究办公室授予美国Profusa公司750万美元，研究能对包括氧气、葡萄糖、乳酸、尿素和离子等在内的多种生物标记物进行测量，并能持续以无线方式发送数据的生物传感器，以替代传统测量时间固定的测量仪器，实现对人体内多项生物指标的持续监控。Profusa的生物传感器由生物工程学制成的“智能凝胶”（类似于隐形镜片材料）组成，长为2~5毫米，直径200~500微米，可经一个特殊设计的注入器放置在皮肤下2~4毫米的地方，能和生物组织兼容2年，克服了阻碍生物传感器在身体内长期使用的最大障碍——生物体对外来物质的排异反应。

2. 技术成果方面

2016年3月，韩国基础科学研究所的研究人员通过在石墨烯中添加金颗粒并与金网结合，制成了一种具有柔性的半透明糖尿病管理贴片，贴片上含有一系列传感器，可贴在胳膊上，能检测湿度、葡萄糖水平、酸碱度和温度，还能在必要时通过皮肤释放药物降低血糖水平。同月，荷兰飞利浦公司也推出了一款一次性智能贴片，带有一个微针传感器，可贴在心脏上方监测和采集数据，包括心电（心率及任何不规律的心跳）、皮肤温度、走路等身体姿势和活动等；可持续运行3~4天，无法充电，也不可重复使用；通过蓝牙和智能手机相连接，采集到的数据会被上传到名叫IntelliVue Guardian的云服务器上，并和数据库里的病症进行比对，如果用户有符合病症的早期症状，服务器就会给医生的手机或是平板电脑发送警告，如图4所示。4月，Hmicro与意法半导体联合发布市场首个临床级无线穿戴式一次性生物传感器单片解决方案，单片集成了三个超低功耗射频收发器（分别用于Wi-Fi、超宽带和医学频段通信）、多传感器接口、ARM的Cortex M0应用处理器、352kB RAM存储器和电源管理电路，以取代生命体征监测仪和心电仪上的电线。多传感器接口支持心率、血氧和呼吸监测，能够连接MEMS

麦克风和通过活动识别监测病患身体状况的运动 MEMS 传感器。6 月，日本东京大学与美国德克萨斯大学达拉斯分校的研究人员共同开发出了可使用印刷工艺制造的“柔性体温计”。体温计非常柔软，可以像创可贴一样贴在皮肤上使用；只需粘贴或包裹在待测物体周围，就可以监测其温度的微小波动。

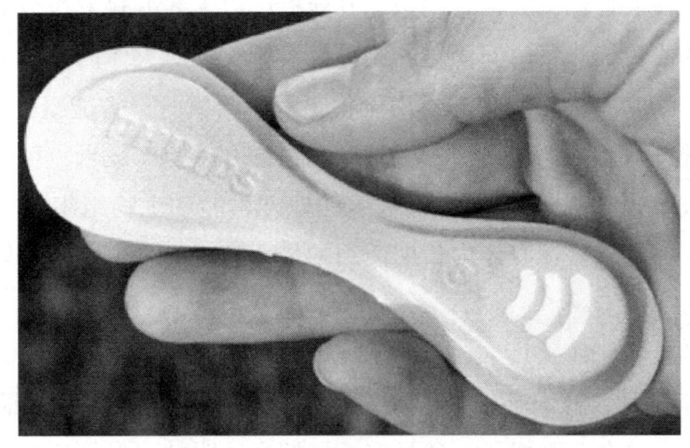

图 4　飞利浦公司研制的 Wearable Biosensor

二　传感器产业未来发展趋势

（一）传感器产业持续快速增长，应用范围更广

在智能制造、工业互联网、物联网等技术快速发展的背景下，全球传感器产业呈现超高速发展态势，传感器作为物联网感知层中的重要组成部分，随着物联网应用在汽车电子、消费电子、生物医疗、工业、农业等领域中的持续深化，获得了更广泛的应用。

根据 2016 年 8 月著名市场研究公司 MarketsandMarkets 的预测数据，物联网传感器市场将在 2022 年达到 384.1 亿美元，2016～2022 年复合年增长率（CAGR）为 42.08%，驱动物联网传感器发展的主要因素包括：

研发更廉价、更智能、更小型传感器；智能设备和可穿戴市场的持续增长；实时计算的应用；支撑性政府倡议、IPv6 的部署；传感器融合等。消费类物联网传感器发展最迅速，压力传感器占比最大。根据美国市场研究咨询机构透明市场研究（TMR）公司在 2016 年 9 月发布的预测数据，物联网传感器将从 2014 年的 49 亿美元上涨到 2023 年的 347.5 亿美元，CAGR 为24.5%。

（二）汽车和医疗领域传感器发展最快

在汽车领域，环境、安全、娱乐三大需求催生了新能源汽车、自动驾驶和车联网“三驾马车”，也将汽车传感器产业带入新阶段。新能源汽车增加了对温度、气体、压力、电控等传感器的需求；自动驾驶刺激了对车身感知类传感器（微机电系统压力传感器、陀螺仪、加速度计等）和环境感知类传感器（图像传感器、毫米波雷达、激光雷达等）的需求；物联网最先爆发的子领域将是车联网，而车联网对各类汽车传感器也有着强烈的刚需。2016 年 1 月 MarketsandMarkets 发布的市场研究报告表示，全球汽车传感器市场将在 2020 年达到 309 亿美元，2015 ~ 2020 年的 CAGR 为 7.72%，其中图像传感器的 CAGR 增速最快，动力系统用量最大，亚太地区市场增速最快并将占据最大市场份额。根据同月 briskinsights 发布的预测数据，汽车传感器的市场规模将在 2022 年达到 362.5 亿美元，2015 ~ 2022 年的 CAGR 为 9.1%。

在医疗领域，医疗传感器的应用遍布各处，且将随着癌症发病率、急性心肌梗塞、糖尿病、术后康复的病人数量的增加而快速发展。根据 Marketsandmarkets 在 2016 年 4 月的研究数据，医疗传感器市场规模将在 2022 年达到 150 亿美元，2016 ~ 2022 年的 CAGR 为 8.5%，到 2022 年可在家使用的便携式心电图传感器将占据最大市场份额，亚太地区市场份额增速最快。美国市场研究咨询机构透明市场研究（TMR）公司在 2016 年 5 月发布的研究报告表示，全球医疗传感器市场将从 2014 年的 100 亿美元上涨到 2023 年底的 187 亿美元，2015 ~ 2023 年的 CAGR 为 7%。

（三）低功耗和安全的重要性再次提高

传感器一般是将非电量参数转换为电信号，工作时需要电源供给。由于野外或远离电网的地方只能使用电池或太阳能进行供电，传感器的寿命直接受限于电量供应。随着物联网等应用对传感需求的快速增加，传感器使用数量急剧增加，耗电量也将随之翻倍，电量供应成为限制传感器应用范围和组网规模的重要因素。因此，降低传感器功耗和开发微功耗传感器的需求将会伴随传感器发展的始终，且日趋强烈。大量异类传感器阵列和网络化操作是未来需解决的问题之一。同时，当网络连接或基于云的分析是间歇或不可用时，对于供电紧张的系统和区域而言，实现信息和通信流是一个重大挑战。未来，物联网等应用将对能带来新感知形态、具备更高性能和更低功耗的传感器产生大量需求，这些传感器应具有“选择性关注”能力，即只收集和传输相关信号来降低能耗；还需具备适应性和嵌入式计算能力以满足实时数据融合需要。

在信息安全问题频发的背景下，传感器作为外界信息的重要来源和物联网信息互联的基础，也成为易受攻击的环节之一。而且，随着算法在传感器中发挥的作用越来越大，传感器本身更易受到攻击。一旦传感器节点被破解，不仅可能导致数据泄露和网络入侵，更有可能将虚假数据传入网络，冲击后续所有应用到该数据的场合。因此，传感器硬件和算法的安全也成为信息安全的研究重点。

B.17
2016年3D 打印产业发展回顾与展望

邓 卉*

摘　要： 2016年，全球3D打印市场规模持续扩大，工业巨头纷纷大规模采用3D打印技术进行产品制造，IT企业惠普也跨界布局，积极构建3D打印生态系统，以3D打印创新中心和服务工厂为代表的商业模式逐渐兴起。未来几年，3D打印产业将保持高速增长态势，产品发展重点将逐步由打印机转向整体解决方案，同时，新型制造模式将助力3D打印技术的不断提升。

关键词： 3D打印　商业模式　解决方案　新型制造模式

2016年，全球3D打印市场规模持续扩大，在汽车、消费电子、医疗等领域实现广泛应用；通用电气、西门子等工业巨头纷纷加大了对3D打印领域的投资，积极开设3D打印工厂进行规模产品制造；IT巨头惠普也跨界进入3D打印领域，推出两款3D打印机，并在打印材料、软件等方面积极构建合作伙伴生态系统；为打破高昂的设备价格对潜在客户应用的限制，以3D打印创新中心和服务工厂为代表的商业模式逐渐兴起。未来，3D打印产业将继续保持稳定增长，特别是医疗领域发展潜力巨大；产品的发展重点将逐步从聚焦3D打印机转向创建3D打印整体解决方案。另外，个性化定制等新型制造模式的出现和成熟，将助推3D打印技术的精度、速度以及打印材料质量的不断提升。

* 邓卉，国家工业信息安全发展研究中心高级工程师，研究方向：信息通信产业与技术。

一　2016年3D打印产业发展态势

（一）市场规模持续扩大，产业保持平稳增长

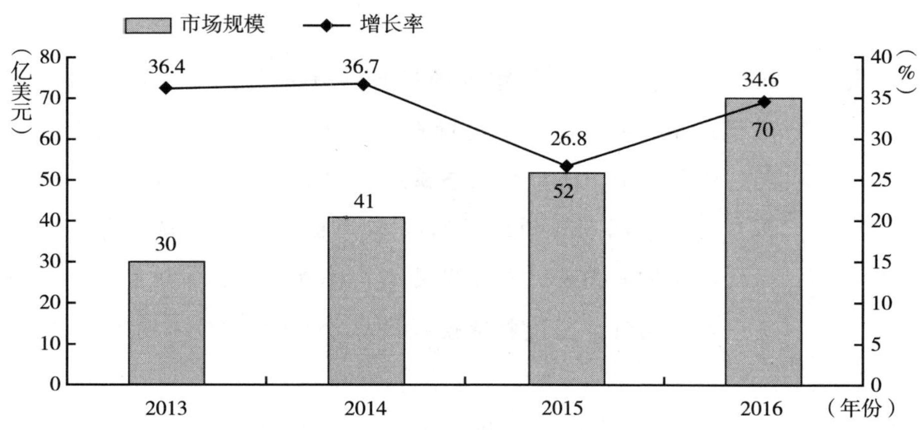

图1　2013～2016年全球3D打印市场规模情况

注：2016年为预测值。
资料来源：Wohlers。

2016年，全球3D打印市场规模将增至70亿美元，包括3D打印机、3D打印服务、3D打印材料。其中，68%的市场来自欧洲和北美，亚太地区大约占比27%。根据Gartner预计，2016年全球3D打印机出货量将达到45.6万台，约是2015年出货量（21.9万台）的两倍，其中企业市场同比增长44%。在细分领域中，金属3D打印和桌面3D打印机表现突出，其中由于3D打印金属材料的不断发展，以及金属本身在工业制造中的广泛应用，以激光金属烧结为主要成型技术的3D打印设备获得相对较快的发展。3D打印应用领域方面，汽车和消费电子行业占据了很大一部分，占比均约为20%，位居之后的是医疗设备行业。

（二）工业巨头加大投入，大规模采用3D打印

美国通用电气（GE）近年来在3D打印领域频繁进行巨额投资。GE最

初将3D打印技术用于航空发动机的燃油喷嘴制造，通过一体化成型，在重量减轻25%的同时强度增加5倍。在3D打印的收益得到验证后，GE开始在全球进行3D打印工厂建设，先后设立了位于印度浦那的3D打印工厂、美国匹兹堡的3D打印技术发展中心及意大利塔拉莫纳的3D打印生产线等，将3D打印技术的应用延伸到GE所有的业务领域。

西门子也积极加大对金属3D打印的投资。早在2015年，西门子下属的风投机构SVC就对3D打印公司Materials Solutions发起投资，以利用这家公司在金属3D打印领域的技术积累改进西门子燃气涡轮的设计制造。2016年2月，西门子在瑞典开设了一家金属3D打印工厂，进行大规模的零部件制造。这家工厂主要对西门子工业燃气涡轮机系列部件进行快速修复，可将维修时间从几个月缩短到几周，提升了对客户需求的快速反应能力。

（三）IT 企业跨界布局，构建3D 打印生态系统

IT巨头惠普进入3D打印行业，积极构建合作伙伴生态系统。2016年5月，惠普公司推出两款3D打印机，瞄准工业级市场，解决传统3D打印机速度慢、精度低和成本高的三大难题。在打印材料方面，惠普采用了开放平台策略，鼓励合作伙伴开发与惠普系统兼容的粉末材料。基于该平台，相关的开发商可以对材料自主定价，但是所有的第三方材料都要经过惠普审核，以确保材料与硬件兼容。在软件方面，惠普的多射流熔融（MJF）3D打印机集成了Autodesk的开源3D打印平台Spark。惠普的产品也获得了西门子3D打印软件的支持，西门子开发的3D打印软件能够最大限度提高惠普打印机的成型精度，细化打印过程中颜色和材料的控制，助推3D打印从原型制作提升到生产制造。此外，惠普还是3D打印联盟3MF的核心成员。该联盟旨在统一3D打印的文件格式，使用全新的3MF文件格式代替传统的STL、OBJ等文件格式，保障3D打印流程从设计到制造的信息无缝传递。

（四）商业模式持续创新，助推3D 打印应用普及

传统的3D打印商业模式一般是依靠设备销售来赚取利润，或者通过设

备销售带动材料销售来获得持续的收入。这种模式以购买设备为前提，高昂的设备价格限制了一部分潜在客户的应用。因此，以3D打印创新中心和服务工厂为代表的商业模式逐渐兴起。2016年，比利时3D打印材料企业Materialise与微软合作，微软的3D Builder用户能够直接通过i. materialise 3D打印工厂打印模型，i. materialise支持超过20种3D打印材料（包括不锈钢、钛、银、黄金、陶瓷等）和可供选择的100种颜色；德国企业EOS在北美新建的3D打印工厂中设立了一个创新实验室，方便工程师与客户直接互动，工程师可以在现场对打印系统进行定制化的修改，以满足本地客户的特殊业务需求，该工厂还为客户提供基本的实际操作培训，帮助客户快速掌握3D打印技术的应用。

二 未来发展趋势

（一）行业保持稳定增长，医疗领域潜力巨大

据法国《回声报》报道，全球3D打印市场规模2017年、2018年将分别增至125亿美元和200亿美元。虽然经过市场初期的快速增长之后，目前的增长速度有所放缓，但未来四年3D打印机出货量还将持续增长，Gartner预计，到2020年全球3D打印机出货量将超过670万台。

医疗领域是当前3D打印应用最广泛、发展最迅速的市场之一。Future Market Insights公司发布的报告显示，全球3D打印医疗器械市场在未来10年的复合年增长率将达到17.5%。而据市场研究公司IQ4IResearch&Consultancy发布的分析报告，到2022年，全球医疗3D打印市场规模将达到38.9亿美元。Stratasys、3D Systems等3D打印巨头均认为医疗市场具有重要的战略意义。2015年末，Stratasys成立了专门的医疗解决方案组。2016年，Stratasys宣布将开展3D打印足踝矫正器的研究。3D Systems也十分注重3D打印医疗应用。2016年3月，3D Systems在美国科罗拉多州成立医疗技术中心，为公司的精密医疗3D打印解决方案提供支持。该中心的3D打印制造车间中

安装了 3D Systems 公司已有的全套 3D 打印系统设备。未来，医疗领域对定制化产品的巨大需求，将进一步促进 3D 打印在医疗领域的应用。

（二）产品发展重点转移，聚集整体解决方案

3D 打印企业和研究机构正在转移其发展焦点，不只是聚焦制造新的 3D 打印机，还朝着创建 3D 打印整体解决方案的方向发展，提供改进的 3D 打印软件、3D 打印文件格式，创建新的功能植入如嵌入式传感器以区分自己的竞争能力。

2015 年，微软发起成立的 3MF 联盟发布了关于 3MF 文件格式的第一个技术规范指导文件《3MF 材料与属性扩展规范与参考指南》（*3MF Materials and Properties Extension Specification and Reference Guide*）。通过 3MF，借助一种开源的文件格式，设计应用软件可以无缝发送完全保真的 3D 模型到其他应用、平台、服务和 3D 打印机那里，该格式是免费的，不收取额外费用。2016 年，3MF 联盟进一步扩充，通用电气全球研发中心、美国参数技术公司（PTC）等巨头纷纷加入。

2016 年，麻省理工学院的计算机科学与人工智能实验室（CSAIL）开发了名为 Foundry 的面向多材料设计的软件，使得多材料 3D 打印更容易、更精确。之前，CSAIL 就开发出了一种独特的多材质 MultiFab 3D 打印机，在打印过程中能够结合 10 种不同的材料来创建复杂的部件，如传感器、电子零件和电路。Foundry 配合 MultiFab 这样的打印机，可使最终产品具有更佳的机械性能、热传导性能、导电性能等。

（三）新型制造模式出现，助推3D 打印技术提升

在传统制造模式中，产品设计者与产品需求者缺乏有效沟通，难以把握市场具体需求，在产品生产和流通过程中也会造成巨大浪费。云计算、移动互联网、大数据等新一代信息技术的发展，催生了众包、众筹等新型制造模式。3D 打印由于其适合个性化定制，将对传统大批量制造模式产生巨大冲击。虽然目前 3D 打印在生产效率和精度等方面还存在不足，但是，未来随

着 3D 打印与新一代信息技术的结合，建立工业云平台、工业大数据平台将有效整合制造资源，实现分布式制造，将有效弥补 3D 打印技术的缺陷。随着新的制造服务模式逐渐成熟，以及对生产反应速度、产品研发设计、生产制造和整个供应链管理效率的更高要求，3D 打印技术的精度、速度，以及打印材料质量将不断提升。

B.18
2016年新能源汽车电子产业发展回顾与展望

赵 杨*

摘 要： 2016年，新能源汽车电子产业呈现快速增长的势头，其中亚洲成为全球最大的区域市场。各国政府积极出台一系列的利好政策，大力扶持新能源汽车产业发展，同时直接带动新能源汽车电子产业的发展。在产业发展利好的形势下，行业巨头大力推动技术研发，在智能网联汽车、无人驾驶等技术上取得突破。未来，全球市场将继续增长，中国市场潜力巨大；企业收购频繁上演，将强化企业的竞争优势；垂直产业链上将进行密切合作，可能会出现寡头垄断格局；技术向软硬协同、智能化、网络化和定制化方向演进；产品以舒适、娱乐、安全、融合为主题。

关键词： 新能源汽车 政策 无人驾驶

一 2016年新能源汽车电子产业发展态势

（一）全球汽车电子市场快速增长，亚洲为全球最大区域市场

目前，在不同档次和科技含量的汽车中，汽车电子在整车成本中的占比

---

* 赵杨，国家工业信息安全发展研究中心工程师，研究方向：电子信息产业、新能源汽车电子。

如下：紧凑型轿车占15%、中高档轿车占28%、混合动力轿车占47%、纯电动汽车占65%。2015年全球汽车电子市场规模达到2019亿美元，同比增长13.03%，是2014年增长率的约2倍。在新能源汽车的带动下，动力电池、电源管理系统以及驱动系统需求将快速增长，自诊断系统、电子稳定系统、导航设备、胎压监测等一批车载电子控制设备逐步从高端汽车向中低端车辆渗透，推动汽车电子在新能源汽车成本中所占比重继续增加。预计2020年，汽车电子系统的成本将占到整车成本的50%（现阶段是40%），新能源汽车则更高。伴随着汽车电子渗透率的提升，未来汽车将朝着智能化方向发展，在全球汽车市场增速放缓的背景下，汽车电子技术的发展以及该行业的增速将明显高于整车行业的增速。

表1　全球汽车电子市场规模

单位：亿美元，%

年份	2011	2012	2013	2014	2015
市场规模	1450.6	1557.9	1674	1786.3	2019
同比增长率	—	7.40	7.45	6.71	13.03

数据来源：中投顾问产业研究中心。

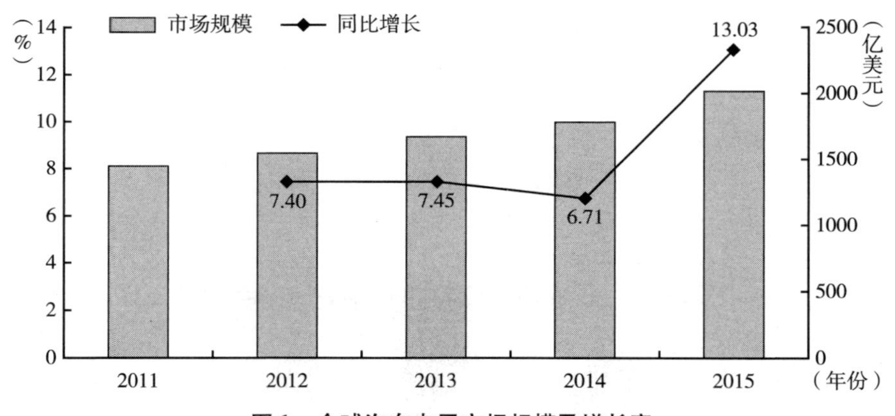

图1　全球汽车电子市场规模及增长率

在全球各大区域汽车工业的推动下，亚洲地区成为全球汽车电子最大的市场，占全球市场的35.6%。

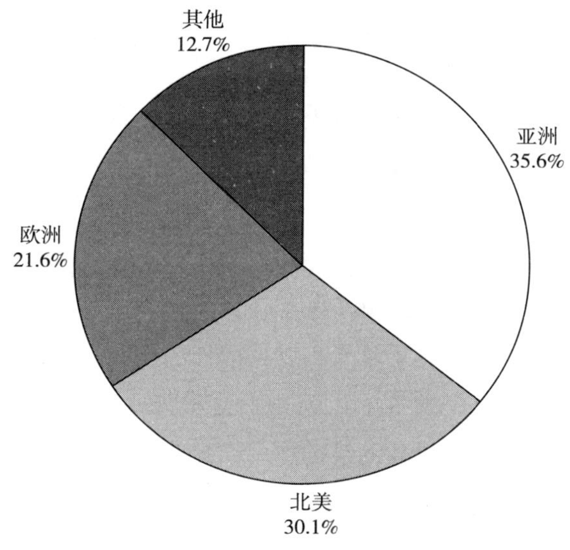

图 2　全球汽车电子市场区域分布

（二）各国政府积极出台相关政策，大力扶持新能源汽车发展

世界汽车电子产业的发展与汽车工业的发展密切相关，美国、欧洲、日本是全球传统的主要汽车市场，也是汽车电子产业的技术领先者，掌握着国际汽车电子行业的核心技术与市场发展优势。但随着新能源汽车的兴起和汽车制造产业向新兴国家和地区的逐步转移，中国等发展中国家和地区汽车电子新兴市场正快速发展。

各国政府均把新能源汽车看作汽车产业未来的主要发展方向，许多国家制定了针对新能源汽车的激励性政策，以促进新能源汽车技术的研究和应用，解决产业化问题，加强新能源汽车相关基础设施建设。美国将新能源汽车列入政府采购计划，大力推广退税补贴政策。法国积极投入资金用于基础设施建设、研发和创建超低排放城市，支持新能源汽车产业发展。日本实施引进绿色能源汽车补贴制度，积极解决发展新能源公共充电设备的障碍。韩国亦加快纯电动车基础设施建设，加强纯电动车推广工作。

（三）行业巨头大力推动技术研发，新能源汽车电子取得突破

为了抓住汽车电子和新能源汽车发展带来的巨大市场，传统汽车巨头纷纷加强技术攻关，将更多的电子信息技术设备装备到整车中，并积极研发新能源汽车技术。另外，谷歌、苹果、百度等国内外 IT 企业也纷纷跨界，进入汽车领域，试图颠覆传统汽车业的商业模式，寻求新的盈利点，并以此建立其生态系统。当前，新能源汽车电子在智能化、车联网化、多媒体化等方面取得了技术突破，如开发了具有高度反应性的驾驶员辅助系统、无人驾驶系统及车载视听娱乐电子设备。在无人驾驶发展过程中，车联网至关重要。车联网能增强信息技术对驾驶的辅助作用，提高自动化程度，是实现自动驾驶的前提。目前车联网渗透率正在逐渐上升，推动汽车向无人驾驶方向前进。车载视听娱乐电子设备的普及率不断提高，根据汽车电子各细分行业的市场规模预测，到 2020 年车载信息中的通信娱乐系统的市场规模将超过 800 亿美元，是汽车电子细分行业中市场规模最大的。

二 新能源汽车电子产业未来发展趋势

（一）全球市场持续增长，中国市场潜力巨大

随着世界各国的积极推动，新能源汽车保有量将持续上升，带动新能源汽车电子产业快速增长，在整个汽车电子产业的占比将不断提升。根据 DECISION 公司预测，2012～2017 年，汽车电子市场规模将以年均 7% 的速度保持增长，并在 2017 年达到 179 亿欧元。

表 2　全球汽车电子产值

单位：亿欧元

年份	2012	2013	2014	2015	2016	2017
金额	127.5	133.9	142	151.9	164.4	179

资料来源：DECISION 公司。

经过多年的发展，中国逐步成为全球知名汽车市场，国际汽车厂商的本土化和国产轿车的全球化正同步进行，有力地带动了国内相关汽车电子产品市场的兴起。对汽车的安全性、娱乐性、舒适性和易驾驶性的追求不断提高，中国汽车电子消费理念正从前装配置向后装和改装购买转变，消费者消费理念的转变将继续推动中国汽车电子市场快速发展。多种因素推动了中国汽车电子需求的快速增长，从而形成巨大的市场增量空间，增量经济将引领市场发展。

（二）企业收购频繁，不断强化竞争优势

博世、德尔福、电装、江森、伟世通等海外零部件巨头在汽车电子方面具有深厚的技术储备，核心竞争力强，在各细分领域的市场份额均在50%以上，短期市场地位难以撼动。这些企业积极出售非核心业务，以集中精力培养核心业务的竞争优势，其他中小型骨干企业则通过合作、并购和上市等方式扩大规模，形成大型汽车电子龙头企业。例如，2015年7月，德国马勒贝洱股份有限公司与美国德尔福汽车系统有限公司发布声明称，前者已完成收购后者的热交换系统业务。马勒将致力于提供整套节能热管理系统解决方案，以满足电动车/燃料电池车内燃机的需求；而德尔福则将专注于动力总成、电子与安全以及电子/电气架构系统等业务，以迎合安全、绿色和互联的市场发展趋势。其他剥离和收购事件，包括麦格纳内饰拟售予安通林、天合将悬挂业务售予印度Amtek、江森汽车电子业务出售给伟司通等。

（三）产业链合作密切，出现寡头垄断格局

新能源汽车电子是规模经济十分明显的产业。为达到规模经济以提升经营效率，汽车电子企业将向系统化及模块化方向发展，研发也从单一模块的开发进入系统整合阶段。因此，汽车电子产业一方面将加强产业链内部合作，如电子元器件、软件、集成电路设计、芯片制造和电子系统相关企业间的合作；另一方面将加强与汽车厂商的合作，通过密切产业链上下游的合作，将众多系统进行有效的整合，适时满足消费者多元化的需求。

与此同时，整车厂和零部件厂商都逐渐呈现寡头垄断格局。整车与零部件企业之间形成既竞争又合作的战略联盟已成为共识。为了维护两者之间的共同利益，追逐更大的利润，以及更好地规避经营风险，以最佳采购原则为基础的全球采购正在成为整车企业普遍采用的经营行为。这样整车公司可以从零部件企业获得更优惠的供应，也可以保证产品的质量。因此，近年来世界各大汽车公司纷纷改革供应体制，由向多个汽车零部件厂商采购转变为向少数系统供应商采购。新生的汽车零部件公司的产品将受到限制，在短期内很难获得订单。

（四）技术向软硬协同、智能化、网络化和定制化方向演进

随着安全、舒适和节能要求的不断提高，汽车上的电控单元越来越多，数据处理量越来越多，多种传感器应运而生，总线使用更加频繁；软件技术的重要性日趋明显，软硬件的开发也由以往的定制化向模块化发展；“人机交互”的关注度快速提升，触摸屏、声控等新技术逐渐融入新能源汽车电子领域，共同推动新能源汽车电子系统向软硬协同、智能化、网络化和定制化趋势演进。

随着越来越多的电子系统在汽车上的应用，汽车电子技术功能的日益强大和系统的日益复杂化，车载电子设备间的数据通信共享和各个系统间的功能协调变得越来越重要。数据的快速交换、高可靠性及低成本是对汽车电子网络系统的要求。传感技术、计算机技术、网络技术在汽车上得到了广泛的应用，现代汽车技术正朝着更加智能化的方向发展，以达到“人、车、环境”的智能协调。

（五）产品以舒适、娱乐、安全、融合为主题

舒适、安全、环保、智能等仍将是未来新能源汽车电子的主要应用领域。随着这些方面产品线和功能的进一步完善，各种新型汽车电子设备不断出现，从动力系统、底盘、车身到零部件均融入了通信、半导体、计算机、网络、自动控制、人工智能等先进技术，特别是车联网、多媒体和智能化的

发展，使电子信息技术进一步渗透到汽车的各个环节。汽车电子的概念逐渐由与汽车结构、性能有紧密关联的电控系统和相对独立的车载电子装置扩展延伸到一个网络化的概念。

未来几年，除了现有主动安全产品如ESC、ASR等的继续普及外，主动安全和被动安全的集成也将不可避免，预碰撞干预系统、路况监测系统、安全带预收紧系统、并线辅助系统、自适应巡航系统和车道保持监测系统等已经进入市场，并将继续渗透。

未来汽车电子技术将在电动汽车动力系统匹配控制技术、车载动力蓄电池管理技术等关键技术方面发挥重要作用。汽车电子产品在此类车辆成本中所占比例大幅增加，部分电动汽车车型中电子产品占成本比例可能比同级别传统汽车高出1倍左右，并且会继续增加。对于混合动力汽车而言，电子产品占整车成本的比重可以达到60%甚至更高。新能源汽车的发展依赖于汽车电子核心技术水平的不断提升。

B.19
2016年医疗电子产业发展回顾与展望

刘晓馨*

摘　要： 2016年，随着全球市场对医疗电子产品需求的不断增加，医疗电子产销增长强劲，产业发展态势向好。发达国家仍是医疗电子主力市场，新兴经济体成为带动产业增长的重要区域。人工智能、3D打印技术快速发展，为医疗电子产业增添新动能。

关键词： 医疗电子产业　软件外包　人工智能

随着全球经济的平稳增长、人口老龄化进程的加快，以及人们保健意识的不断增强，全球医疗电子市场需求持续快速增长，成为当今发展最快、最活跃的行业之一。2016年，全球医疗电子产业规模继续扩大，产业迎来重要拐点；发达国家仍是医疗电子主力市场，新兴经济体成为带动产业增长的重要区域；人工智能、3D打印技术快速发展，为医疗电子产业增添新动能。在产业未来发展方面，预计全球医疗电子市场规模继续扩大，产业增速继续提升；可穿戴医疗设备稳步成长，家用便携式产品成关注热点；移动互联概念不断深入，医疗电子产品向网络化、远程化方向发展。

一　2016年医疗电子产业发展态势

（一）全球医疗电子产销增长强劲，产业发展态势向好

2016年，全球市场对医疗电子产品的需求不断增加，尤其是对计算机

---

* 刘晓馨，国家工业信息安全发展研究中心高级工程师，研究方向：电子信息产业、技术创新。

断层扫描仪、磁共振仪、高档超声波诊断仪器等高端产品以及便携式移动医疗电子产品需求的快速增长，带动了全球医疗电子产销规模的扩大。根据《世界电子数据年鉴 2016》（*The Yearbook of World Electronics Data 2016*）统计，2016 年全球医疗及工业设备市场规模为 879.62 亿美元，同比增长 3.86%，结束了 2015 年的负增长局面，产业迎来重要拐点。

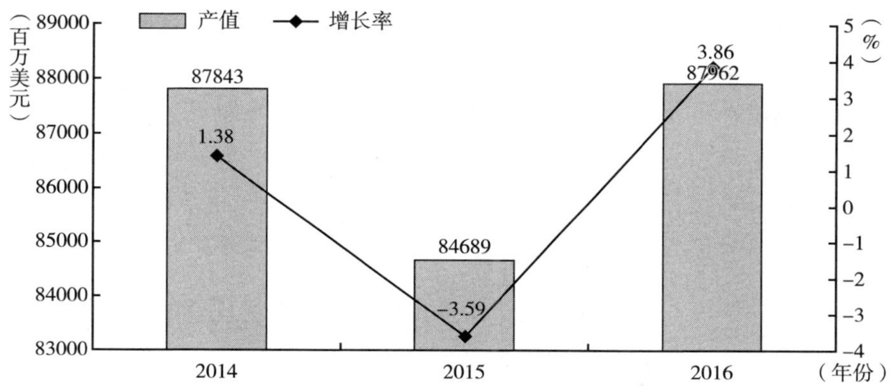

图 1　2014～2016 年全球医疗及工业设备产值与增长率

资料来源：*The Yearbook of World Electronics Data 2016*。

在销售额方面，2016 年全球医疗及工业设备销售额为 783.73 亿美元，同比增长 2.39%。

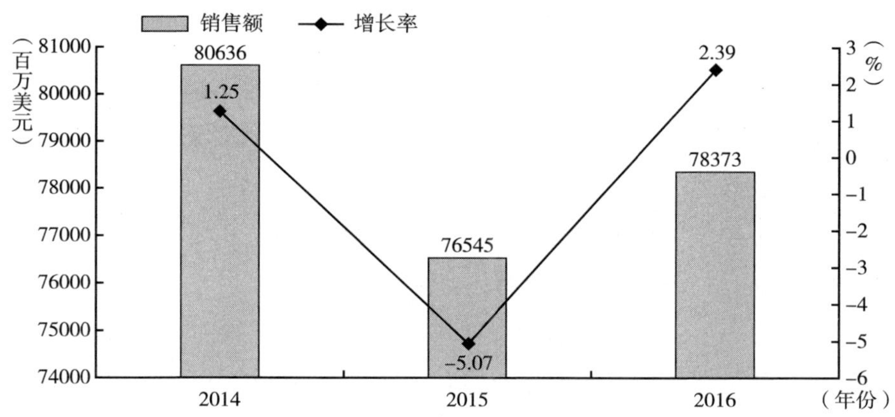

图 2　2014～2016 年全球医疗及工业设备销售额与增长率

资料来源：*The Yearbook of World Electronics Data 2016*。

（二）发达国家仍是医疗电子主力市场，新兴经济体成为带动产业增长的重要区域

2016 年，就全球医疗电子市场的区域结构来看，美国、日本和欧洲仍是全球医疗电子产业的主力市场。美国医疗电子行业拥有强大的研发实力，很多医疗电子产品，如植入性电子医疗器械、大型电子成像诊断设备、远程诊断设备、手术机器人等技术水平居世界前列。奥巴马政府自上台以来，积极推动美国医疗电子发展的组织保障、制度创新、卫生信息系统设计以及对医疗服务供方的经济激励约束机制等政策措施的完善，从而促进美国医疗电子产业的发展。据相关研究机构统计，近年来，美国医疗电子产品年均增长率达到 6%，远高于其经济增长水平。

随着发达国家与地区医疗电子体系日趋完善和市场规模的持续扩大，其增长空间和潜力已十分有限。与此相对应的是，以中国、印度等为代表的亚太地区的医疗电子市场近年来一直保持着较高的增长速度，据相关研究机构统计数据，2016 年中国医疗电子行业年增长率达到 15%，便携式医疗电子产品年增长率超过 18%，成为带动全球市场增长的重要区域，也是各跨国公司竞相争夺的新市场目标。

（三）人工智能技术快速发展，为智能医疗添新动能

随着人工智能技术的不断进步，其所适用的范围也不断扩展，2016 年，人工智能在医疗领域的应用不断深入，在虚拟助理、医学影像、药物挖掘、营养学、生物技术、急救室/医院管理、健康管理、精神健康、风险管理、病理学等多个领域均有所突破，国内外资本及科技巨头积极布局人工智能 + 医疗健康行业，一个医疗智能化时代即将开启。

2016 年 9 月，微软宣布启动“Hanover”最新人工智能项目，利用人工智能帮助寻找最有效的癌症治疗药物和方案；而自 2016 年初，IBM 就陆续与医疗保健领域的前沿企业合作，在 CES 2016 数字健康峰会上，IBM 宣布与 Under Armour、Medtronic 达成战略合作协议，将继续利用其 Watson

Health 的认知计算技术，在个人健康领域提供数据支持。Google 旗下 Deep mind 公司向英国初创公司 Babylon Health 投资 2500 万美元，推动 AlphaGo 与医疗结合。截至 2016 年 8 月底，全球医疗健康领域和人工智能相关的股权融资交易已经达到 55 次，在所有与人工智能科技相关的初创公司交易中，健康医疗领域的比重从 2011 年的 11% 上升至 15%。

（四）医疗3D 打印产业逐步扩大，个性化、定制化需求显著提升

近年来，随着全球 3D 打印产业的发展，3D 打印在医疗领域的应用也逐步扩大，3D 打印在医疗模型、假肢、齿科手术模板、颅骨、颈椎人工椎体及人工关节等方面的应用具有显著优势，医疗 3D 打印已逐渐获得临床认可。Future Market Insights 公司发布的报告显示，预计 2016 年全球 3D 打印医疗器械市场将达到 2.796 亿美元，未来 10 年的年均复合增长率达到 17.5%。而据市场研究公司 IQ4Iresearch&Consultancy 发布的最新研究报告，预计到2022 年，全球医疗 3D 打印市场规模将达到38.9 亿美元。

2016 年，全球医疗 3D 打印技术快速发展，科研成果不断涌现。英国阿斯顿大学推出 NESO－BRAIN 项目，通过使用纳米 3D 打印技术来复制大脑的神经网络；日本医疗 3D 打印技术也取得重大进展，日本国立循环器官疾病研究中心成功利用 3D 打印技术制作了幼儿心脏复制品，并即将实现量产；美国北卡罗来纳大学使用 3D 打印技术来缩短医疗测试时间和减少成本；澳大利亚公司 Oventus Medical 采用 3D 打印技术，制造睡眠呼吸暂停辅助装置，并将推出一个名为“Victorian”的 3D 打印工厂。我国医疗 3D 打印应用也取得有效突破，2016 年 1 月，上海复旦大学附属儿童医院通过 3D 打印技术创建出了手术相关部位真实等比例的 3D 模型，以此为辅助，成功实施了一例连体婴分离手术；2016 年 8 月，天津市第一中心医院骨科运用 3D 打印技术，成功为患者完成复杂髋关节翻修术。此外，还有多起利用 3D 打印技术修复颌骨缺损、牙齿正畸以及辅助肿瘤手术的成功案例报道。

二 未来发展趋势

（一）市场规模继续扩大，产业增速不断提升

随着全球老龄化进程的不断加快以及人们生活水平的不断提高，世界各国对医疗、健康、生活质量、疾病护理等方面的要求越来越高，拉动了全球医疗及工业设备市场的继续扩大，产业增速稳中有升。根据《世界电子数据年鉴2016》（*The Yearbook of World Electronics Data 2016*）统计，预计2017年全球医疗及工业设备销售额将达到808.52亿美元，同比增长3.16%；2019年全球医疗及工业设备销售额将达到869.56亿美元，增速将达到3.69%，年均增长率达到3.52%。

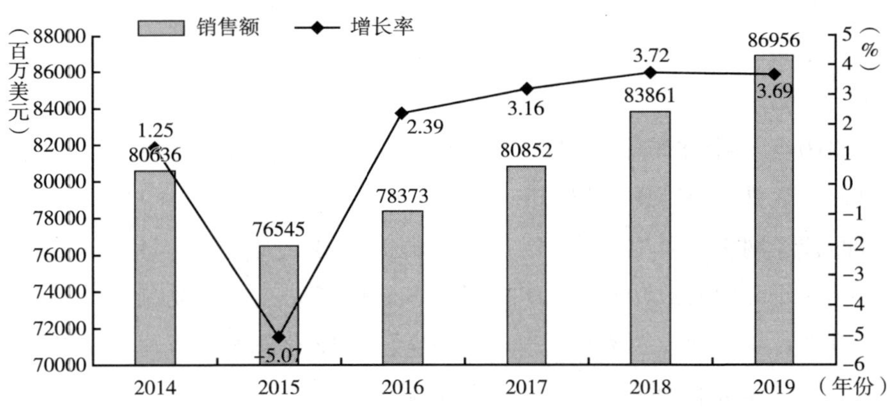

图3 2014～2019年全球医疗及工业设备销售额与增长率

资料来源：*The Yearbook of World Electronics Data 2016*。

（二）可穿戴医疗设备稳步成长，家用便携式产品成关注热点

近年来，受益于电子信息技术的快速发展以及医疗健康需求的持续增加，全球便携式医疗电子市场增长势头迅猛，预计未来三年，全球可穿戴医

疗设备市场仍将稳步增长。据市场研究机构 ABI Research 预测，未来五年可穿戴设备行业将进入爆发和普及关键期，预计 2018 年全球可穿戴设备出货量将达到 4.85 亿台，对应的销售规模将达到 190 亿美元，而医疗健康领域的可穿戴设备将占据全部可穿戴设备的 50% 以上份额。其中，家用便携式医疗电子产品因价格低廉、操作方便等优点将备受市场青睐，2016 年家用便携式医疗电子产品已占据整个便携式医疗电子市场份额的 70% 左右，而电子血压计、便携式血糖仪、电子助听器等则占据了 90% 以上的市场份额。同时，受惠于云端和物联网技术的快速发展，可穿戴医疗设备可借助物联网技术实时监测数据，上传至云端，供医生研读，真正实现医护到家，从而为诸多可穿戴医疗设备提供了更加广阔的市场空间和发展机遇。未来，家用便携式医疗电子产品具有良好的市场发展前景，便携式、信息化、低功耗、低成本及安全性将是市场关注的热点。

（三）移动互联概念不断深入，医疗电子产品向网络化、远程化方向发展

随着健康教育的普及与健康意识的增强，以及移动医疗设备技术的不断革新和制造成本的不断降低，移动医疗电子设备，尤其是以预防监测为主的家用医疗设备将面向所有的用户群，逐渐成为人们生活中的必需品。此外，随着医疗技术的逐渐成熟，诊断级的移动医疗设备亦将得到快速发展，如针对个人和家庭应用的生命体征信号测量等。同时，医疗电子向网络化、远程化方向发展也是解决有些地区医疗资源不足问题的可选途径之一。据相关研究机构预测，预计 2020 年全球移动医疗市场规模有望超过 491 亿美元。

B.20
2016年软件与信息技术服务产业发展回顾与展望

赵 杨*

摘 要：2016年，随着全球经济低速增长，IT支出出现下滑，但增速明显高于2015年，软件和信息服务业实现增长；云计算、大数据迈入高速发展期，人工智能呈现快速增长；移动应用市场呈现爆发式增长，亚洲地区增量最大。未来，工业互联网将带动相关工业应用软件呈现爆发式增长，开源将成为信息技术创新的主流模式，未来软件企业将朝着网络化、生态化、平台化和专业化的方向发展。

关键词：人工智能 移动应用市场 工业互联网

一 2016年软件与信息技术服务产业发展态势

（一）全球IT支出出现下滑，软件和信息服务业实现增长

2016年全球经济仍处于低速增长态势，并且受英国脱欧造成的一系列影响，预计全球经济活动回升速度将更为缓慢。根据国际货币基金组织（IMF）10月发布的报告，全球经济预计增长3.1%，较2016年4月的预测下调了0.1个百分点，主要是因为英国脱欧这一意外事件对英国和欧洲经济

* 赵杨，国家工业信息安全发展研究中心工程师，研究方向：电子信息产业、新能源汽车电子。

的打击将最为严重，导致英国政权更迭，本已低迷乏力的全球经济增长将受到进一步损害。英国脱欧还将可能影响到日本，因为日元升值将阻碍经济增长。报告认为，新兴市场经济体表现亮眼。新兴市场和发展中经济体的增速将出现6年来的首次提升，2016年增速将升至4.2%，略高于7月4.1%的预测。IMF预测，在新兴市场强劲表现的带动下，全球增长将小幅加快，2017年经济增长将回升到3.4%。

2016年，受全球经济持续低速增长的影响以及全球IT支出缩减继续加快行业转型调整，给IT企业带来营收下降、市场收缩、竞争加剧等挑战，全球IT支出增长较缓。Gartner在2016年10月发布的预测报告中指出，2016年全球IT支出预计为3.4万亿美元，较上年略微下降了0.3%，但增速明显高于上年（见图1），未来信息技术服务市场将随着经济前景向好及投资意愿增强而实现稳定增长。其中，通信服务支出最大，增速为-1.1%；软件支出增幅最大，增速为6%；设备支出增速下滑最大，从2015年的-4.6%下滑至-7.5%。

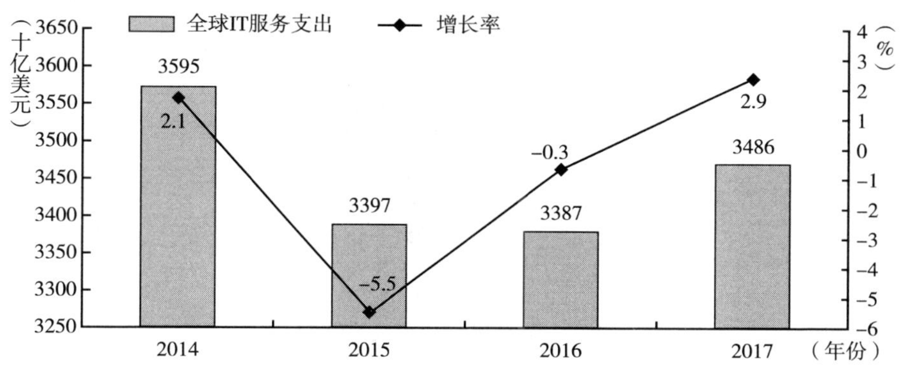

图1　全球IT支出增长情况

表1　全球IT支出明细情况

单位：十亿美元，%

项目	2015年		2016年		2017年	
	支出	增长率	支出	增长率	支出	增长率
数据中心	171	2.9	173	1.3	177	2.0
软件	208	1.1	333	6.0	357	7.2
设备	645	-4.6	597	-7.5	600	0.4

续表

项目	2015 年		2016 年		2017 年	
	支出	增长率	支出	增长率	支出	增长率
IT 服务	866	-3.4	900	3.9	943	4.8
通信服务	1399	-9.2	1384	-1.1	1410	1.9
整体 IT 支出	3397	-5.5	3387	-0.3	3486	2.9

资料来源：Gartner。

（二）云计算迈入高速发展期，人工智能呈现快速增长

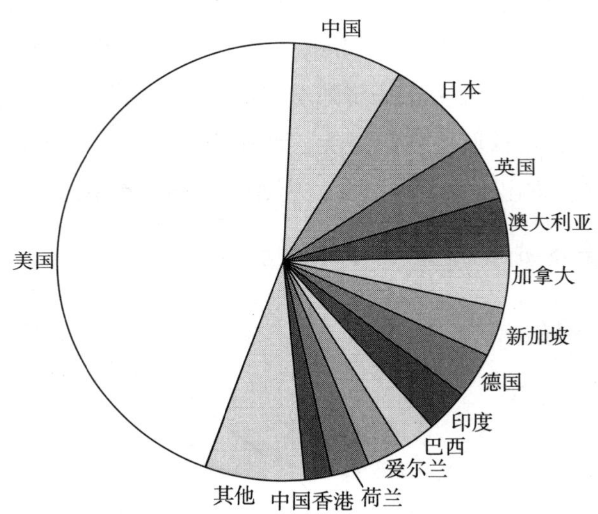

图 2　全球数据中心建设情况

资料来源：Synergy Research Group。

2016 年，云计算、大数据等新兴领域迈入高速发展期，新模式、新业态快速发展，将继续成为软件产业新的增长点。近年来，以云计算、大数据为代表的信息技术推动信息化向纵深发展，其对软件业的改变愈发明显，不仅表现在软件的开发方式上，更为重要的是软件和服务之间的界限逐渐模糊。基于云计算的咨询和服务将成为软件企业新的利润增长点。随着云计算应用不断深化，发展潜力空间逐步释放，云计算产业也受到投资机构的青睐，成为投资的热点。据相关机构预测，2017 年，全球云计算行业的规模将从 2013 年的 474 亿美元增长到 1070 亿美元，年均增速在 20% 以上。在大数据方面，Synergy Research 发布的最新数据显示，全球各国都在大力推进数据中心的建设，目前超大规模的数据中心数量已超过 300 个。总体来看，截至 2016 年 12 月，全球 45% 的云和互联网数据中心在美国建设；中国和日本分别列第二位和第三位，占 8% 和 7%。英国、澳大利亚、加拿大、新加坡、德国和印度列第四至第九位，所占的份额在 3% ~5%。Synergy Research 预计，未来数据中心的建设将持续加快，到 2018 年全球超大规模的数据中心将超过 400 个，而美国仍将是云和互联网技术方面最领先的国家。

近几年，人工智能领域投资出现爆发式增长，无论是投资的金额还是投资的频次都明显增加，2016 年前两个季度的投资金额和投资频次都维持在较高的水平。预计 2020 年全球人工智能市场规模超千亿元。在未来 10 年甚至更长的时间里，人工智能将是众多智能产业技术和应用发展的突破点。根据 Venture Scanner 的统计，截至 2016 年初，全球共有 957 家人工智能公司，美国以 499 家位列第一，覆盖了深度学习/机器学习（通用）、深度学习/机器学习（应用）、自然语言处理（通用）、自然语言处理（语音识别）、计

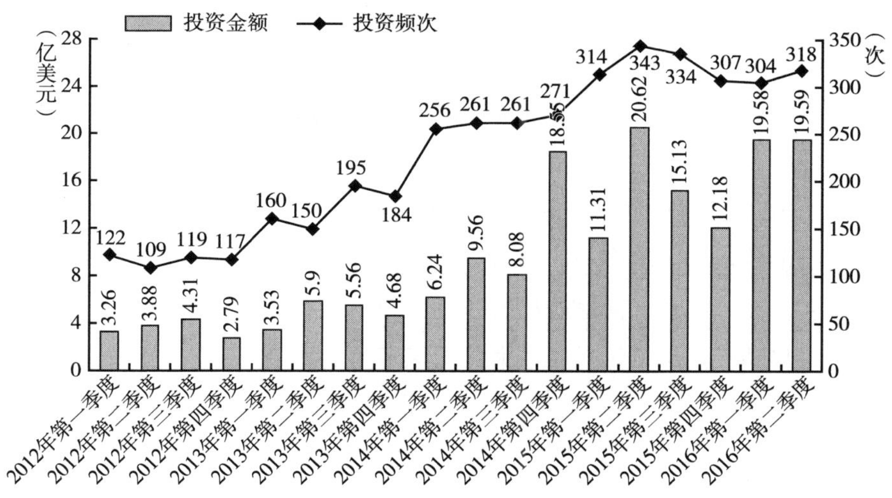

图 3　世界人工智能领域投资总额

算机视觉/图像识别（通用）、计算机视觉/图像识别（应用）、手势控制、虚拟私人助手、智能机器人、推荐引擎和协助过滤算法、情境感知计算、语音翻译、视频内容自动识别13个细分行业。人工智能的快速发展，将加快这一系列细分行业的智能化进程，带动相关行业软件开发的爆发式增长。

（三）移动应用市场呈现爆发式增长，亚洲地区增量最大

在移动互联网方面，移动商务、移动广告、应用内购物、应用即服务模式等因素将成为移动互联网发展的重要驱动力，预计2016年，全球移动互联网规模将达7000亿美元。根据移动市场研究公司App Annie的最新报告，移动应用市场规模将从2015年的700亿美元增长至2020年的1890亿美元。到2020年，人们在移动APP上花费的时间将增长114%，而游戏将占到APP应用商店收入的55%。除游戏外，电商购物和交通APP的增长最为迅猛，到2020年有望增长3倍。

IDC最新研究报告显示，2016年全球互联网用户数将达到32亿，约占全球总人口的44%。其中，移动互联网用户总数将达到20亿。IDC预计，如果没有新型联网设备出现，截至2020年移动互联网用户总数将以每年2%的比例增长。通过手机访问互联网的用户数将以年均25%的速度增长，连接互联网形式的改变无疑会促进手机端电子贸易及广告的增长。全球10亿多人使用互联网进行在线银行业务，收听或分享音乐及寻找工作，超过20亿人使用互联网收发电子邮件或浏览新闻。同时，研究表明，互联网用户的网络消费也越来越多。2015年，互联网用户在旅行、书籍、CD、DVD、应用下载及在线课程方面花费约1000亿美元（约合925亿欧元）。

全球移动互联网增量空间最大的国家多为发展中国家，而且主要集中在亚洲地区。其中，巴基斯坦、印度和印尼的增量空间最大，分别达83%、75%和73.5%。移动互联网用户数量排名第一的是中国，为7.8亿；印度以3.25亿的移动互联网用户数量超过美国成为全球第二大移动互联网市场；美国排名第三，移动互联网用户数量达到2.47亿。

（四）企业加速整合，新兴业务成焦点

为在新兴技术和硬件快速发展的时代获得机会，各大 IT 企业都在积极推进业务整合和业务扩展，向云计算、移动互联网、新硬件等新兴领域拓展。2015 年谷歌成立 Alphabet 母公司，谷歌成为 Alphabet 旗下一子公司，谷歌之前的许多副业也变成 Alphabet 旗下子公司。谷歌通过整合，加强各个子公司的业务管理。2016 年谷歌推出新版 Android 操作系统，同时在自动驾驶汽车、VR、人工智能、无人机和智能家居等领域都取得成果。在谷歌等企业的竞争压力下，2016 年英特尔公司开始战略转型，其从传统的 PC 公司向支持云与数十亿智能、连网设备的公司转型，基于云、数据中心、物联网、存储和 FPGA（Field Programmable Gate Array 现场可编程门阵列）这五个方面，IBM 表示将集中发展移动云、大数据和社交商务等方面的业务。微软在“移动为先云为先”的策略下，2016 年以 262 亿美金的价格收购了 LinkedIn，意图强化自身云计算业务和社交网络平台。为了加强自身的云计算业务，2016 年甲骨文以 93 亿美元收购专为客户提供 SaaS 服务的软件公司 NetSuite。NetSuite 在云 ERP 软件领域有着较为丰富的开发经验，可以更好地增强甲骨文在云 ERP 方面的实力。

二　软件与信息技术服务产业未来发展趋势

（一）工业互联网将带动相关工业应用软件呈现爆发式增长

新一代信息通信技术与制造业融合发展是全球新一轮科技革命和产业变革的核心特征。制造业的概念和附加值正在从硬件不断向软件、服务、解决方案等无形资产转移。相较于传统制造业，如今的制造业是软件带给硬件功能、控制硬件、对硬件造成极大影响。同时，与以往的硬件商品有所不同，目前制造业中，对商品附属的服务或者基于商品上面的解决方案的需求正在快速增加。工业互联网发展将提速，工业软件加快向云服务模式转变，相关

工业软件和系统解决方案市场将进一步扩大。工业大数据将逐渐向制造业拓展和渗透，相关产品和服务的应用有望进一步扩大，带动相关软件和服务市场快速增长。

未来制造业中，不再将“硬件（产品）”生产视为制造业，而是由“软件”在制造业中不断发挥主导作用，商品产生的服务或解决方案将对制造业的价值带来巨大影响。软件、服务在整个制造业价值链中所占的比重越来越大，呈现显著的增长趋势。未来制造业企业向顾客提供的不再是单纯的产品，而是集各种应用软件与服务形态于一体的整体解决方案。

（二）开源成为信息技术创新的主流模式

随着移动互联网、云计算、大数据、物联网等领域的新技术不断获得突破，源于单一或少部分企业的力量已难以实现主导，依靠多元力量、汇集全球智慧的开源模式快速发展。2015 年，微软、华为等企业加入开源世界，对现有市场格局带来巨大的变革力量。2016 年传统软件巨头微软加大了在开源世界的贡献度，其开源影响力逐步提升。微软正式加入 Linux 基金会，这在过去绝对无法想象。通过这种方式，微软将能够参与到 Linux 内核的开发工作当中。2016 年，微软发布了一款基于 Web 的 Skype 客户端，意味着 Skype 终于支持 Chromebook 与 Linux。这套客户端能够在 Chrome 与火狐之上极好地为 Linux 用户服务。

尽管 OpenStack 已逐渐成为业界的主流平台，但还有大量企业在关注其他开源云平台。我国企业参与开源项目的积极性不断提升，影响力逐步扩大。华为继 2015 年正式加入 Cloud Foundry 基金会后，2016 年继续加大其对 OpenStack 的影响力。截至 2016 年 4 月，华为在 OpenStack Mitaka 版本中凭借持续的社区投入，Commits 排名第 8，Completed Blue Print 排名第 5，Files Bugs 排名第 8，Reviews 排名第 6，社区整体贡献全球排名第 8、中国排名第一。未来，开源软件将通过加快发展，引领全球新兴信息技术创新。全球各大巨头将通过参与国际开源项目并投入大量人力、物力，加快争夺开源资源。从浅层战略来看，企业希望能够通过参与开源软件发展来获取开源技术，推动其自身产品和服务的发展，提升其竞争力。从深层战略来看，开源已经成为全球技术、资金、人才、影响力等多元资源的汇集地，企业参与开源也是为了实现对这些资源的争夺。

（三）未来软件企业将朝着生态化的方向发展

信息技术的高速发展，不断推动着信息技术服务业向细分化、多样化方向发展，促使新产品、新业态大量涌现，进而创造新的市场空间，带动产业升级优化。大数据产业化进程加快，信息技术服务业由传统 PC 时代向新兴技术转移的节奏开始加快。企业专注自身优势领域的同时，亟须结合新兴技术支撑自身发展，开放合作成为产业主要趋势。与此同时，信息技术产业的竞争正从单一企业竞争演进到以聚合生态圈协同效应的全产业链竞争，生态圈建设的重要性凸显。

随着应用程度的不断加深，信息技术服务与企业生态链的结合越来越紧密，对于提高运营效率、改进管理方式的重要作用愈发凸显，对企业用户长期发展的战略价值也在不断增加。不断增长的用户需求直接推动了信息技术服务业的发展。

企 业 篇

Enterprise Reports

B.21
2016年典型企业发展情况

张倩 梁冬晗 赵杨 刘晓馨 王慧娴 孟拓 崔学民 方颖*

摘 要： 2016年，世界经济保持低速增长态势，世界电子信息产业在保持增长的同时，市场竞争进一步加剧，总体上仍处于整合调整期。世界电子信息产业领域的主要企业全年业绩表现各异，业务转型成为企业发展的重点，主要企业不断发起并购重组，加速布局智能硬件、物联网、汽车电

* 张倩，国家工业信息安全发展研究中心工程师，研究方向：物联网和大数据等新兴信息技术、电子元器件等；梁冬晗，国家工业信息安全发展研究中心工程师，研究方向：信息通信产业与技术研究；赵杨，国家工业信息安全发展研究中心工程师，电子信息产业、新能源汽车电子；刘晓馨，国家工业信息安全发展研究中心高级工程师，研究方向：电子信息产业、技术创新；王慧娴，国家工业信息安全发展研究中心工程师，研究方向：通信技术与产业研究；孟拓，国家工业信息安全发展研究中心工程师，研究方向：电子信息产业、视听产业；崔学民，国家工业信息安全发展研究中心高级工程师，研究方向：计算机与网络；方颖，国家工业信息安全发展研究中心工程师，研究方向：物联网等新兴信息技术。

子、5G 等新兴应用领域，以保持市场份额，抢占未来市场增长点。

关键词： 电子信息企业 苹果 三星 英特尔

一 苹果

企业名称：苹果公司

营收规模：468.52 亿美元（2016 财年第 4 季度）

净利润：90.14 亿美元（2016 财年第 4 季度）

市值：6072.23 亿美元（NASDAQ：QCOM，2017 年 1 月）

员工数量：11.6 万人

国别：美国

苹果公司由史蒂夫·乔布斯、斯蒂夫·沃兹尼亚克和罗·韦恩等人于 1976 年 4 月在美国创立，并命名为美国苹果电脑公司，2007 年 1 月 9 日更名为苹果公司。2016 年 7 月，在《财富》发布的最新的世界 500 强排行榜上苹果公司名列第 9。苹果公司成为“2016 年全球 100 大最有价值品牌”中的第一名。由于 iPhone 手机的销售乏力，苹果公司盈利首次出现下跌，目前苹果公司正在积极寻求业务支撑的多元化。

（一）销量连续三个季度下滑，15年持续盈利后首下跌

根据苹果公司财报，2016 财年第二季度，苹果公司营收为 505.57 亿美元，比 2015 年同期的 580.10 亿美元下滑 13%；净利润为 105.16 亿美元，比 2015 年同期的 135.69 亿美元下滑 22%，这是自 2001 年以来苹果公司营收首次出现下滑，而 iPhone 销售量也是自推出之日以来首次出现下降。在截至 9 月 30 日的 2016 财年，苹果公司总营收为 2156 亿美元，低于 2015 财年的 2337 亿美元，是自 2001 年以来苹果第一次整个财年的营收出现下降，如图 1 所示，iPhone 销量约 4550 万台，少于上年同期的 4800 万台，iPhone 销量连续第三个季度出现下滑，导致公司营收连续三个季度出现下滑。大中华区原本是苹果营收最可能增长的地区，但第四季度同比下降 30%，整个财年下降 17%。

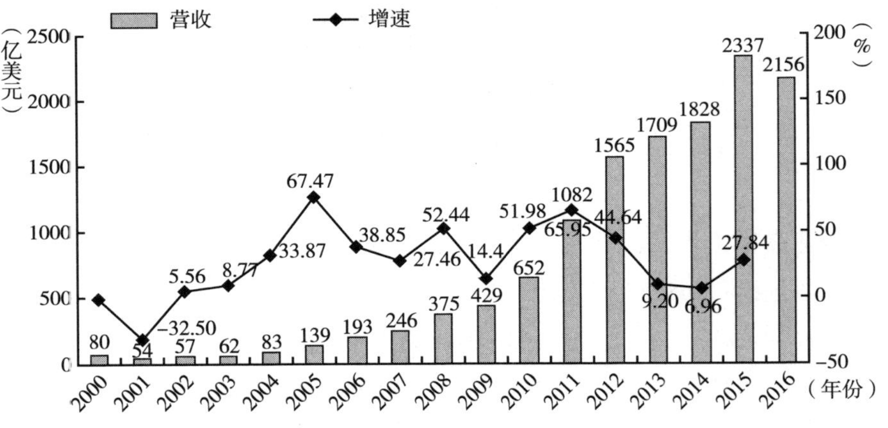

图 1　苹果公司 2000～2016 财年营收

注：2016 财年截至 9 月 30 日。

（二）大力发展增强现实技术，创造业务新增长点

苹果公司的收入主要依赖于苹果手机的销售，所以苹果公司一直在寻找

下一个可能成功的重大热门产品，达到经济收入多样化的目标。苹果现任首席执行官库克在2016年的多个场合公开表示，苹果公司未来发展目标之一是增强现实（AR）技术，以助力苹果下一个创新产品成功。苹果公司认为AR将是下一代苹果手机最具有商机的投资和最热门的卖点之一，AR可以应用到娱乐、广告等一系列内容平台，带来巨大的新机遇。

苹果公司正积极应对在AR领域布局所面临的诸多挑战，具体包括以下四个方面：（1）图像识别，操作系统需要构建带有AR功能的摄像机，使得摄像机能够识别各种复杂的现实世界中的图像，这是启动AR关键的第一步；（2）3D模型生成组件，在苹果手机中增加3D传感器，苹果2013年收购的Primesense公司就是研发和制造类似传感器的；（3）AR软件平台，需为AR开发者提供一个平台进行AR内容与软件的聚合分发；（4）AR显示装备，需单独开发一个AR显示器，如类似微软的HoloLens或AR眼镜，以此呈现苹果iOS设备上的AR功能。苹果公司已经在iPhone中试验/实现了AR功能，如苹果地图具备可提供本地列表的AR视图的功能。下一步，苹果公司将在下一代苹果手机中加入AR硬件，如AR耳机等。

（三）苹果拒绝解锁iPhone，FBI最终成功破解

2015年12月，美国加州发生枪击案，造成14人死亡。美国联邦调查局（FBI）在获得嫌犯的一部iPhone 5C手机后要求苹果公司协助解锁，遭到苹果公司的严词拒绝。苹果公司表示，自己也不能打开售出给用户的iPhone查看数据，苹果系统的安全性事关用户利益。该争端由于事关隐私权，且发生在世界最强大政府与市值最高公司之间而备受关注，苹果的拒绝获得了微软、谷歌等硅谷科技公司及大部分iPhone用户的支持。但是在2016年3月，FBI在以色列某安全技术公司的协助下，绕过了苹果公司的安全保护解锁了嫌犯的iPhone 5C手机。之后，苹果发布声明，表示将继续增强产品的安全性。

随着事件的持续发酵，在美国国内引发了关于如何平衡国家安全与民众隐私的大讨论，这件事成为保障数据安全、人身安全和隐私史上的一次标志

性事件。关于苹果的安全性，多位技术专业人士表示，由于比 iPhone 5C 更高版本的 iPhone 都采用了 64 位处理器且增加了软硬件相结合方式的定时器，破解难度要远高于 32 位的 iPhone 5C 及以往版本。

（四）放弃自主造车，转为提供自动驾车软件技术

2016 年 10 月，据报道苹果公司正在大幅缩减其汽车项目团队的规模，已有数百名员工被转岗或辞退。苹果公司的汽车项目于 2014 年设立，内部代号为“Titan（泰坦）”。泰坦项目陆续组建了近千人的团队，既有数百位来自特斯拉、奔驰、福特、通用等传统汽车公司的资深工程师，也有调配自公司其他团队的工程师。按照原计划，该项目将在 2019 年推出一款具有部分自动功能的电动车。而目前，苹果公司正在重新评估造车项目，约有 120 名软件工程师和数百名正在开发车辆底盘的硬件工程师遭到了裁员。

变动来自该项目管理层。原项目主管史蒂夫·扎德斯基在 2016 年初辞职后，苹果公司元老——曾任苹果高级副总裁的鲍勃·曼斯菲尔德接任负责泰坦项目，并在上任后宣布苹果汽车项目的战略转变，决定苹果应该从设计生产汽车转变为给自动驾驶汽车提供软件技术支持。因此，苹果的直接竞争对手从传统汽车厂商和特斯拉等新兴汽车厂商转变为谷歌、Uber、百度等研发自动驾驶汽车的科技企业。在转向自动驾驶系统的研发后，苹果与谷歌一样积极寻求第三方汽车制造商合作。但与制造手机等消费类电子产品不同，制造汽车需要解决复杂的汽车供应链问题，如生产汽车零部件通常要投入巨资进行研发和生产，供应商不愿给小批量出货的公司如苹果提供产品，这是传统车企所具有的优势。传统车企也正在加大对软件人才的引入力度以应对科技企业的挑战，苹果的汽车类发展面临较大困难。

随着硬件产品线的全线下滑，目前处于涨势的服务业务，如 App Store、Apple Music 和 Apple Pay，成为苹果公司业务发展的支撑点。但由于硬件销售在营收中占据较大比重，在电动汽车项目进展不顺利的情况下，几年内，苹果公司仍需依靠 iPhone 来支撑其业绩。

二　三星电子

企业名称：三星电子有限公司

营收规模：148.54万亿韩元（2016年前三季度）

净利润：15.64万亿韩元（2016年前三季度）

市值：174.2万亿韩元（韩国证券交易所）

员工人数：31.9万人

国别：韩国

三星电子于1969年1月在韩国水原成立，原名三星电子工业，1984年2月更名为三星电子。三星电子是韩国最大的电子产品生产企业，同时也是三星集团子公司中规模最大且在国际市场上处于领先地位的跨国企业，目前在世界各地拥有200多家子公司。三星电子主要业务为移动通信产品、家用电器、半导体存储器、单片机和微处理器、无线通信芯片与晶圆代工。在世界最有名的100个商标列表中，三星电子是唯一的韩国商标。三星电子在2016年世界500强排行榜中排第13名。

（一）年度业绩整体下滑，移动部门利润损失惨重

2016年第三季度利润下滑。三星电子发布的财报显示，截至9月30日，公司前三季度营业收入为148.54万亿韩元，较上年同期微增0.8%。前三季度运营利润为20.02万亿韩元，较上年同期下滑1.28%。前三季度净利润为15.59万亿韩元，较上年同期下滑了0.3%，其中第三季度运营利润和净利润分别同比大幅下滑29.63%和16.85%。

受 Note 7 爆炸及召回事件影响，2016 年第三季度三星移动部门运营利润下降 96%。三星电子第三季度整体营业利润在上年近 7.4 万亿韩元的基础上下降了 29.63% 至 5.20 万亿韩元，净利润同比下降 16.85% 至 4.54 万亿韩元（约合 40 亿美元），收入则下降 7.0% 至 47.82 万亿韩元。在 Galaxy Note7 智能手机因“爆炸门”事件而停产后，三星的移动部门运营利润比上年下降 96% 至 1000 亿韩元。这意味着，移动部门运营利润绝对值同比下滑 2.4 万亿韩元，约合 142 亿元人民币，创下自六年前首次推出 Galaxy 系列手机产品线以来的最低纪录，除了经济损失，三星手机品牌形象或也受到影响。

表 1　2016 年前三季度三星电子财务数据

单位：万亿韩元，%

项目	第一季度	同比增减	第二季度	同比增减	第三季度	同比增减
销售额	49.78	6.00	50.94	5.00	47.82	-7.00
运营利润	6.68	0.70	8.14	1.25	5.20	-29.63
净利润	5.25	13.39	5.80	1.74	4.54	-16.85

资料来源：三星电子。

（二）全球最大的存储芯片制造商，技术和市场双双领先

市场份额遥遥领先。据 IC Insights 数据，预计 2016 年三星电子的半导体业务营业收入将达 435.35 亿美元，同比增长 4%，在全球半导体收入排名中列第二位。三星是全球最大的存储芯片制造商。2016 年前三季度，三星电子存储器收入为 26.23 万亿韩元，同比增长 1.08%。2016 年前三季度，三星电子 DRAM 内存业务营业收入为 135.76 亿美元，占全球的市场份额为 48.14%；NAND 闪存营业收入为 96.77 亿美元，占全球的市场份额为 36.06%，与排第二位的东芝之间的差距拉至 15.6 个百分点。

技术水平超前于对手。三星宣布已开始大规模量产 10 纳米 FinFET 工艺制程的处理器高通骁龙 835 和猎户座 8895，10 纳米工艺领先于其主要竞争对手台积电。三星还发布了全球第一款 8GB LPDDR4 移动内存，采用了先

进的 10 纳米工艺。三星正在有条不紊地执行第四代 V – NAND（64 层技术）开发计划以及 18 纳米 DRAM 的批量生产工作，预计在 2017 年 3 ~4 月开始生产第四代 64 层 3D NAND。此外，三星电子已经着手开发中央处理器核心，未来将用在物联网设备的微控制器产品上。据悉，三星电子系统 LSI 事业部从 2016 年上半年起，已开始研发开放源代码 CPU 核心指令集（ISA），该指令集以 RISC – V 为基础，可作为 32 位元微控制器的 CPU 核心。为了扩大零部件业务的产能，三星还将投资创纪录的 240 亿美元在芯片及显示面板业务上，由此可见三星对零部件业务部门的重视与支持。

（三）家族式管理面临经营压力，三星考虑分拆重组

11 月 29 日，三星电子发表声明称，将认真考虑由国际投资股东提出的增加设立独立董事席位的建议。该声明指出，三星正在寻觅拥有全球企业经验的“高素质的”董事，并计划在 2017 年 3 月举行的年度股东大会上增设至少一名新独立董事。此外，三星考虑未来将公司转化为投资控股的公众公司。三星电子决定采纳投资人的部分建议，对公司企业架构进行评估，其称探索新的架构至少需要 6 个月的时间。三星做出这项决定源于 2016 年 10 月美国对冲基金给出的一个建议。美国对冲基金持有三星 0.62% 的股份，该公司建议三星电子转型为一家控股公司，分拆后分别在首尔和美国纳斯达克上市。三星其他基金类股东如 APG 和 HGI 也支持上述建议。

三星的所有权架构复杂，重组可以简化结构，增强企业透明度。但三星电子向控股架构转移还需要考虑许多的潜在因素，如税收及其他监管方面的变化。按照韩国法律要求，控股公司必须持有上市子公司至少 30% 的股份。如果真的分拆，三星电子必须购买子公司股票，如三星 SDI、三星电机、三星 SDS 的股票，从而达到法律的要求，开支可能会达到几十亿美元。三星电子产业涉及芯片制造、消费电子、手机、电池等领域。过去 10 年三星电子执行了 27 起跨国公司并购案，而仅在 2016 年就投资了包括美国哈曼、QDvision、NewNetCanada 在内的 7 家海外企业。如果真如声明所言在 2017 年年中实行，三星电子必然首先将其旗下产业进行激进式的重组。

三　英特尔

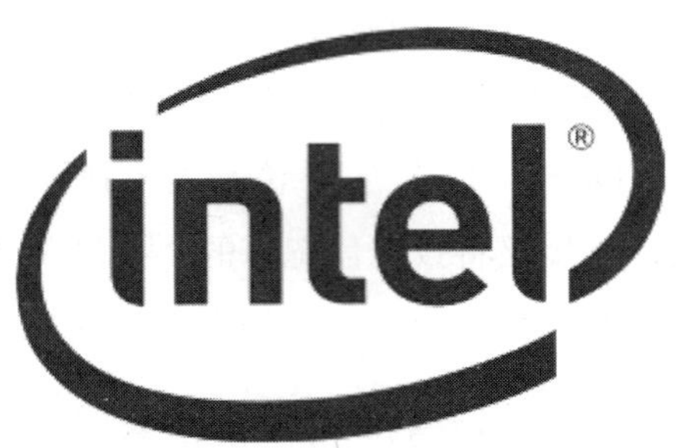

英特尔

企业名称：英特尔公司（Intel Corporation）

营收规模：429.78 亿美元（截至 2016 年第三季度）

净利润：67.54 亿美元（截至 2016 年第三季度）

市值：13719.90 亿美元（截至 2016 年 11 月 24 日）

员工数量：10 万人

国别：美国

美国英特尔公司，由罗伯特·诺伊斯、戈登·摩尔和安迪·格鲁夫在美国硅谷于 1968 年共同创立。经过 40 多年的发展，英特尔公司已发展为全球最大的半导体公司，其主要产品是广泛应用于计算机的核心芯片——中央处理器（CPU）。公司的 CPU 产品应用覆盖了从移动计算到大型服务器的各个领域。在 2016 年世界 500 强排行榜中，英特尔列第 182 位。截至 2016 年，英特尔公司已经连续 22 年位列全球半导体公司排行榜的榜首。公司在年内积极推进企业实现战略转型，不断推动 PC 领域创新，继续扩大在物联网及其他领域的开发，通过收购强化物联网和无人驾驶等新兴领域，加大投资和合作巩固其芯片巨头地位。

（一）公司业绩实现稳定增长，积极推进企业实现战略转型

2016 年是英特尔公司战略转型的一年，其从传统的 PC 公司向支持云与数十亿智能、连网设备的公司转型。第一季度，公司转型战略进展顺利，营收为 137 亿美元，同比增长 7%；第二季度，公司业绩稳定；第三季度，公司营收与上年同期相比增长 9%，达到 158 亿美元。英特尔预计，第四季度公司营业收入将为 157 ±5 亿美元。在进行战略转型的一年，英特尔实现了公司业绩的稳定增长。

面对 PC 市场销售下滑，英特尔在 2016 年开启了企业转型之路。英特尔的转型基于云、数据中心、物联网、存储和 FPGA（Field Programmable Gate Array，现场可编程门阵列）这五个方面。英特尔公司将推动越来越多的数据中心采用 Intel 架构。英特尔将利用其在数据分析方面的优势，创造新的业务增长。在物联网方面，英特尔将聚焦于自动驾驶汽车、工业和零售业，并将其作为物联网业务增长的主要驱动力。同样，英特尔核心的 PC 客户端和移动计算业务，也被视为互联“物”的诸多不同形态之一，这将推动英特尔物联网业务的差异化及细分化战略。随着 5G 时代的到来，英特尔将利用其技术优势推动端到端 5G 系统的交付，包括从调制解调器到基站，再到现有以及未来将出现的各种连接方式。

（二）不断推动 PC 领域创新，继续扩大物联网及其他领域开发

2016 年，英特尔在 PC 领域推出了第七代酷睿家族处理器 Kaby Lake，新产品加强了鳍片、晶体管通道应变，并且更好地整合设计与制造，在提升频率的同时保持功耗不变或降低，英特尔酷睿 i7 – 7500U Kaby Lake 性能比酷睿 i7 – 6500U Skylake 提升了 12% ~19%。在存储领域，英特尔发布了与 Altera 合作后的第一款封装 FPGA 产品 Stratix10，它可以带来 1TB 的带宽。

在物联网领域，英特尔发布了用于家庭网关的英特尔® AnyWAN™ GRX750 SoC 系列，它还可以灵活地连接有线或无线技术，实现本地和云服务、媒体创建和内容分享。英特尔在 2016 年 COMPUTEX 大会上，展示了一

款和 IEI Group 合作的智能交通系统，它能提供 4 个 IP 摄像头接口，具备 GPS 和网络连接功能，目前主要装载在公共汽车上。

在智能硬件领域，为了提升视频直播的流畅体验，英特尔推出了英特尔©至强©处理器 E3 – 1500 v5 产品系列。在针对机器的深度学习方面，英特尔推出了英特尔至强 Phi 7200 系列。英特尔还推出了针对无人机厂商的 AERO 开发平台，平台提供了开发板 + SSD 存储 + LTE 通信模块 + RealSense 摄像头的组合，以前只针对 Windows 平台的英特尔©实感™技术正式宣布跨平台发展。以后，英特尔的合作伙伴可以利用跨平台 API，在 Linux、Android、IOS 等系统中开发相关应用，这极大地增加了英特尔® 实感™术的应用前景。在 VR 产品方面，英特尔推出两款 VR 设备，Acer Predator G1 和 HP Omen X，前者是最小的一款可实现 VR 的台式机，后者是第一款背包式的 VR 设备。此外，英特尔推出了最新的无人机 Intel Shooting Star，其可以广泛用于艺术、娱乐和灯光秀等领域，解决复杂的晚间娱乐工作问题。

（三）强化物联网和无人驾驶领域，巩固其芯片巨头地位

2016 年，英特尔把企业战略的重点放到了物联网和无人驾驶领域。4 月，英特尔公司相继收购意大利半导体制造公司 Yogitech 和俄罗斯计算机视觉识别公司 Itseez，被认为是进入自动驾驶汽车的技术储备。前者是一家专门提供 IoT（物联网）设备、机器人、无人驾驶汽车及其他自动化设备研发芯片的企业。英特尔公司希望获得 Yogitech 的芯片技术并将其移植到自己正在研发的无人驾驶汽车系统芯片中。在无人驾驶汽车领域，2016 年底英特尔公布与 Mobileye 和德尔福共同组建一个 Automated Driving Group（自动驾驶事业部，简称 ADG）。新的 ADG 将由英特尔老将道格·戴维斯（Doug Davis）负责领导，ADG 的任务聚焦于自动驾驶技术和驾驶辅助技术的研发，为汽车厂商客户宝马、戴姆勒、现代、丰田和特斯拉等供应芯片。英特尔计划未来两年对自动驾驶汽车进行超过 2.5 亿美元的新增投资，推动完全自动驾驶技术转化为现实应用。这些投资将驱动下一代互联技术、通信、内容识别、深度学习、网络安全等领域的发展。另外，英特尔的汽车已经开始上路

测试，目前共有30辆测试车，未来将会增加到49辆。在具体应用方面，英特尔宣布与台湾中华电信和胜捷光电开展合作。在车里配置基于英特尔SoFIA平台的设备，实时收集数据并传送到云端，可以分析驾驶员的驾驶习惯和车辆使用情况，从而为驾驶员提供量身定制的保险计划。

为了加速存储技术的发展，英特尔将在未来3~5年内投资35亿美元，用于升级中国的大连工厂，使其转产为“非易失性存储器”制造，生产3D NAND和3D XPoint产品。

在与企业合作方面，为了让通信服务提供商及其解决方案提供商能尽快重新构建网络并为5G的部署做好准备，英特尔宣布与富士康签署一份协议，合作开发网络基础架构技术。两家公司将协作进行移动边缘计算、云无线接入网络（CloudRAN）和网络功能虚拟化（NFV）等技术的概念验证和项目试点。此外，英特尔还与ESPN、红牛媒体工作室以及Replay电视转播公司等在比赛数据的处理上展开深度合作，与New Balance和Oakley等运动设备厂商共同研发运动可穿戴技术。

四　台积电

企业名称：台湾积体电路制造股份有限公司（Taiwan Semiconductor Manufacturing Company Limited，TSMC）

营收规模：6857.15亿元新台币（截至2016年第三季度）

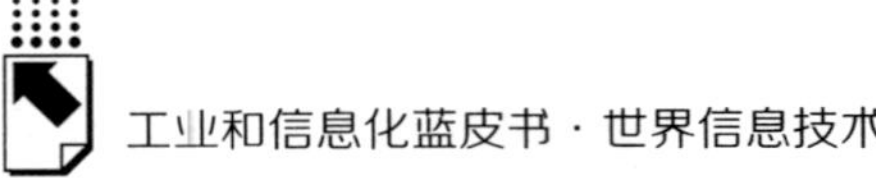

净利润：2339.98 亿元新台币（截至 2016 年第三季度）

市值：1505.09 亿美元

员工数量：3 万人

国别：中国（台湾）

台湾积体电路制造股份有限公司，简称台积电（TSMC），成立于 1987 年，是中国台湾地区最大的一家半导体制造公司，也是全球最大的集成电路代工企业之一。台积电公司在台湾设有三座先进的 12”超大型芯片厂、四座 8”芯片厂、一座 6”芯片厂和两座后端封测厂，并拥有两家海外子公司——WaferTech美国子公司、TSMC 中国有限公司。2016 年，台积电在江苏南京投资 30 亿美元开工建设的 12 吋晶圆厂暨设计服务中心项目，是近年来台积电对外最大规模的投资。2016 年公司在 IC Insights 发布的全球半导体公司中排名第三、代工业排名第一。

（一）业务发展迅速，公司收益快速增长

2016 年，台积电除了承接苹果公司新一代智能手机 iPhone7 与平板电脑核心处理器 A10 的订单外，来自基频芯片、游戏机绘图芯片、AR/VR 相关芯片、AI 相关芯片的需求持续上涨，带动公司营业收入逐季攀升，年营业额预计将达到 5% ~10% 的水平，超过半导体同行业水平。

公司第一季度受台湾地震影响，实现合并营收 2034.95 亿元新台币，同比下降 8.3%，但好于上季度财务预测目标；第二季度公司实现合并营收 2218.1 亿元新台币，同比增加 8.0%；第三季度实现合并营收约 2604.1 亿元新台币，同比增加 22.5%。台积电预计，第四季度业绩将有更好的表现，预计营收为 2550 亿 ~2580 亿元新台币。预计，台积电 2016 全年营业收入约为 293.4 亿美元，增幅达到 11%。

（二）纳米工艺技术进展迅速，抓紧布局先进工艺

2016 年台积电研发支出将超过 720 亿元新台币，不仅再次刷新公司历年纪录，也将连续四年蝉联台湾制造业研发投资之冠。据悉，2016 年台积

电的研发支出主要用于10纳米及7纳米先进工艺的研发。

2016年底，台积电10纳米将进入量产阶段，海思、联发科、高通、苹果四大客户都已开始预订台积电2017年10纳米产能。对台积电来说，2017年第一季10纳米就可实现营收。在7纳米工艺方面，台积电预估2017年上半年可完成芯片设计，2018年第一季可进入量产，目前可程式逻辑闸阵列（FPGA）大厂赛灵思（Xilinx）、绘图晶片大厂辉达（NVIDIA）两大16纳米客户，已确定跨过10纳米工艺技术，直接与台积电在7纳米工艺技术上进行合作。此外，台积电还将与芯片设计解决方案厂商ARM就7纳米芯片技术展开合作，ARM将与台积电共享7纳米芯片设计的知识产权。

表2　台积电10纳米和7纳米先进工艺进展程度

项目	台积电10纳米工艺	台积电7纳米工艺
试产时间	2016年上半年	2017年上半年
量产时间	2016年第四季度	2018年第一季度
主要客户	苹果:A11应用处理器 高通:ARM架构HPC处理器 联发科:Heli X30手机芯片 海思:Kirin手机芯片及网络处理器	赛灵思:FPGA芯片 辉达:新一代Volta绘图芯片

台积电有计划推出12纳米工艺芯片，实际上就是台积电16纳米工艺芯片的缩小版，它拥有更少漏电流（leakage），以及更好成本控制的特性，未来将帮助台积电更好地与三星、格罗方德展开竞争。同时，2016年底，台积电宣布将开始着手建设5纳米和3纳米工艺的全新芯片生产线，目前已开始着手选择新厂址。

（三）独揽苹果大型订单，市场份额进一步扩大

2016年，台积电成功击败三星，拿到了苹果下一代处理器A10芯片的全部订单，并且将采用全新的16nm制程工艺，其相比前代来说成本更低、性能更强、功耗更小。台积电的整合扇出晶圆级封装（InFOWLP）技术成为其击败三星的关键。简单来说，这种封装技术可以在单芯片的封装中做到

更高的集成度，并拥有更好的电气属性，从而能降低封装成本，并且计算速度更快，产生的功耗也更小。更为关键的是，InFOWLP 技术能够提供更好的散热性能，并整合了 RF 射频元件，使网络基带性能更加出色。这使得台积电 16nm 工艺制程芯片可以进一步提高市场占有率，到 2016 年底市场份额有望在 70% 以上，成功超越三星。

台积电在 iPhone 7 出货的第三季度营收大幅增长 22.5%，而其最大推动力就是 iPhone 7 中的 A10 芯片。苹果下一代的 A11 芯片几乎已确定由台积电继续拿下独家代工订单，而 A11 芯片已于 10 月底完成设计，2017 年第二季开始生产，并且会继续采用台积电第二代整合扇出型晶圆级封装（InFOWLP）技术。

五 思科

CISCO

企业名称：思科系统公司（Cisco System Incorporated）

营收规模：492 亿美元（2016 财年，2015 年 7 月 26 日至 2016 年 7 月 25 日）

净利润：120 亿美元（2016 财年，2015 年 7 月 26 日至 2016 年 7 月 25 日，非 GAAP 标准计算）

市值：1521.90 亿美元（2016 年 12 月）

员工数量：7.86 万人（2016 年 8 月）

国别：美国

思科成立于 1984 年 12 月，总部位于美国加利福尼亚州。思科是全球最大的网络设备供应商，主要业务有网络软硬件的制造、解决方案以及网络安全等，主要产品有交换机、路由器、服务器、网络存储、网络操作系统与管理系统、网络安全、无线通信等。用户遍及电信、金融、服务、零售等行业以及政府部门和教育机构等。思科公司推出的思科认证是互联网领域的国际权威认证体系。在2015年《财富》世界500强排行榜中，思科的排名从上年的第214位降至第235位。

（一）业绩稳定增长，第四季度表现突出

思科业绩持续稳定增长，2016财年的销售额、净收入、现金流均实现增长。2016财年（2015年7月26日至2016年7月25日），思科实现销售额487亿美元，同比增长3%，净收入为120亿美元（按非GAAP标准计算），同比增长7%。每股收益为2.36美元，同比增长8%。来自运营活动的现金流为136亿美元，较2015财年的126亿美元，同比增长7.9%。

2016财年第四季度，思科各项业绩表现突出，共实现总销售额126亿美元，同比增长2%，其中，产品销售额同比增长1%，服务销售额同比增长5%。在区域方面，美洲、欧洲等地区仍是思科销售额增长较快的区域，美洲同比增长3%，欧洲、中东和非洲地区同比增长3%，而亚太、日本和大中华区思科产品销售额在第四季度同比下降2%。

在产品构成方面，安全类产品仍是思科的主要增长龙头。2016财年各季度，思科安全类产品销售额同比分别增长7%、11%、17%、16%，除第一季度外，思科安全类产品在2016财年第二季度、第三季度、第四季度增长率均位居各类产品之首。而思科运营商视频、下一代网络路由等产品销售额则出现了不同程度的下滑，2016财年第四季度分别下降12%和6%。

（二）维持固有优势，继续领跑网络安全领域

近年来，互联网技术的快速发展带动了网络安全市场迅速壮大，据统计，当前网络安全市场规模约为750亿美元，预计到2020年将达到1700亿美元。近年来，思科积极推进网络安全产品和业务的发展，其网络安全产品

份额逐年上升。思科成功凭借其在网络设备方面的固有基础，发展为网络安全市场的领导者。在2016年度NSS Labs漏洞检测系统（BDS）测试中，思科安全解决方案连续第三年处于领先地位，对恶意软件、漏洞攻击和逃避技术的检测率均达到100%。

一直以来，思科积极通过并购壮大其网络安全业务。思科CEO查克·罗宾斯接管思科的第一年进行了15次收购，其中4次的收购对象是安全公司。2016年6月，思科收购Cloudlock，该公司是一家私营云安全公司，致力于云访问安全代理技术，围绕云服务中的用户行为和敏感数据为企业提供可见性和分析服务。此次收购金额高达2.93亿美元，通过此次收购将进一步增强思科的网络安全产品组合，依托思科的“安全无处不在”战略，为企业提供从云到网络再到终端的全面保护。

（三）推进物联网战略，加紧布局“万物互联”

当前，作为全球最大的网络硬件厂商之一，思科提供全球约63%的路由器和交换机市场，30%的网络安全市场。2016年，思科继续布局物联网，加强相关投资并购，积极推进物联网技术和解决方案的开发和应用，加紧打造其“万物互联”概念。

2016年3月，思科宣布以14亿美元现金和股票收购物联网创业公司Jsaper Technologies，创下该公司自2013年以来的最大一笔交易，同时也是物联网领域涉及金额最大的并购案之一。Jasper创立于2004年，其主要业务是将汽车、喷气式发动机甚至心脏起搏器等硬件设备通过物联网进行连接，同时开发了一套功能完善的物联网服务平台来监测这些设备的状态。该公司业务范畴包括运输车队监控、工业控制和其他传感器组网管理等，是物联网业务领域最知名的初创公司之一。通过此次收购，思科不仅拥有了极具关联性的客户群体，还有高度发展的物联网平台，这将极大地拓宽思科在物联网产业的布局。

除积极开展并购重组外，2016年，思科也加紧物联网技术和解决方案的开发和应用。2016年4月，思科和罗克韦尔自动化联合开发了一项符合工业安全应用规范的深度数据包检测（DPI）技术，采用该技术的工业防火墙能够有效扩展车间网络情况的可见性，从而显著提高工业物联网安全监测能力。此外，2016 年 12 月，思科宣布已经与印度古吉拉特邦国际创业和技术中心（iCreate）、古吉拉特国际金融技术中心（GIFT）签署了两份协议，将在该地区设立物联网创新中心和智慧城市项目。根据思科的声明，思科将联合 iCreate 开发和定制数字技术、解决方案；在 GIFT 进行智慧城市项目的合作。该项目将进一步增强思科在物联网、移动技术和应用、云计算以及数据分析等领域的优势。

六　华为

企业名称：Huawei Technologies Co. Ltd

营收规模：5200 亿元人民币

营业利润：约 624 亿元人民币

员工数量：约 17 万人

国别：中国

华为技术有限公司成立于 1987 年，最初是一家生产用户交换机（PBX）的香港公司的销售代理，现已成长为全球领先的通信设备生产商和电信解决方案供应商，其产品主要涉及交换、传输、无线、数据通信类电信产品以及无线终端产品，并为通信运营商及专业网络用户提供软件、服务和解决方案。目前，华为的产品和解决方案已应用于全球 170 多个国家和地区。华为在 2016 年世界 500 强排行榜中排第 129 名。

（一）整体经营状况良好，销售收入大幅增长

2016 年，华为公司销售收入实现了大幅的提升。2016 年上半年，华为公司全球销售收入达到 2455 亿元人民币，同比增长 40%，营业利润率为 12%。预计 2016 年华为公司的全球销售收入将接近 6000 亿元人民币。

华为的运营商网络、企业解决方案和消费者终端三大业务领域 2016 年上半年均实现了不同程度的增长。在运营商网络业务领域，华为围绕运营商数字化战略的业务和技术需求，从业务、运营、架构和网络四个方面，为运营商提供全面的转型支撑及服务，并与运营商共同推动 5G、物联网等前沿技术发展。在企业解决方案领域，华为公司的云计算、存储、SDN 等主力产品和平安城市、电力物联网等解决方案在公共安全、金融、电力、交通、教育、媒资等市场应用广泛。在消费者终端领域，以 P9、Mate8、荣耀 V8、MateBook 为代表的旗舰产品在近 30 个国家和地区成为消费者认可和喜爱的品牌终端，同时华为二合一笔记本产品 MateBook 也已成功登陆全球数十个国家和地区。

（二）创新实力全球领先，关键技术实现突破

华为公司作为全球最大的电信设备商，长期以来始终注重自主研发，2010～2016 年华为公司在研发方面的投入超过 370 亿美元。目前华为公司已在全球设立了 16 个研究院和 36 个联合创新中心，研发人员约为 79000 名，占公司总人数的 45%。

在下一代移动通信领域，华为公司率先发布的 SCMA、F-OFDM 及 Polar Code 等新空口技术，在不增加天线和频谱的情况下，实现了 3 倍频谱效率提升；在抗多径全双工技术、大规模天线 MIMO 技术等领域华为公司也取得了创新突破，并完成大规模测试验证。在数据中心领域，华为公司完成了百 K 级数据中心网络仿真框架，仿真速度达到 M 级 IPS；完成首个用户态内存文件系统 N VFS 和内存 NVKV 系统，性能达千万 IOPS。在人工智能领域，华为公司研发出业界领先的神经应答机，发布了业界第一个基于深度学

习的单轮对话生成模型；发明了神经机器翻译技术，支持深度记忆框架。在视频领域，华为公司推动了4K超高清体验的IP Video应用，通过创新性的H.265/QDS，显著提升了4K OTT/ IPTV业务超高清体验流畅度60%以上；对于监控应用，实现了在1M bps的码率上提供超高清画质监控视频传输。在电池领域，华为公司发布了最新电池快充技术，3000m Ah的手机电池5分钟可充入48%的电量，具备高速的物理/化学双重储锂功能，充电速度是普通手机的10倍，同时能量密度和使用寿命均不会受影响。

（三）积极布局新兴领域，开拓全新增量市场

2016年华为公司把战略重点放在物联网（IoT）、虚拟现实（VR）及第五代移动通信（5G）三大新兴领域，积极开拓增量市场。

物联网是华为的重要战略方向，2016年华为公司推出了自主研发的Boudica物联网芯片和IoT－OS物联操作系统，在大数据平台层发布了分布式数据处理系统FusionInsight，同时推出最轻量级的物联网操作系统LiteOS和智能家居Openlife系统。华为公司计划在未来通过合纵连横，不断拓展物联网在公共基础设施、个人消费者、智慧家庭、车联网、工业制造、能源管理等关键领域的应用。

华为公司在2016年全面构建VR生态。2016年12月，华为推出VR眼镜，搭载最新的麒麟960芯片，增加了接听电话等创新功能，该眼镜还配置了独立的高精度IMU传感器，使延迟小于20ms，且无拖影和漂移。而华为旗下的Mate 9 Pro手机也具有高性能及丰富的VR拓展性，同时能与华为VR眼镜深度适配。

2016年，华为公司在5G领域取得了众多突破，完成了多项测试验证。2016年4月，华为公司联合多家企业与研究机构，率先完成5G空口技术外场的测试验证，并在中国成都建设了全球最大规模的5G技术验证外场，通过多项5G全新空口技术组合实现了3倍频谱效率提升。与此同时，华为又提出了4.5G的概念和关键技术方案，定义了4.5G是4G系统演进的方向和目标，与拉美及全球区域的主流运营商开展了4.5G关键技术的联合测试，

包括4T4R、多载波聚合、窄带物联网技术等。2016年11月，华为公司主推的PolarCode（极化码）方案，在3GPPRAN187次会议的5G短码方案讨论中成为5G控制信道eMBB场景编码方案，为未来的规模化商用打下了坚实的基础。

七 高通

企业名称：高通公司（Qualcomm Incorporated）

营收规模：236亿美元（2016财年）

净 利 润：57亿美元（2016财年）

市值：1012.74亿美元（NASDAQ：QCOM，2016年12月23日）

员工数量：3.3万人（《财富》数据）

国别：美国

高通（Qualcomm）创办于1985年，是一家美国的无线电通信技术研发公司，其公司名称Qualcomm就是由“质量（Quality）”和“通信（Communications）”两个单词的前4个字母组成的，公司总部位于美国加利福尼亚州圣地亚哥市（San Diego）。2016年，高通营收持续下滑，但利润逐步回暖，预计2017年高通营收及利润能够实现大幅上涨。2016年10月，高通大手笔收购恩智浦，创下半导体收购历史之最，同时高通拟拓展汽车芯片市场，并进一步将业务扩展至移动、汽车、物联网、安全、射频、网络等领域。收购恩智浦后，高通专利池中的专利数量将达5600多项。此外，由于高通在CDMA技术方面的领先优势，并向全球130家以上电信设备制造商发放了CDMA专利许可，近年来，高通一直身处世界各国反垄断调查的旋涡中，继2015年中国国家发改委向高通开出9.75亿美元的罚单后，2016年高通又被韩国开出8.54亿美元的反垄断罚单，美国和欧盟也对高通做过相关调查。在产品方面，高通于2016年底及2017年初发布了两款制造工艺达10纳米级的产品，分别为高通Centriq 2400和骁龙835处理器，芯片制造工艺又上了一个新台阶。

（一）营收持续下滑，利润逐步回暖

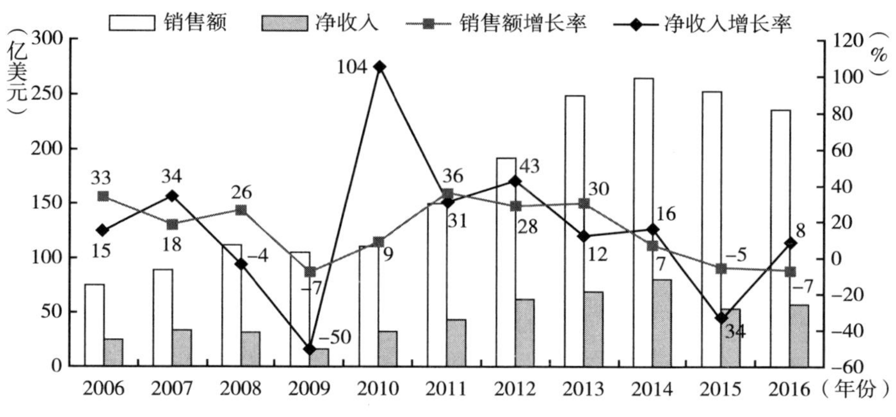

图2　2006~2016财年高通销售额与净收入

资料来源：根据高通历年财报整理。

2016财年，高通净利上升营收下滑。本财年，高通销售额为236亿美元，同比下降7%，呈持续衰退的态势，净收入57亿美元，同比增长8%，呈现回暖趋势。从高通2016年各季度财报来看，营收和净收入均呈现第二季度触底，第三、四季度逐步回暖的发展态势。营收方面，上半年继续维持2015年大幅度衰退的趋势，下降幅度高达18.9%，下半年营收开始逐步回暖，与2015年同期相比上升8.1%，然而回暖势头不足以弥补上半年衰退的幅度，因此高通2016年全年营收依然呈现下滑态势，预计2017年高通的营收会大幅上涨。净收入方面，除第一季度低于2015年同期外，其他三个季度相较2015年后期均有所上升，尤其是第四季度增长幅度高达45%，拉高了全年的净收入，促使2016年净利超过2015年。

从细分业务看，芯片及授权营收均有所下滑。芯片业务方面，高通CDMA

技术集团（QCT）芯片出货量8.42亿片，实现营收154.09亿美元，相较上年的170.78亿美元，同比下降9.8%；授权业务方面，高通技术授权部门（QTL）实现营收76.64亿美元，相较上年的82.03亿美元，同比下降6.6%。

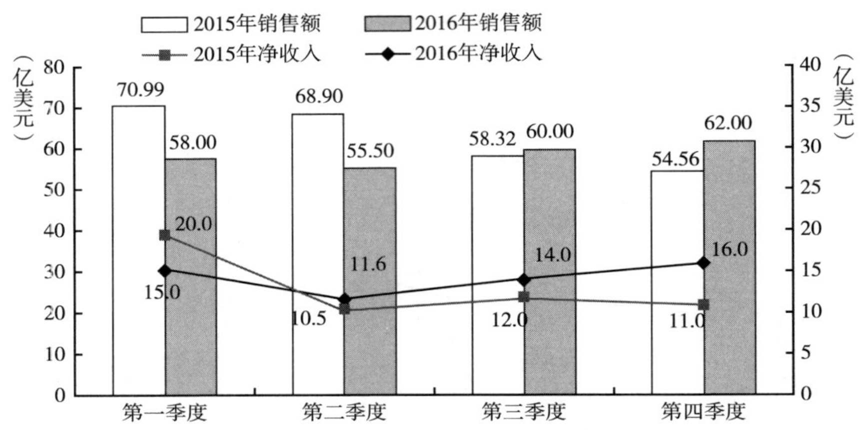

图3　2015～2016财年高通各季度销售额与净收入情况

资料来源：根据高通2015～2016财年各季度财报整理。

（二）大手笔收购恩智浦，拓展汽车芯片市场

2016年10月底，高通以每股110美元的现金收购恩智浦半导体公司（NXP），此次交易包含恩智浦的债务在内，总额约为470亿美元（合3176亿元人民币），创下半导体收购历史之最，交易预计在2017年底完成。

目前，恩智浦是全球最大的汽车用芯片供应商，高通收购恩智浦主要是看中未来智能汽车（包括电动、自动和无人驾驶等）的发展前景，并致力于向汽车芯片市场大力扩张。恩智浦在汽车电子领域的技术积累主要是车载芯片系统，并在V2X（全称为Vehicle to X，即车与外界的信息交换）、汽车雷达解决方案、自动驾驶计算平台等方面有着不错的技术积累。此外，在视频识别方面，恩智浦有着很高的市场地位，全球平均每5部手机中就有3部手机使用恩智浦的功率放大器；在5G通信方面，由于传统的射频设备并不

能满足10Gbps的数据速率和不超过1ms的延迟需求，高频部分所需的氮化镓材料器件有着先天的发展优势，而恩智浦在氮化镓产品的设计、封装、制造等方面处于全球领先地位；在身份识别与安全方面，恩智浦拥有1700多项安全专利技术，为全球80%的护照提供保障。

高通在收购恩智浦之后，在物联网、自动驾驶、5G时代纷至沓来之际有着广阔的市场前景。高通表示，两家公司合并之后，预计年收入将超过300亿美元，服务市场价值将在2020年达到1380亿美元，并在移动、汽车、物联网、安全、射频、网络等领域处于行业领导者地位。

（三）反垄断调查不断，芯片制造工艺又上新台阶

高通成为芯片领域反垄断的重点对象，全球反垄断形势严峻。继2015年高通向中国国家发改委支付60.88亿元人民币（合9.75亿美元）的反垄断罚单后，2016年高通又被韩国反垄断监管机构调查，决定向高通开出1.03万亿韩元（约8.54亿美元）罚单，创下韩国反垄断罚金历史最高纪录。此外，高通还接受了美国联邦贸易委员会（FTC）的调查，后者也专注于调查高通的专利授权行为。欧洲监管部门也对高通的销售策略展开调查，欧盟称，从2009年至2011年，高通以低于成本价销售某些基带芯片，高通在市场上排挤英国手机软件厂商Icera，随后给出高达25亿美元的巨额罚单，相当于高通2015年营业收入的10%。从2009年到2016年，如果按照各国给出的罚金金额来看，高通被罚总金额已达到40多亿美元。接连不断的反垄断调查虽然并未从根本上改变高通授权盈利模式，但整改已触及专利层面（如取消强制反向授权）。随着技术扩散的深入，高通授权或将迎来更多的挑战。

2016年12月7日，高通通过其子公司QDT（Qualcomm Datacenter Technologies，Inc.）宣布提供全球首款10纳米服务器处理器商用样片，并进行了现场演示。作为高通Centriq™产品家族的首款产品，高通Centriq 2400最高可配置48个内核，并采用最先进的10纳米FinFET制程技术制造而成。高通Centriq 2400系列主打QDT的ARMv8可兼容定制内核——

Qualcomm® Falkor™ CPU。该内核经高度优化，可同时实现高性能与低功耗，是专门针对数据中心最常见的工作负载而设计的。紧接着，2017 年 1 月 3 日，高通在 CES2017 正式推出其最新的顶级移动平台——集成 X16 LTE 的高通骁龙 835 处理器。骁龙 835 处理器是首款采用 10 纳米 FinFET 工艺节点实现商用制造的移动平台，能带来突破性的性能和出色的能效表现。骁龙 835 旨在为顶级系列的消费终端提供下一代娱乐体验和联网云服务支持，这些终端包括智能手机、VR/AR 头显设备、联网摄像头、平板电脑、移动 PC 及其他消费终端。这些终端运行各种操作系统，包括 Android 和能够支持传统的 Win32 应用的 Windows 10 系统。

八 ARM

企业名称：Advanced RISC Machines

营收规模：7.86 亿美元（2016 年上半年）

净利润：3.63 亿美元（2016 年上半年）

市值：320 亿美元（被软银收购的价格）

员工数量：4438 人

国别：英国（被日本软银收购）

ARM 公司于 1990 年在英国剑桥成立，主要出售芯片设计技术的授权，是全球领先的半导体知识产权提供商，ARM 是智能芯片领域的“市场领导者”。它拥有 4400 多名员工，在全球设立了多个办事处，其中包括比利时、法国、印度、瑞典和美国的设计中心。2015 年，包括高通、三星、联发科等在内的全球 1384 家移动芯片制造商都采用了 ARM 的架构，全球有超过 85% 的智能手机和平板电脑的芯片采用的是 ARM 架构的处理器，超过70%的智能电视也在使用ARM的处理器。2015年基于ARM技术的芯片出货量达到151亿颗，从诞生到现在为止基于ARM技术的芯片有900亿颗。

（一）ARM被软银收购后仍保持独立性，积极布局物联网业务

2016年，ARM接受日本软件银行公司243亿英镑（约321.7亿美元）的收购要约，完成了欧洲科技公司并购史上最大的一笔交易。软银可以保持ARM被收购后的独立性是管理层支持这一收购的决定性原因。软银可以保证ARM在未来商业环境的独立性，ARM被软银收购后还将保持的独立性包括多方面。首先，ARM总部仍然会在英国，对客户的业务也会正常进行。收购后将成立6个人的董事会，其中孙正义以及来自软银高层占据三席，除了西蒙以外，ARM的CFO和CTO也将加入。

软银收购ARM最主要的原因是对物联网市场的前景看好。凭借着领先的硬件技术，ARM早已开始围绕物联网进行布局，先后推出处理器技术、图像处理技术、开发环境等产品，并以超前的思维打造mbed物联网设备平台，意图对零碎分散的设备和技术进行整合。ARM公司预计在2018年将有200亿物联网设备搭载ARM的技术，或将占据6成以上的市场份额。

（二）借势软银推广服务器芯片，与联华电子合作研发物理IP平台

ARM目前提供设计图给多家美国半导体大厂，研发高性能、低耗电力的服务器用CPU，其性能虽依使用条件而异，不过耗电力最高可抑制至十分之一，尽管目前英特尔在服务器用CPU市场上独占9成以上市场，不过ARM将灵活运用智能手机用CPU所培育的省电技术抢夺市场份额。ARM将以收编在软银集团旗下为契机，借此加深与软银集团相关企业的合作。将和中国电子商务龙头阿里巴巴集团在数据中心业务上进行合作，阿里巴巴将在自家数据中心服务器上大量采用ARM设计的低耗电力CPU。软银为阿里巴巴大股东。阿里巴巴自家营运数据中心，除中国之外，也在美国等地提供云

服务“阿里云”，而为了提高省电效率，阿里巴巴将逐步把英特尔 CPU 更换为 ARM 的 CPU。另外，除阿里巴巴之外，今后 ARM 也计划卖服务器 CPU 给美国亚马逊、微软等有运营数据中心的企业。

ARM 和全球芯片代工厂联华电子宣布一项全新的战略合作，双方将共同研发多个物理 IP 平台，帮助联华电子客户轻松地在系统级芯片（SoC）设计中嵌入 ARM © Artisan ©物理 IP，缩短产品上市时间。该合作协议涵盖了汽车、物联网和移动应用，从用于物联网应用的 55 ULP 平台到针对前沿移动应用的 14 纳米 FinFET 测试芯片。2015 年，基于 ARM Artisan 物理 IP 的芯片出货量达 98 亿颗，此项合作有望进一步巩固 ARM 作为半导体行业逻辑和存储器 IP 领先供应商的地位。

（三）加强在中国的战略部署，建立产业创新生态圈

2016 年，ARM 宣布加强在中国的战略部署，与重庆市政府、重庆仙桃数据谷达成多项协议，建立合作计划，共同推进重庆仙桃数据谷电子产业创新生态圈建设。当日，双方共同为位于仙桃数据谷的 ARM 生态产业园揭幕；并宣布成立重庆地区 ARM 生态集成电路人才培养与产学研协同创新联盟，建立重庆 ARM 生态产业技术人才实训中心。此外，由 ARM 和中科创达共同投资的创业加速器安创空间宣布其重庆公司开业，正式落户重庆仙桃数据谷 ARM 生态产业园。

新成立的 ARM 生态产业园，将由 ARM 公司牵头并与 ARM 合作伙伴携手，为重庆仙桃数据谷的发展注入创新资源，不仅包括电子产业链中的核心技术、长期人才培养计划、创业孵化平台，还将形成产业生态系统的聚集效应，吸引一批有实力的创新企业，形成电子产业创新生态圈，带动本地产业升级，打造创新驱动引擎。首批入驻的企业与机构包括：安创空间加速器、创通联达、触控科技、易见联科技、中移物联网、重庆地平线人工智能机器人研究所、中英创新合作展示中心、重庆地区 ARM 生态集成电路人才培养与产学研协同创新联盟与重庆 ARM 生态产业技术人才实训中心。

九　戴尔

企业名称：戴尔科技（Dell Technologies）

营收规模：415.68亿美元（前三财季，2016年1月29日至2016年10月28日）

净利润：-23.23亿美元（前三财季，2016年1月29日至2016年10月28日）

员工数量：10.18万人（截至2016年1月29日）

国别：美国

戴尔创建于1984年，总部位于美国德克萨斯。戴尔的主要产品有PC、服务器、数据存储设备、网络设备等，以及软件、打印机、投影仪等计算机周边产品，近年来不断向解决方案、市场研究等IT服务领域拓展业务。2016年9月完成对EMC的收购，公司更名为戴尔科技，业务范围逐步扩展到了物联网、云计算、大数据、虚拟化等众多领域。戴尔是全球第二大服务器厂商、第三大PC厂商，技术实力雄厚，连续多年在《财富》世界500强中榜上有名，公司私有化后由于没有公开其详细的财务数据，从2014年开始没能再进入该排行榜。

（一）完成对EMC的收购，企业发展前景仍不明确

戴尔完成公司私有化后加快了并购步伐，几年间先后完成了数据中心、IT

服务、云计算等领域的并购，2015 年 10 月更是以 670 亿美元收购数据存储设备制造商 EMC，成为美国历史上最大的一宗科技企业收购案。为了完成对 EMC 的收购，戴尔于 2016 年 3 月 28 日以 30.5 亿美元出售旗下 IT 技术服务部门给日本电信电话（NTT）子公司 NTT 数据（NTT Data），2016 年 9 月 12 日以 16.2 亿美元出售旗下企业内容部门给加拿大商业软件开发商 OpenText。

收购 EMC 后，合并和裁撤有关业务与部门、更新组织架构、进行业务整合等仍将会持续较长时间。预计 EMC 的存储产品在合并后的公司中将处于主导地位；在软件市场，包括容灾备份、加密算法等在内的 EMC 的数据和管理软件将成为戴尔软件业务的重要组成部分；在服务器市场，两家公司的产品重合较多。目前，戴尔科技的品牌包括戴尔、戴尔-EMC、RSA、SecureWorks、Virtustream 和 VMware。

从现有资料看，公司未来的发展前景仍不明确，业界普遍认为，收购 EMC 并不能解决两家公司所面临的业务发展与公司经营等方面的问题，双方在近年来也没能提供产品上的创新，因此不太可能通过合并来解决这些问题。

（二）更名为戴尔科技，确立近期主要措施

戴尔完成对 EMC 的收购后，为了将彼此独立的业务部门统一管理，2016 年 9 月，公司改名为戴尔科技。目前，戴尔科技各部门将继续保持自主运营，并陆续进行产品与业务的整合，公司近期的主要措施有以下几点。

一是存在交集的产品不会立即进行调整，虽然戴尔与 EMC 在云计算、安全以及存储产品领域有业务交集，未来公司将逐步合并或者放弃部分产品，但如何调整仍没有具体的计划，因此短期内各部门仍将继续保留现有产品；二是公司 PC 业务不会受到影响，公司多次强调其 PC 业务的重要性，XPS 等系列产品仍然畅销，显示器等产品也已经成为 PC 业务的有力补充，同时，戴尔科技还开展了虚拟现实与增强现实技术与产品的研发；三是继续推动其全闪存阵列与机架级设备，全闪存存储业务仍在以每年 100% 的速度增长，因此戴尔科技会将其作为主要业务，机架级计算与基础设施则在改变服务器设计结构并提升数据中心的处理速度方面有一定的优势，公司还计划

利用离散式设备取代存储、处理与内存等传统服务器组件并利用虚拟化等技术将数据中心整体配置成为一套巨大的服务器系统；四是不影响 EMC 产品用户，VMware 以及 Pivotal 等戴尔科技公司现有资产将继续向多家厂商提供；五是继续保持公司私营状态，公司认为，本着以科技创新而非投资回报为根基的思路，私营体制会帮助戴尔科技更为主动地寻求长期发展目标。

（三）加强区域合作，中国成戴尔第二大市场

戴尔越来越重视区域合作，近年来更是将重点放在了中国。目前，中国已经成长为戴尔在全球的第二大市场。2015 年 9 月戴尔曾针对中国市场推出了“中国 4. 0 战略”，计划到 2020 年以前向中国投资 1250 亿美元，实现在中国市场做到本地采购、本地生产、本地研发和本地人才。尽管戴尔并未发布与该计划有关的细则与实施步骤，也由此引起了业界的议论，但其对中国市场的重视毋庸置疑。

进入 2016 年，随着戴尔收购 EMC 工作的顺利推进，戴尔与中国的合作也在积极开展，目前，戴尔已经分别与苏州、成都等地签署了战略合作协议或备忘录，为了实施本地化战略，戴尔还积极加强与腾讯、京东等中国企业的合作。12 月，戴尔面向中国用户推出“成铭”系列商用台式机产品，这是戴尔第一个采用中国设计风格的产品线，也是首次在机箱中印刻中文名称的戴尔产品。

十　惠普

惠普公司　　　惠普企业

企业名称：惠普公司（Hewlett Packard Company）　惠普企业（Hewlett Packard Enterprise）

营收规模：惠普公司482亿美元，惠普企业501.23亿美元（2016财年，2015年11月1日至2016年10月31日）

净利润：惠普公司24.96亿美元，惠普企业33亿美元（2016财年，2015年11月1日至2016年10月31日）

市值：惠普公司270亿美元，惠普企业410亿美元（截至2016年11月30日）

员工数量：惠普公司28.7万人，惠普企业24万人（截至2016年11月）

国别：美国

惠普成立于1939年，总部位于美国加利福尼亚。2015年11月1日，惠普拆分为惠普公司和惠普企业两家独立的上市公司。惠普公司的主要业务有PC和打印机等，惠普企业的主要业务有服务器、存储、软件与服务等。拆分一年后，两家公司的净利润均出现大幅下滑。在2016年《财富》世界500强排行榜中，惠普排名从上年的第53位升至第48位（排行榜采用的是公司上一财年的数据）。

（一）拆分未能解决问题，两家企业业绩持续下滑

经过一年的运营后，拆分后的两家独立公司的业绩并未改变颓势。从两家公司最新发布的年度财务报告看，2016财年（2015年11月1日至2016年10月31日），惠普企业净收入为501.23亿美元，较上年同期的521.07亿美元下降4%，净利润为33亿美元，较上年同期的35亿美元下降6%；惠普公司的净收入为482亿美元，较2015财年的515亿美元下滑6%，净利润为24.96亿美元，较上年同期的45.54亿美元下滑45.2%。

尤其需要注意的是，惠普企业和惠普公司的下滑幅度不断加大，到第四财季（2016年8月1日至2016年10月31日），惠普企业和惠普公司的净利润分别大幅下滑78%和63%，无论是云计算等数据业务还是传统PC等硬件业务，似乎都没有朝着利好的方向发展。

（二）云计算业务受挫，惠普企业放弃中国公有云

尽管整个云计算市场仍处于快速增长期，但惠普企业在这一领域始终未

能顺利开展，惠普自 2015 年起就一直传出将要放弃公有云业务，并于 2016 年初关闭了其 Helion 公有云服务，退出与亚马逊和微软的竞争。这主要是因为在美国市场上，亚马逊一家就已经占据了一半左右的市场份额，惠普企业与亚马逊、微软、谷歌等相比竞争力不强。

在中国市场上，惠普企业的云计算业务同样发展不顺利，自年初开始就不断传出裁员、出售等消息，并最终解散了中国区云计算部门。这主要是因为惠普企业的云计算业务发展相对较晚，在中国市场上，阿里巴巴、腾讯、华为等都已经占据了公有云一半以上的市场份额，惠普企业在本地化等方面难以跟上市场竞争的步伐。

（三）继续转型，惠普公司寻求业务突破

惠普公司是全球第二大 PC 厂商，受全球 PC 市场不景气的影响，惠普公司近年来的 PC 业务一直处于下滑态势。为了提振市场，拆分后的惠普公司推出了相应的措施，一方面继续推出从高到低各层次的 PC 产品，另一方面不断向新技术新产品拓展业务。在 PC 领域，惠普公司发布了一系列的产品，包括 Spectre x360 和 Envy 13 等高配置的笔记本电脑、Omen X 系列的游戏台式机，以及全新外观的惠普畅游人台式机和显示器等。2016 年 9 月，惠普公司还提出了“重塑桌面”的口号，从另一个角度表达了在 PC 领域持续发展的决心。在新产品、新技术领域，惠普公司已经着手布局 VR 等产品。

打印业务是惠普公司多年来的主要盈利来源，但是，随着企业用户不断削减打印支出，以及个人消费用户由于使用习惯从 PC 转向移动设备等原因，打印机的市场需求也在不断下降，这导致 2016 财年打印产品的利润也在下滑。为提升在打印业务领域的竞争力，2016 年 9 月，惠普公司以 10.5 亿美元收购了三星电子的打印机业务，以此拓展在亚洲市场的打印业务，同时还获得了三星的激光打印技术以及约 6500 项相关专利，但此次收购能否为惠普公司的业绩带来改善仍有待市场的检验。

十一　联想

联想集团有限公司

企业名称：联想集团有限公司（Lenovo Group Ltd.）

营收规模：449.12 亿美元（2016 财年，2015 年 4 月 1 日至 2016 年 3 月 31 日）

净利润：-1.28 亿美元（2016 财年，2015 年 4 月 1 日至 2016 年 3 月 31 日）

市值：531 亿美元（截至 2016 年 12 月 10 日）

员工数量：6 万人（截至 2016 年 12 月）

国别：中国

联想创建于 1984 年，公司业务主要有 PC 及周边设备、移动设备、服务器、软件与信息服务、云计算等。2016 财年（2015 年 4 月 1 日至 2016 年 3 月 31 日），联想业绩明显下滑，净亏损 1.28 亿美元，进入 2017 财年后，联想的业绩有所缓和，上半财年（2016 年 4 月 1 日至 2016 年 9 月 30 日）的净利润已经增至 3.30 亿美元。在《财富》世界 500 强排行榜中的排名逐年上升，2016 年联想由上年的第 231 位跃升至第 202 位。

（一）公司重组，设立四大业务集团

2016 年 3 月，联想调整了组织架构，整个公司分为四大业务集团，分别是个人电脑与智能设备集团（PC&SD）、移动业务集团（MBG）、数据中心业务集团（DCG）、联想创投集团（LCIG）。

个人电脑与智能设备集团由联想原个人电脑集团（PCG）构成，负责生产和销售搭载 Windows、Chrome 和 Android 系统的个人电脑、二合一电脑、平板电脑和智能家居产品。移动业务集团分为两个独立的部门：一个是现联想移动业务集团，负责中国市场，包括产品研发、销售和市场营销；另一个是原摩托罗拉移动部门，负责全球除中国市场以外的移动业务。原 PC 业务集团旗下的企业级服务器业务独立出来，成立数据中心业务集团。原联想云服务业务集团成为全新的联想创投集团。

（二）稳居全球第一，PC 业务保持增长

PC 业务仍是联想获得营业收入与利润的主要来源。在 PC 市场整体持续低迷的状况下，联想上一财季（2015 年 8 月 1 日至 2016 年 10 月 31 日）的 PC 业务收入为 78 亿美元，利润同比增长 3%，税前利润率由上年同期的 4.6% 增至 5.2%。利润率的提高主要是由北美和中国市场的强劲带动所致，北美 PC 市场整体萎缩 0.7%，但联想则逆势增长 14.7%；在除亚太之外的其他所有市场，联想 PC 均取得了不同程度的份额增长，这已是联想连续第 14 个季度稳居全球市场第一。

联想在细分市场上不断发力，尤其是在游戏电脑与二合一笔记本的研发和销售方面取得了较好的成绩。2016 年，联想游戏电脑业务同比增长 36%，二合一笔记本业务则同比增长 52%。主打年轻消费群体的小新系列产品以及 YOGA BOOK 均获得了较好的成绩，其中 YOGA BOOK 在 2016 年德国柏林电子消费展（IFA）上，一举拿下包括“最具创新奖”在内的 27 项大奖。

（三）业绩持续下滑，移动业务不断调整

2016 年，联想移动业务已经远远落后于全球前五大手机厂商。联想移动业务的下滑主要有以下几个原因。

一是业务整合不顺利。整合初期，摩托罗拉、ZUK 和乐檬三个子品牌同台竞技，联想本部与摩托罗拉为了取得集团的手机资源而摩擦不断，耽误了新技术与新产品的研发。经过一年多的磨合，联想基本确定了摩托罗拉移动与本部各自独立、合作共进的路线，但是联想移动业务仍没有找到科学有序的发展路径，2016 年 11 月，联想移动业务再次调整，将摩托罗拉作为未来唯一的手机品牌，但并未公布具体的发展策略。二是经营策略没有及时跟进。联想开展移动业务的策略与其 PC 业务相似，主打运营商渠道，大量生产低利润机型，过度依附谷歌、高通等核心软硬件厂商而忽视研发投入、营销投入等，在移动操作系统与芯片等核心技术方面与华为等有着较大的差距。当年收购摩托罗拉移动业务时并不包含其大部分专利，业界认为，将相关资源集中于摩托罗拉部门的情况下，联想近期在该领域取得成绩的可能性不大。

十二　IBM

企业名称：IBM 公司

营收规模：192.3 亿美元（2016 财年第三季度）

净利润：28.5 亿美元（2016 财年第三季度）

市值：1568.46 亿美元（NASDAQ：QCOM，2017.1）

员工数量：30 万人

国别：美国

IBM公司总部位于美国纽约州阿蒙克市，于1924年由托马斯·沃森创立，是全球最大的信息技术和业务解决方案公司，拥有全球雇员30多万人，业务遍及160多个国家和地区。公司创立时的主要业务为商业打字机，后转为文字处理机，然后转为计算机和有关服务。IBM在“2016年BrandZ全球最具价值品牌百强榜”中排第10名，在“2016年全球100大最有价值品牌”中排第6名。

目前，IBM正在寻求转型。IBM在2015年的财报中指出，IBM已不再是一家“硬件、软件与服务”公司，而转型成为一家“认知解决方案与云平台”公司。其中的认知解决方案主要指包括Watson人工智能和认知计算技术在内的大数据及高级分析。在2016年10月由IBM举办的首届世界Watson大会上，IBM的董事长及CEO Ginni Rometty强调，云与认知解决方案是一个硬币的两面，不可割裂；云、大数据和人工智能正在成为IBM的新灵魂；为了“重生”，2010年至今，IBM至少投入了420亿美元。2016年，IBM仍不遗余力地在上述领域投入巨额资金和持续推进技术和产品研发。

（一）在韩国和北欧建设大数据中心，加强云服务

2016年8月，IBM联合SK在韩国板桥开通数据中心，以满足韩国各地不断增长的云应用和客户的需求。这是IBM公司在亚太地区的第9个数据中心，也是IBM全球第47个数据中心。该数据中心将提供数千台物理服务器容量和云基础设施的全方位服务，包括裸机服务器、虚拟服务器、存储、安全服务和网络设施。通过满足服务部署的需求与完整的远程访问和控制，客户可以创建其理想的公共云、私有云或混合云环境。根据IDC预测，韩国公共云服务市场预计将从2015年的4.45亿美元增长到2019年的10亿美元。

9月，IBM在挪威首都奥斯陆开通数据中心，这是IBM公司在欧洲的第12个数据中心，也是IBM全球第48个数据中心。该新建数据中心为北欧的

各种企业提供基于云计算技术的直接访问服务，如 SAP、VMware、IBM 的开发者平台 Bluemix、认知计算、物联网（IOT）、应用程序编程接口（API），以及分析服务等。IBM 还与北欧国家的一些大学合作提供云课程。

（二）向美国国家实验室交付基于类脑神经形态芯片的超级计算机

2016 年 3 月，IBM 将装有 16 个神经形态芯片 TrueNorth 的超级计算机交付给美国劳伦斯·利弗莫尔国家实验室，探索在国家安全领域的新应用，如图 1 所示。神经形态芯片是指可模拟人类大脑信息处理方式的芯片。传统计算机与人脑的区别如表 1 所示。IBM 已于 2011 年和 2014 年先后开发出两代 TrueNorth 芯片，第二代芯片共包含 100 万个神经元和 2.56 亿个突触，每秒可执行 460 亿次突触运算，功耗仅为 $20mW/cm^2$，是传统微处理器的 1/5000，总功耗仅为 70mW/s，是第一代类脑芯片功耗的 1/100，可由与助听器电池相当的电源供电，晶体管总数达到 54 亿个，尺寸仅为一张邮票大小，是第一代类脑芯片体积的 1/15。IBM 开发出了配套的新型超低功耗、模块化、可大规模并行运算和可高度扩展的“真北”计算架构和“指南针”仿真器，以及以神经核为基本组成模块的新型编程语言 Corelet 和一系列针对特定应用的程序包。

表 3　传统计算机与人脑的区别

项目	传统计算机	人脑
结构	基于冯·诺依曼架构	由 1010 个神经元和 1014 个突触构成
结构特点	处理和存储单元独立存在，由数据传输总线相连，信息处理能力受限于总线容量	神经元和突触分别相当于信息处理和存储单元，位于一体，无需高能耗总线相连
能耗	自开机起持续高耗能	只在工作时消耗能量，能耗极低
自主信息处理能力	需要精确预编程，无法应对突发情况和数据	具备学习能力，可自主寻找相关性和建立假设，识别复杂时/空类型
处理速度	快于人脑	可大规模、并行、异步处理多个信号，形成强大处理能力
例子：图像处理	将图像分解为数个像素，逐个存储，效率远低于人脑	从宏观上观察并理解图像，抓住图像的特征进行记忆

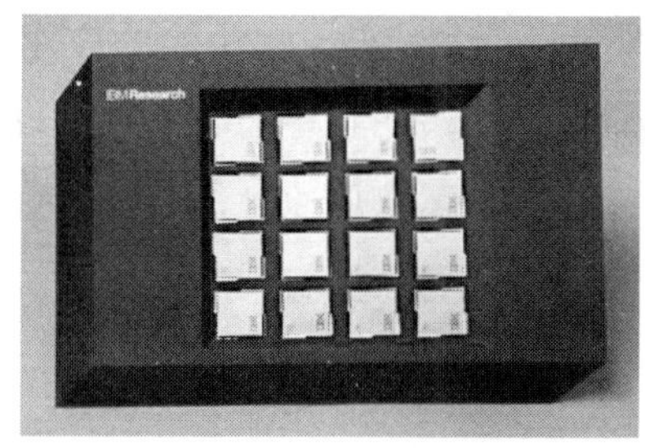

图 4　由 16 片 TrueNorth 组成的超级计算机

（三）持续推进沃森认知能力在多个领域的应用

IBM 目前正在把沃森（Watson）认知技术推广到企业和商业应用的各个方面，即实现 IBM 提出的“具身认知（Embodied Cognition）”，以下述三个领域为例。

在聊天机器人方面，IBM 采用模块化技术创建了一个全新的服务——Watson Virtual Agent，通过在软件中增加更多人工智能元素，进一步帮助企业实现业务流程自动化。使用该服务的企业可以选择聊天机器人的行业类型（如零售业），然后 IBM 会使用内部专业数据来训练这些智能聊天机器人。2016 年 10 月，IBM 将与企业级协作工具平台 Slack 合作，联合发布一款支持 Watson 人工智能技术的开发者工具包，开发人员可以轻松将该工具包整合到 Slack 平台中，IBM 还将构建基于会话的应用程序的一款聊天机器人，帮助企业 IT 部门在不脱离 Slack 平台的基础上识别、解决业务问题。Slack 公司自己的客户服务 Slackbot 机器人也将会整合到 Watson Conversation 系统内，功能包括支持语音文本会话和自然语言处理，以能够更好地理解人类所表达的内容。

在对老人陪护方面，IBM 在其德克萨斯州奥斯汀实验室中专设了“区域老龄化”环境部门，旨在模仿老年人在家中可能出现的交互类型，通过研究大气、运动、跌落、音频和嗅觉传感器的数据，可在外在物理条件或环境发生改变时，为临床医生和护理人员提供预防性医疗保健举措的建议。2016 年 12 月，IBM 宣布与莱斯大学合作打造了一个 IBM 多用途老人用原型机器人 IBMMERA（见图 1），具备 Watson 功能的应用，用于三个方面：①研究测量个体生命体征的新方法，如心率、心率变异性和呼吸频率等；②回答基本的健康相关问题；③通过读取加速计的数据，判断个体是否跌倒。

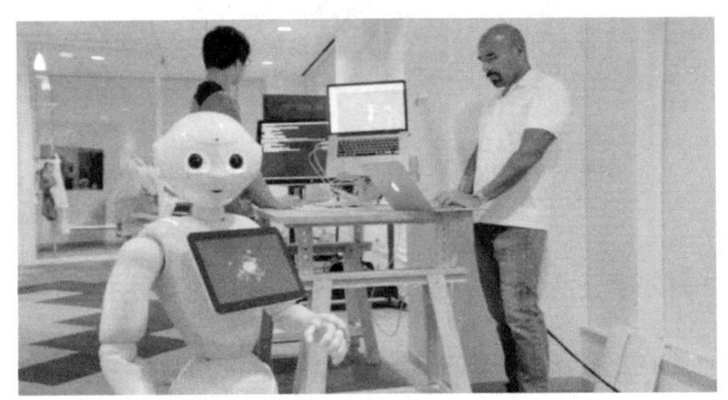

图 5　IBM 多用途老人用原型机器人 IBMMERA

在物联网方面，将 Watson 认知计算能力融入物联网，这是 IBM 在全球投资 30 亿美元的一部分。2016 年 10 月，IBM 投入 2 亿美元，在德国慕尼黑建立 Watson 物联网业务的新全球总部，这标志着推动沃森与物联网技术相结合的起点，将形成历史上首个认知物联网协作体系。IBM 表示，其全球 6000 家客户已经开始利用沃森物联网解决方案及相关服务，且其中 4000 家早在 8 个月前就着手推进此类尝试。利用沃森物联网技术的客户包括德国工业重量级厂商及全球领先的汽车与工业供应商之一 Schaeffler、荷兰无人机系统设计及生产商 Aerialtronics 和托马斯·杰斐逊大学医院等，涉及机械、监视与数据采集、医疗看护等多个领域。

如今，IBM 已是大型企业级大数据及高级分析供应商之一，IBM 大数据分析平台包括分析及数据管理、行业解决方案、Watson 分析以及大数据服务，涉及数据分析、数据库、数据集成、数据治理、数据集市、数据连接、数据存储和开发者服务等完整的链条，并全部可通过云平台对外提供。根据 2016 年 IBM 第三季财报，IBM 云业务营收在过去的 12 个月内达 127 亿美元，同比增长 44%，而以在线服务模式交付的云服务业务更是大涨 66%，达75亿美元。在过去的12个月里，IBM的云、大数据分析、移动、安全与社交等战略方向的营收达318亿美元，占IBM整体营收的40%。可以预期，IBM将构建更为庞大的平台型企业级生态体系，完成转型之路。

十三　甲骨文

企业名称：甲骨文股份有限公司（NASDAQ：ORCL，Oracle）

营收规模：370亿美元（2016财年）

净利润：89.01亿美元（2016财年）

市值：1461.9亿美元（Capital IQ，2016年12月）

员工数量：13.2万人

国别：美国

甲骨文股份有限公司是全球大型数据库软件公司，成立于1977年，总部位于美国加州红木城的红木岸，现时首席执行官为公司创办人劳伦斯·埃里森。甲骨文为全球145个国家的客户提供全面和完全集成的技术体系，其中包括云应用、平台服务和集成系统。2016年，甲骨文公司在《财富》世界500强企业排行榜中列第260名。

（一）企业年营收负增长，云业务正持续上升

甲骨文2016财年的营收持续了2015财年的下滑态势。根据甲骨文发布的2016财年第四财季财报分析，在2016财年，甲骨文的总营收为370.47亿美元，较2015财年的382.26亿美元下滑3.08%，全年每股收益为2.07

美元。企业全年运营净利润为 89.01 亿美元，较 2015 财年的 99.38 亿美元下滑 10.43%。甲骨文在经历 2014 财年 20.44% 的营收增长与 0.27% 的净利润增长后，2015 财年，这两项指标均开始回落，分别出现 0.13% 和 9.28% 的负增长，相较之下，2016 年的下滑程度更加明显。

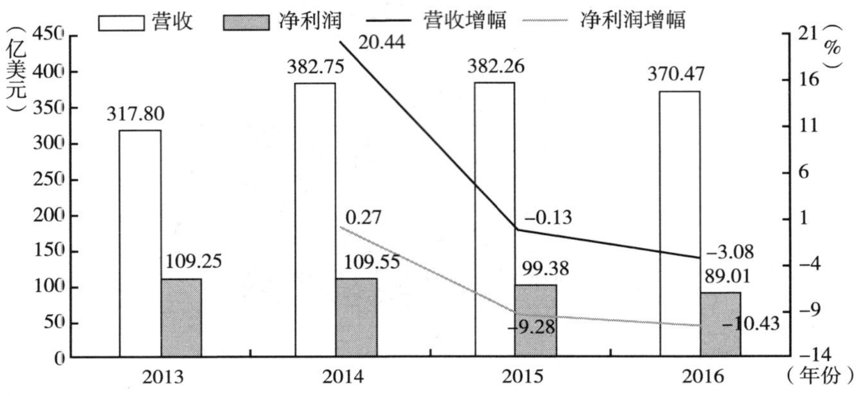

图 6　2013～2016 财年甲骨文营收情况

注：数据按照美国通用会计准则统计，汇率变动影响已计入。

资料来源：甲骨文 2013～2016 财年财报。

甲骨文云业务收入正持续上升，季度云营收已突破 10 亿美元。2016 年 9 月，甲骨文公布了 2017 财年第一财季的财报。财报显示，在这一财季，甲骨文云业务包括基础设施即服务（IaaS）在内总收入为 9.69 亿美元；2016 年 12 月，甲骨文宣布了 2017 财年第二财季的业绩，财报数据显示，甲骨文在这一财季云业务收入已经突破 10 亿美元大关，云业务包括基础设施即服务（IaaS）在内总收入为 11 亿美元。甲骨文 SaaS 和 PaaS 云业务收入的增速已连续四个季度实现增长。

（二）发力人工智能领域，坚持面向企业级市场

甲骨文推出人工智能计划，承诺将开发具备机器学习和自然语言互动能力的人工智能助理应用。2016 年 10 月，甲骨文宣布启动人工智能应用项目——自适应智能应用（Adaptive Intelligent Apps）。这项应用中最重要的因

素就是 Oracle Data Cloud 提供的全网规模数据，Oracle Data Cloud 已经拥有了数十亿用户，最近还添加了 4 亿 B2B 用户和 1 亿美国企业用户。自适应智能应用基于云计算开发，可通过不间断的实时学习自我进化，能够自动提供个性化的行动建议，简化人力资源、金融专业人员等企业用户的工作任务。自适应智能应用的智能化还体现在其可以挖掘交易和行为历史，在每个交互动作中，都可获得全新的见解、内容、提议及动作。自适应智能应用还将包括监督控制，可以让企业用户基于自动化的见解、提议或推荐，衡量并调整议程的优先级。

甲骨文开发面向企业级市场的 Oracle 智能助手，发布 Oracle SPARCM7/S7 处理器搭建更加高效的机器学习智能决策系统。2016 年 9 月，甲骨文展示了新开发的智能聊天机器人平台。这是一个创建人机对话应用的程序，在进行简单部署后，用户能够通过文字向机器人下达各种任务。聊天机器人平台的定位是一个简单的企业应用界面，在这个平台上，用户无需编写代码就可以利用 Oracle 云完成自定义的智能助手部署。甲骨文利用 Oracle SPARCM7/S7 处理器搭建更加高效的机器学习智能决策系统，Oracle SPARC M7/S7 处理器实现了多项软件功能芯片化技术。其中数据分析加速器（Data Analytics Accelerator）可以有效加速 CPU 对内存数据的处理，包括数值扫描、范围扫描、选择操作、映射转换、数据压缩、数据抽取及逻辑操作。企业在应用时可以访问数据分析加速器，并将上述数据操作下发到数据分析加速器上，利用硬件加速有效释放 CPU 的计算资源。如此，以 Oracle SPARC M7/S7 处理器为基础支撑平台提供了强大的通用计算性能，进而满足机器学习智能决策系统所需的极高的运算速度和实时性。

（三）将智慧应用作为云端策略，积极收购扩大云业务实力

甲骨文将智慧应用作为新的云端服务产品策略。2016 年 9 月，甲骨文宣布新一代 SaaS 云端服务产品策略，将实时分析和行为信息整合至第三方数据中，借此建立兼具适应性和学习能力的云端应用程序。此一智能云端应用可自动提供个性化的行动建议，简化人力资源、金融专业人员等企业用户

的工作任务。在 Oracle 云端应用软件包的基础上，甲骨文进一步扩展其 SaaS 产品系列，增加了新的云端应用和强化功能，包括 Oracle 合约云、Oracle 财务合并与结算云、Oracle 收入管理云、Oracle 学生云、Oracle 人力资本管理云、Oracle 物联网云、Oracle 供应链管理云，新增的这些应用涵盖了销售、营销、财务、人力资源等业务领域。

甲骨文将云计算视为公司重要的机会之一，多次发起收购以扩大云业务实力。2016 年 2 月，甲骨文收购云计算公司 Ravello Systems，意在提升云环境下的计算、存储、网络工作负载能力；2016 年 7 月，甲骨文宣布以 93 亿美元的资金收购以云端为主的 ERP 供应商 Netsuite，NetSuite 和甲骨文在云端应用上可以互为补充；2016 年 9 月，为加强供应链管理，补充甲骨文 SCM 云的物流功能，甲骨文收购了基于云的仓储管理公司 LogFire，并表示 LogFire 将融入甲骨文 SCM 云的创新应用程序套件，让供应链流更加现代化；2016 年 11 月，甲骨文宣布将收购 DNS 服务提供商 Dyn，使客户可以使用 Dyn 的流量和性能工具，拓展云计算解决方案，更好地与亚马逊等展开竞争。

十四　微软

企业名称：微软股份有限公司（Microsoft，NASDAQ：MSFT）

营收规模：853.20 亿美元（2016 财年）

净利润：167.98 亿美元（2016 财年）

市值：4920.07 亿美元（2016 年 12 月）

员工数量：11.86 万人（2015 年 3 月）

国别：美国

微软成立于 1975 年，创始人是比尔·盖茨（Bill Gates）与保罗·艾伦

（Paul Allen），公司总部设立在美国华盛顿州的雷德蒙德。微软是全球范围内领先的软件、服务、设备与方案供应商，以研发、制造、授权和提供广泛的电脑软件服务业务为主。微软最为著名和畅销的产品是 Microsoft Windows 操作系统和 Microsoft Office 系列软件。2016 年，微软在全球百大最有价值品牌中列第 4 名，在《财富》世界 500 强企业排行榜中列第 63 名。

（一）企业营收小幅下降，净利润大幅回升

2016 财年，微软的营收未能保持增长趋势，但净利润有了明显的回升。根据微软发布的 2016 财年第四财季财报分析，在整个 2016 财年，微软的总营收为 853.20 亿美元，较 2015 财年的 935.80 亿美元下滑 8.83%。企业全年运营净利润为 167.98 亿美元，较 2015 财年的 121.93 亿美元上升 37.77%。微软的营收在经历 2012 ~2015 财年 5.60%、11.54%、7.77% 的持续增长后，在 2016 财年开始回落。受收购诺基亚手机子公司的影响，微软在 2015 财年第四财季创下该公司历史上金额最高的一次季度净亏损，规模高达 75 亿美元的资产减记导致全年净利润大幅下滑，这一情况在 2016 财年得到了扭转。

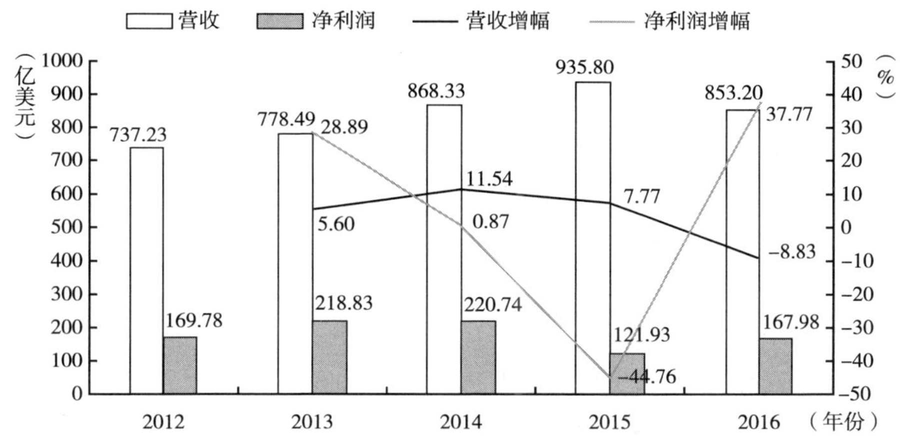

图 7　2012 ~2016 财年微软营收情况

注：数据按照美国通用会计准则统计，汇率变动影响已计入。

资料来源：微软 2012 ~2016 财年财报。

（二）首度与高通合作，扩容Windows10生态圈

微软自2015年7月推出Windows 10操作系统之后，改变了升级操作系统需要付费的传统，为Windows 7/8/8.1用户免费提供升级服务，并持续推进“Windows 10即服务”战略。此外，为Windows操作系统创造更大的合作伙伴生态圈已成为微软战略的重点。

微软与高通达成协议，计划使Windows 10能够在基于ARM架构的高通处理器上运行。2016年12月，微软不仅宣布与英特尔基于Windows 10推出全新类型的个人电脑，还与高通首度结盟，计划使下一代高通骁龙处理器支持Windows 10计算终端。采用高通骁龙的全新Windows 10个人电脑将能够运行基于x86架构的Win32桌面应用与通用Windows应用，包括Adobe Photoshop、Microsoft Office以及Windows 10的多款游戏。首批基于高通骁龙的Windows 10个人电脑预计最早于2017年面市。

高通和微软还将致力于让基于ARM架构的处理器也能够运行基于x86架构开发的应用程序。长期以来，个人电脑的CPU几乎都采用基于x86架构的英特尔CPU，而移动端的CPU则多基于ARM架构。如果能将ARM与x86之间的壁垒打通，那么Windows将成为第一款全平台通用的操作系统，这将为硬件开发者打造下一代终端形态提供更多空间，也将给个人电脑和手机行业带来全新的体验。

（三）手机业务下滑明显，云业务势头强劲

微软在手机业务方面下滑明显，诺基亚手机业务已出售给富士康。微软2016财年第四财季的财报显示个性化计算业务部门营收同比下降4%，其中下滑明显的是手机业务，营收同比下降71%。微软2016财年第一财季财报显示，Lumia智能手机在此财季的出货量是230万部，与2015财年同期的860万部相比下滑了73%。微软在功能机方面同样呈现大幅下滑趋势，2016财年第一财季功能机出货量是1570万部，与2015财年同期的2470万部相比下滑了36%。2016年5月，微软宣布以3.5亿美元的价格

将诺基亚功能手机业务出售给富士康旗下子公司富智康，这个价格相比微软当初收购诺基亚旗下大部分手机业务及专利许可证的价格，缩水了约68亿美元。

云业务年营收接近百亿美元，微软云Azure收入持续大幅增长。微软在提交给美国证券交易委员会的一份常规表格中披露，整个2016财年，微软从Office 365和Azure等云产品中获得的营收达到了95亿美元。根据微软2016财年第四季度财报分析，微软在智能云服务上的营收达到了67.11亿美元，相比上年同期的62.96亿美元增长了6.59%。其中，微软云Azure收入同比增长102%，Azure Compute的使用量同比增长2倍多。微软云动力的核心依旧是Azure的增长，微软云Azure平台在过去的7个季度中保持着“三位数百分比”的增长，超过60%的《财富》世界500强企业使用了至少三款微软的云服务。目前，微软的商务云业务的年化营收已达到130亿美元，并有望在2018年达到200亿美元。

政策法规篇

Policies and Regulations

B.22
2016年主要国家和地区推动产业发展的政策措施

邓 卉 方 颖 王慧娴 刘晓馨 孟 拓*

摘 要： 当前，全球电子信息产业在世界范围内的布局调整和资源配置进一步深化，新兴经济体在电子信息产业领域的市场份额持续增长，发达经济体的市场份额逐步微弱下调。世界电子信息产业的技术变革持续爆发，以“工业4.0”为代表的制造业与信息技术的融合发展成为全球性产业发展潮流，美国发起的国家制造业创新计划进一步提升了技术创新在产业发

* 邓卉，国家工业信息安全发展研究中心高级工程师，研究方向：信息通信产业与技术；方颖，国家工业信息安全发展研究中心工程师，研究方向：物联网等新兴信息技术；王慧娴，国家工业信息安全发展研究中心工程师，研究方向：通信技术与产业研究；刘晓馨，国家工业信息安全发展研究中心高级工程师，研究方向：电子信息产业、技术创新；孟拓，国家工业信息安全发展研究中心工程师，研究方向：电子信息产业、视听产业。

展和经济复苏中的重要地位，电子信息技术在经济发展中的作用更加受到重视。2016 年，美国、日本、欧盟、韩国、印度等主要国家和地区纷纷出台了一系列政策措施，推动电子信息技术产业的创新发展。

关键词：　电子信息产业　工业4.0　技术创新

一　2016年美国推动产业发展的政策措施

（一）继续推进国家制造业创新网络建设，促进制造业回流

为促进美国制造业科技创新和成果转化，2012 年 3 月，美国奥巴马政府宣布启动国家制造业创新网络计划，在重点技术领域建设制造业创新中心，从而重新建立美国制造业在全球的领导地位。经过 4 年的发展，美国制造业创新网络计划已初见成效。2016 年 2 月 19 日，美国国会发布了《国家制造业创新网络计划年度报告》（以下简称《年度报告》）及《国家制造业创新网络战略计划》（以下简称《战略计划》）。

《年度报告》重点介绍了制造业创新中心的详细建设进展。《战略计划》则重点列出了美国国家制造业创新网络计划的愿景、目标、实现目标的方式方法、管理机构及评价指标，并计划在未来根据发展情况进一步对目标及评价指标作出调整。《战略计划》所列出的美国国家制造业创新网络计划未来三年的战略目标主要包括四个方面的内容：一是提升美国制造业的竞争力；二是促进创新技术向规模化、经济和高效的本土制造能力转化；三是加速先进制造劳动力的发展；四是支持使创新中心稳定、可持续发展的商业模式。《战略计划》针对创新中心的主要任务和活动，提出评估创新中心效益的四种常用指标类别，分别是竞争力、技术转化水平、劳动力及可持续发展能力。此外，《战略计划》指出，除常见指标外，针对个别创新中心的独特任

务，一些特定指标也将被采用，未来还将根据创新中心的发展，不断提出新的指标。

（二）大力推动网络安全技术研发，提升国家网络安全水平

2016 年 2 月 5 日，美国白宫国家科技委员会（NSTC）网络和信息技术研发分委会发布《联邦政府网络安全研发战略规划》，确定了近期、中期、远期“三步走”的三个研发目标：近期目标（1～3 年），通过有效和高效的风险管理，抵抗对手的非对称优势；中期目标（3～7 年），通过可持续安全系统的开发和运行，逆转对手的非对称威胁；长期目标（7～15 年），通过结果和可能因素的制衡，有效和高效地威慑恶意网络活动。为了实现这些目标，规划关注威慑、保护、检测、适应四项防御能力的科技开发。规划还确定开展网络安全研发依赖的六个关键方面，分别是科学基础、风险管理、人的因素、研究成果转化、人员发展和研究基础设施。

2016 年 2 月 9 日，美国总统发布《网络安全国家行动计划》，通过短期和长期战略以提高网络安全意识，加强隐私保护，确保公共安全以及经济、国家安全，重点提出了以下行动，包括建立由来自政府外的顶级战略、业务部门和技术智库的成员组成的国家网络空间安全委员会；设立 31 亿美元的信息技术现代化基金，改变政府管理网络空间安全的方法；保证美国人民电子账户的安全，推动多因素身份验证方法；将在网络空间安全领域投资 190 亿美元作为 2017 财年预算的一部分。

（三）积极发展人工智能技术研究，明确联邦资金资助方向

2016 年 10 月 13 日，美国白宫发布《国家人工智能研究与发展战略规划》（以下简称《规划》）。《规划》为联邦资金资助的人工智能研究制定了一套目标，覆盖范围既包括联邦政府支持的内部研究，也包括政府资助的外部（如学术界）研究，最终目标是研发出新的人工智能知识和技术，在发挥一系列积极作用的同时，将负面影响最小化。为实现这一目标，完成联邦政府资助的人工智能研发项目，《规划》确定了七项内容为重点战略方向，

包括对人工智能研发进行长期投资，开发有效的“人－人工智能”协作方式，理解并应对人工智能带来的伦理、法律和社会影响，确保人工智能系统的安全，开发人工智能共享公共数据集和测试环境平台，建立标准和基准评估人工智能技术，更好地了解国家人工智能研发人才需求。

二 2016年日本推动产业发展的政策措施

（一）公布“骨太方针”草案，加快物联网普及

为实现经济增长目标，2016年5月18日，日本政府公布了经济财政运营和改革的基本方针“骨太方针”草案以及“日本一亿总活跃计划”。计划使日本的GDP从2015年的500万亿日元增长至2021年的600万亿日元，除此之外，加快物联网的普及并推动自动化的实现也被纳入了战略目标中。

“骨太方针”草案中包含推动经济目标实现的增长战略。一是日本政府将加快物联网的普及，鼓励通过网络将多家工厂连接起来以提高生产效率的“智能工厂”的建设。二是支持汽车自动驾驶系统的开发，缓解交通拥堵。据估算，这些措施的实行将在2020年创造30万亿日元的附加值。三是通过访日外国人的增加拉动日本国内消费，计划使访日外国人到2020年增至4000万人，在日本的消费额增至8万亿日元；2030年增至6000万人，在日本的消费额增至15万亿日元。草案中还包含日本工作方式改革方案，一是将劳动基准监督署的现场检查标准从每月加班时间100小时以上下调至80小时以上，以消除长时间劳动；二是改善约2000万名非正规就业人员的待遇，着手拟定禁止不合理待遇差异的指导方针。

（二）确定年度AIP项目目标，开发海量信息利用技术

AIP项目是日本新出台的重要规划，自2016年起由文部科学省负责推进，旨在汇聚全球顶尖人才，以革命性人工智能技术为核心，融合大数据、物联网和网络安全开展研究，并为参与创新性研究的科研人员提供支持。

2016 年 5 月 23 日，日本文部科学省确定 AIP 项目的 2016 年度战略目标是：利用快速发展与日益复杂的人工智能技术，开发出能利用多样化海量信息的综合性技术。具体需实现以下三个目标。

一是开发能综合分析多样化海量信息的技术，促进社会和经济发展。利用新的革命性人工智能技术，自主整理和组合多样化信息，针对不断变化的环境和需求创建并提供合适的服务。例如，开发能高速分析海量医疗影像的技术、开发能深度分析电子病历并优化治疗方案和用药方案的技术。

二是开发能基于多样化海量信息、根据实际情况进行优化的系统。开发能根据环境自主获取最佳数据的技术、能针对多种机器的不同需求进行配置和组合的控制技术、能利用机器学习算法对多样化海量信息进行超高速分析并优化控制的技术、能随环境变化实现按需优化的技术。例如，开发能从自动驾驶的车载摄像机和毫米波传感器不断生成的海量信息中，利用智能信息处理方法获取安全驾驶信息的数据处理技术，从而大幅降低流处理的计算负荷。

三是开发适用于多种要素组成的复杂系统的安全技术。开发多种机器适用的高性能、轻量化加密技术，以及能适应复杂环境的安全技术。例如，开发基于革命性人工智能技术的预测型安全技术，在能处理多样化海量信息的网络系统中嵌入安全结构。

（三）发布《科学技术创新综合战略2016》，力建最适宜创新国家

2016 年 5 月 24 日，日本内阁发布《科学技术创新综合战略 2016》，提出日本将大力推进科技创新政策的实施，把日本建设为“世界最适宜创新的国家”。战略阐述了日本在 2016 ~ 2017 年的重点科技创新项目及政策措施。

一是深化推进“社会 5.0”。通过官产学研合作，建立公共超智能社会服务平台；推动网络安全、物联网系统构建、大数据解析、人工智能等共性技术研发；围绕机器人、传感器、生物技术、纳米技术和材料、光量子等核

心优势技术，设定富有挑战的中长期发展目标并为之努力，从而提升日本的国际竞争力。

二是加强青年创新人才的培养。培养不惧失败、敢于挑战的人才；促进青年参与科研活动；提升女性工作的积极性；构建国际网络，加大对赴海外研修的研究人员的支持力度，同时吸引和留住外国优秀人才；促进跨部门、跨领域的人才流动；在政府部门主管的研发项目中，示范并推广适用于挑战性研发活动的项目。

三是推进研究经费制度的改革。完善各部门竞争性经费的使用规定；促进大学外部经费的竞争；促进大学竞争环境的营造；促进研究仪器的共享；推进国立大学改革和研究经费制度改革；重新评估和分配国立大学和公共科研机构的运营交付金；明确大学运营经费与竞争性经费的关系。

四是构建创新机制，使创新人才、知识、资金良好循环。推进科技创新，实施战略性创新计划（SIP）和颠覆性技术创新计划（ImPACT），提高产业竞争力，促进企业、大学、研究机构建立伙伴关系，强化从大学教育、基础研究、应用研究到成果转化的长期使命渗透；促进大企业与风险企业合作。

五是加强科学技术创新推进机制。完成科技预算编制；完善创新环境；投资创新性研发；通过建立新型研发法人制度实现持续创新。主要任务包括：推进大学改革、推进国立科研机构改革、推进国际科技合作战略。

（四）制定新经济增长战略，推动“第4次产业革命”

为完成国家生产总值达到600万亿日元的目标，2016年6月2日，日本政府在内阁会议上制定了一项新的经济增长战略，力求利用人工智能创造出新的增长型市场，即“第4次产业革命”。

战略内容包括：在三年内实现小型无人机运送货物；2020年起在小学、2021年起在初中将电脑编程作为必修课进行普及；加快为拥有高水平技术的外国人办理永久居住资格申请手续；在2020年东京奥运会和残奥会之前，使自动驾驶汽车在高速公路上投入实际应用；积极开展机器人和无人机的技术开发，便于灾害中的搜救工作。

日本政府还将设置“第4次产业革命官民会议”机构，便于在科研预算、人才分配等方面制定决策。

三 2016年欧盟推动产业发展的政策措施

（一）启动云计算行动计划，打造核心竞争力

欧盟委员会于2016年4月19日正式启动了总预算为67亿欧元的《云计算行动计划（2016～2020年）》，以确保欧盟大数据导向技术及产业发展达到世界领先水平。行动计划主要由相互关联的两大部分组成：一是欧盟开放科学云系列行动，致力于为欧盟170万名科研人员和7000万名从事科技创新活动的在职人员创造一个共同的虚拟在线环境，存储、共享和再利用跨成员国跨行业跨学科的科研信息数据；二是欧盟大数据基础设施行动，致力于在欧盟范围内全面部署必要的高速宽带网络、大规模数据存储便利设施和高性能计算能力，确保欧盟云计算大型数据集储存的有效处理和高效访问。

欧盟委员会将采取一揽子行动举措，降低大数据存储与高性能计算成本，促进科技创新人员开放共享再利用科研信息数据，协助创新型中小企业（SME）与初创企业提升竞争力，推动欧盟数据驱动经济加速发展。《云计算行动计划（2016～2020年）》采取的系列行动举措主要包括：2016年创建服务于科技界的欧盟科学云基础，整合和强化欧盟虚拟科研基础设施网络平台，联合和巩固欧盟现有云计算科研基础设施，资助支持欧盟基于云计算服务的发展；2017年开放共享欧盟2020地平线（H2020）未来所产生的所有科研信息数据，鼓励刺激大量科研数据集的重新再利用；2018年启动新兴量子技术研发创新行动计划，加速新一代超级计算机开发；2020年全面开发和部署大规模高性能计算、大数据存储和高速宽带基础设施，包括建设欧盟大数据处理存储中心、升级科技创新骨干网络和新一代超级计算机跻身世界前三强。

《云计算行动计划（2016～2020 年）》总预算 67 亿欧元，其中欧盟 2020 地平线将出资 20 亿欧元，欧盟结构与投资基金（ESIF）、成员国公共财政和私人行业出资 47 亿欧元。

（二）发布2020地平线新版工作计划，聚焦重点领域创新发展

2016 年 7 月，欧委会正式发布 2020 地平线的新版工作计划，确定欧盟 2017 年研发创新投入为 85 亿欧元。新版工作计划聚焦诸多重点领域的创新发展：在循环经济方面，投入 3.25 亿欧元支持“工业 2020”（Industry 2020）计划，全方位确保欧盟经济的健康可持续发展；在智慧城市发展方面，预算 11.5 亿欧元，以实现环境、交通、能源及数字化网络之间的高效集成与协同运转；在自动驾驶的技术和标准研发方面，投入超过 5 亿欧元；物联网研发投入达 3.7 亿欧元，扩大数字技术在欧洲的应用。

此外，工作计划中还增加了若干全新主题。如在“绿色经济”项目征集中新增“closing the water gap”主题，共投入 1 亿欧元用于减少欧洲在水资源科研创新活动中存在的碎片化现象，为实现 COP21 巴黎气候变化协定的可持续发展目标做出贡献；在 1.33 亿欧元的绿色汽车研发投入中，拨款 2000 万欧元支持下一代电池研发与集成，以期在用于交通与能源行业的电池生产方面，恢复欧盟的竞争力；在预算 2.8 亿欧元的可持续食品安全主题中，划拨 400 万欧元支持欧委会“食品 2030 行动”（Food 2030 Initiative）的政策设计与实施，从整体上统筹欧洲食品与营养安全领域的研发创新活动。

与此同时，在 2020 地平线新版工作计划中，自 2014 年开始实施的开放科研数据试点（Open research data pilot）将全面普及。2017 年开始，开放科研数据将成为所有项目征集指南的基本要求之一。

（三）出台《欧盟网络与信息系统安全指令》，提高信息安全保障能力

2016 年 7 月，欧洲议会全体会议通过《欧盟网络与信息系统安全指

令》，以加强欧盟各成员国之间在网络与信息安全方面的合作，提高欧盟应对处理网络信息技术故障的能力，提升欧盟打击黑客恶意攻击特别是跨国网络犯罪的力度。

《欧盟网络与信息系统安全指令》是欧盟出台的第一个关于网络与信息安全的指导性法规，主要内容是：要求欧盟各成员国加强跨境管理与合作，制定本国的网络信息安全战略，建立事故应急机制，对各自在能源、银行、交通运输和饮用水供应等公共服务重点领域的企业进行梳理，强制这些企业加强其网络信息系统的安全，增强防范风险和处理事故的能力。此外，该指令还明确要求在线市场、搜索引擎和云计算等数字服务提供商必须采取确保其设施安全的必要措施，在发现和发生重大事故后，及时向本国相关管理机构汇报。

在获得欧洲议会批准后，这项指令很快由欧盟官方进行权威发布，并在发布之日 20 天后正式生效。欧盟各成员国需在指令生效 21 个月内将指令内容纳入国家法律，并在 27 个月内完成对指令涉及公共服务重点领域企业的梳理。

（四）加强电信基础设施建设，全面提升宽带速率

目前，欧洲各国之间的宽带覆盖情况差距很大，部分国家由于缺乏政策推动，可能很难实现电信基础设施快速发展的目标。2016 年 12 月，欧盟委员会和欧洲投资银行（EIB）发布了一个宽带基础设施基金，在网络欠缺的地区加强部署。基金规模为 5 亿欧元，其中欧盟委员会将提供 1 亿欧元，而德国复兴信贷银行、法国信托投资局及意大利国有银行也将成为主要投资者。

欧盟委员会制定了目标，即到 2025 年为学校、医院和大型企业提供 1Gbps 宽带，为所有家庭提供至少 100Mbps 的服务。基金计划在 2021 年内实现对 20 个国家的投资。欧盟委员会强调，高速互联网是企业成功和发展的基础。当前，小型宽带项目并不容易获得资金，因此人口稀少或农村地区的项目难以实施。这一新基金将有助于填补市场空白。

四 2016年韩国推动产业发展的政策措施

（一）发布“韩国ICT 2020”战略规划，推动信息安全产业发展

为将韩国打造为全球信息安全行业领导者，2016年6月韩国政府公布了名为“韩国ICT 2020”（K－ICT 2020）的五年战略规划。战略指出，政府计划推动ICT初创企业发展，并加强国际合作，将信息安全相关程序和设备的出口额从目前的1.6万亿韩元扩大至2020年的4.5万亿韩元。战略指出，到2020年，预计将产生1.9万个相关岗位。同时，韩国将积极加强国际合作，推动“网络安全互助联盟”（CAMP）的成立，以建立全球网络安全的合作伙伴关系。

韩国发布信息安全行业五年战略规划，主要有两个层面的意义：一是通过建立强大的信息安全网络，保障国家信息安全；二是主动发起建立全球网络安全联盟，进而成为全球网络安全联盟的主角，可由内向外扩展信息安全产业市场空间。

（二）推进超级计算机研发项目，发力人工智能领域

为打造以人工智能、物联网等技术为引领的智能信息社会，韩国未来创造科学部于2016年4月宣布，将着手自主开发处理能力为1Petaflops（每秒能完成1000万亿次运算）级的超级计算机。这是韩国政府首次推进超级计算机开发项目。

此前，韩国未来创造科学部调查发现，韩国在灾难、环境等公共领域对计算能力在1Petaflops的超算需求较大，而韩国仅有过研制0.1Petaflops以下的计算机经验。韩国未来创造科学部计划，2016～2020年开发1Petaflops级以上的超级计算机，2021～2025年研制出30Petaflops级以上的超级计算机。预计第一阶段的超算速度将比“阿尔法围棋”快3～5倍。

韩国未来创造科学部将设立由韩国顶级专家组成的“超高性能计算

（HPC）工作组”，同时为保障超算领域的研发工作能顺利进行，每年还将对该项目斥资100亿韩元。在保障中小企业能够积极参与超算零部件（存储、操作系统、主板等）开发相关项目方面，韩国未来创造科学部将提供支持，帮助中小企业确保相关技术。项目研发出的超级计算机将用于气象、灾难管理等公共领域。

（三）投资80万亿韩元，打造科技创业园区

韩国未来创造科学部协同五个相关政府部门于2016年1月发布声明称，计划投资80万亿韩元在板桥地区打造创业园区，为本土和外国初创公司提供财务和政策扶持。板桥位于首尔南部，Kakao、Nexon等韩国本土科技巨头聚集于此，被誉为韩国的“硅谷”。

此次投资将在板桥地区打造一个创业园区，帮助入驻公司拓展海外业务。创业园区还将接纳外国人和外国初创公司。与信息技术、机器人、生物科技、医疗、智能汽车、能源和新材料相关的企业均有资格申请财务和政策扶持。

韩国未来创造科学部还计划持续推进创意经济与创新中心项目。该中心作为创业孵化器，旨在培养韩国的本土人才，三星、LG等韩国科技巨头也给予了支持。韩国政府还计划在首尔上岩地区针对全息技术、虚拟现实、计算机动画和3D媒体等领域，打造文化和内容中心。

（四）公布《2016年度工作推进计划》，聚焦高技术产业技术研发

2016年1月，韩国未来创造科学部公布《2016年度工作推进计划》。该计划提出，韩国政府将对生物、低碳、无人驾驶等高技术产业的研发加大支持力度。

作为该计划聚焦的重点，在生物领域，韩国政府计划集中发展可实现大规模技术出口的生物医药、医疗器械等重点领域，打造技术、人才和资金良性循环的“生物创造经济”。针对参与韩国“全球尖端生物医药技术开发项

目”和“新市场创造新一代医疗器械开发项目”两大核心项目的企业，韩国政府将提供研发、招商引资、审批、出口等一站式支援，加强新型生物医药技术开发及产品化、高增长潜力医疗器械等战略领域原创技术的研发，并培养生物专业投资人才。

该计划还指出，韩国政府将把应对气候变化的科技创新产业和低碳产业打造为经济增长的新动力。韩国政府将积极探索低碳环保商业化模式，争取到2030年实现1700万吨的温室气体减排目标。韩国政府还将投入150亿韩元尽快增强无人驾驶产业技术竞争力。此外，韩国政府将积极推进创新和科学技术领域的国际交流与合作。

五　2016年印度推动产业发展的政策措施

（一）颁布“废钞令”，对产业的影响喜忧参半

2016年11月8日，印度总理莫迪宣布，为打击腐败，断绝假币流通渠道和恐怖团体资金链，从即日零时起，废除500卢比和1000卢比两种最大面额纸币的流通，并会发行新的500卢比和2000卢比面值的钞票。根据印度财政部公布的方案，2016年11月11日前，印度各机场、火车站和医院可继续使用被废货币；11月11日至12月30日，银行可以收存被废货币；12月30日之后，上述两种纸币将正式停止流通。这是38年来，印度首次废除流通中的纸币，“废钞令”一出为印度经济及电子信息产业的发展带来了巨大影响。

“废钞令”的颁布对印度手机行业造成了严重冲击。“废钞”行动消耗了市场上的现金，消费者用现金购买产品的时间推迟，直接导致零售渠道库存增加，企业需要削减产能。据印度《经济时报》报道，推行“废钞令”后，富士康公司现金严重短缺，手机制造工厂销售额同比降低50%，富士康印度工厂被迫采取让约1/4的员工带薪休假两周的举措。同时，印度本土手机企业Intex、Lava、Karbonn也计划裁员10%～40%，或让员工休假。

与此同时，“废钞令”的颁布，为印度电子支付的发展提供了难得的机遇。“废钞令”公布后，开业的第一个小时内，Paytm 全国各地账号上的资金增加了近200 万美元，而通常情况下每日只会增加20 万美元。Paytm 公司称，“废钞令”实施以来，截至 2016 年 12 月，已有 400 万人开始使用 Paytm 钱包。该公司网站的流量飙升了 7 倍，其智能客户端应用的下载次数也增加了 3 倍。MobiKwik 的情况与 Paytm 类似，应用下载次数增加了两倍，其虚拟钱包中充入的资金增加了近 20 倍。与此同时，电子支付的收款方也大范围普及，不仅包括各大商场、餐厅、酒店等，甚至连出租车、杂货店都开始通过电子支付进行收款。

（二）颁布“一揽子政策”，推动电子支付发展

为改变印度民众的现金交易习惯，减少“废钞令”对行业的负面影响，2016 年 12 月 8 日，印度财政部长阿伦·贾伊特利公布“一揽子政策”，通过折扣和减免刷卡手续费等手段，推动电子支付方式的发展。

根据该“一揽子政策”，使用电子支付的消费者，可以享受以下优惠：获得 0.75% 的燃油和 10% 的收费站折扣；城市轨道交通月票或季票给予 0.5% 的优惠；在线购买火车票可免费获得 100 万卢比（约 1.5 万美元）的意外保险，并能以 9.5 折的价格预订车上餐食和车站休息室；在线购买保险可获得 8% ~10% 的保费折扣等。贾伊特利预计，这些政策可促使印度电子支付使用人数增加 30%，仅燃油消费一项，每年就可减少现金需求约 2 万亿卢比（约 296 亿美元）。

印度政府该“一揽子政策”的颁布，不仅有利于印度国内电子支付方式的发展和用户习惯的培养，而且对于印度本土电子支付公司以及积极在印度发展投资的外国电子支付企业也十分受益。

（三）制定新软件产业刺激计划，继续提升软件产业影响力

为鼓励印度“创业一代”发展，2016 年 7 月，据《印度时报》报道，印度执政党“全国民主联盟”（NDA）为软件创业公司制定了财政刺激计

划。该计划的目的是建立一个产业生态系统，引进或支持1万家新兴创业公司，直接或间接创造350万个就业岗位。通过该软件产业刺激计划，印度政府立图推动软件产业对印度GDP的贡献额从当前的61亿美元增至1000亿美元，增幅将达到1539%。

根据印度通信部统计数据，2016年，印度软件行业价值为1430亿美元，占全球软件行业价值的1/3以上，并有望在2025年达到3500亿美元。该新软件产业刺激计划将刺激每家软件创业公司增加超过2.5亿卢比的收入，并直接聘用25名以上的员工。通信部还计划从电子和信息技术部的电子发展基金以及财政部的创新基金中划拨一定比例的资金，专门用于发展国内软件产业。

一直以来，印度的软件产业在全球占据重要地位，尤其软件外包产业在全球居于领先地位，作为出口导向型产业，目前全球外包市场一半以上被印度占据。该项新软件产业刺激计划的颁布，对于进一步提升印度本土软件创业公司发展、提升软件产业影响力具有一定的促进作用。

六 2016年中国推动产业发展的政策措施

（一）国务院发布三部与信息产业相关的“十三五”规划

2016年是中国“十三五”（2016～2020年）规划的元年，在信息产业领域，国务院集中发布了三项“十三五”发展规划，包括8月8日发布的《“十三五”国家科技创新规划》、12月19日发布的《“十三五”国家战略性新兴产业发展规划》、12月27日发布的《“十三五”国家信息化规划》，为中国2016～2020年的发展路径及目标，做出了明确规划。

《“十三五”国家科技创新规划》共有8篇27章，以深入实施创新驱动发展战略、支撑供给侧结构性改革为主线，确立了迈进创新型国家行列、为建成世界科技强国奠定坚实基础的总目标，提出了12项指标，包括：国家创新能力从现在的第18名提升到第15名，进入全球公认的创新型国家行列；科技进步贡献率从现在的55%提高到60%；知识密集型服务业增加值占国内生产总值的比重由现在的15.6%提高到20%；国际科技论文被引次数世界排名从现在的第4位提升至第2位等。

《“十三五”国家战略性新兴产业发展规划》提出到2020年，战略性新兴产业增加值占国内生产总值的比重达到15%，形成新一代信息技术、高端制造、生物、绿色低碳、数字创意等5个产值规模10万亿元级的新支柱，并在更广领域形成大批跨界融合的新增长点。

《“十三五”国家信息化规划》提出，到2020年信息产业收入规模预计达到26.2万亿元等发展目标，并明确制定网络强国工程实施纲要，推动出台网络安全法、密码法、个人信息保护法，加快网信军民融合立法进程，建立国家治理大数据中心等重要政策信号。

（二）推动“中国制造+互联网”融合发展

《中国制造2025》和“互联网+”行动计划是2015年国务院正式发布的两部中长期发展规划，为实现我国由制造大国转变成制造强国、以互联网作为公共服务的重要手段驱动经济社会创新发展，提出了明确的发展目标。

2016年5月20日，国务院印发《关于深化制造业与互联网融合发展的指导意见》，明确指出制造业是国民经济的主体，是实施“互联网+”行动的主战场。推动制造业与互联网融合，有利于形成叠加效应、聚合效应、倍增效应，加快新旧发展动能和生产体系转换。该意见提出，到2018年，制造业重点行业骨干企业互联网“双创”平台普及率达到80%，成为促进制造业转型升级的新动能来源，制造业数字化、网络化、智能化取得明显进展；到2025年，力争实现制造业与互联网融合“双创”体系基本完备，融合发展新模式广泛普及，新型制造体系基本形成，制造业综合竞争实力大幅提升。

2016年12月8日，工业和信息化部和财政部联合印发了《智能制造发展规划（2016~2020年）》，将“中国制造+互联网”的融合聚焦到智能制造，目标是到2020年，智能制造发展基础和支撑能力明显增强，传统制造业重点领域基本实现数字化制造，有条件、有基础的重点产业智能转型取得明显进展；到 2025 年，智能制造支撑体系基本建立，重点产业初步实现智能转型。

（三）大力推进产业技术体系创新

2016 年 5 月，中共中央、国务院印发了《国家创新驱动发展战略纲要》（以下简称《纲要》），将党的十八大提出的创新驱动发展战略落到实处。《纲要》明确了未来 30 年创新驱动发展的目标、方向和重点任务，是新时期推进创新工作的纲领性文件，也是建设创新型国家的行动指南，具有非常重大的现实意义和深远的历史意义。

在《纲要》的指导下，国务院发布了《“十三五”国家科技创新规划》，工业和信息化部发布了《产业技术创新能力发展规划（2016 ~ 2020 年）》《关于完善制造业创新体系 推进制造业创新中心建设的指导意见》《制造业创新中心知识产权指南》等多部促进产业技术体系创新的政策，全面落实“双创”政策，着力突破重点领域共性关键技术，加速科技成果转化为现实生产力，优化制造业创新生态环境，提高关键环节和重点领域的创新能力，形成以国家制造业创新中心和省级制造业创新中心为核心节点的多层次、网络化制造业创新体系，显著提升国家制造业创新能力，推进两化深度融合，促进中国由制造大国向制造强国、网络强国转变。

（四）以结构优化推动绿色发展

2 月 24 日，国务院总理李克强主持召开国务院常务会议，确定进一步支持新能源汽车产业的措施，以结构优化推动绿色发展。发展新能源汽车，推动产业迈向中高端，有利于保护和改善环境，是培育新动能的重要抓手、发展新经济的重要内容。近两年来，在国家政策引导和各方努力下，中国新能源汽车在研发推广、技术水平等方面取得明显成效，产销快速增长。下一步，要坚持市场导向和创新驱动，依托大众创业、万众创新，努力攻克核心技术，打破瓶颈制约，加快新能源汽车发展步伐，具体措施包括：一是加快

实现动力电池革命性突破；二是加快充电基础设施建设；三是提高城市公交、出租车、环卫、物流等领域新能源汽车应用比例；四是提升新能源汽车整车品质；五是完善财政补贴等扶持政策，督促落实不得对新能源汽车限行限购的要求，破除地方保护，打击“骗补”行为。

七 2016年中国台湾推动产业发展的政策措施

（一）制定2017～2025年数字发展规划

2016年11月，台湾当局发布了“2017～2025年数字发展计划”，简称为“DIGI+”，目标是到2025年实现数字经济产值达新台币6.5万亿元（约合2050亿美元，占岛内生产总值的29.9%），数字化日常生活服务覆盖全岛80%的人口，90%的人口实现固定宽带上网下载速度达2Gbps。

该计划包括六项发展战略：DIGI+基础设施，建立有利于数字创新的基础设施；DIGI+人才，培养数字专家；DIGI+行业，通过数字创新支持跨行业升级；DIGI+权利，使中国台湾成为数字人权和开放网络社会的地区；DIGI+城市，推进城市和农村地区的智能化；DIGI+全球化，提升中国台湾地区在全球数字服务经济中的地位。

预计2017年投入新台币110亿元，2018～2025年每年投入新台币200亿元。

（二）上调2025年太阳能安装目标

台湾当局对发展太阳能的态度十分积极，上调了2025年台湾地区太阳能安装目标，由原来的13GW提高至20GW。据TrendForce旗下的绿能事业处EnergyTrend表示，截至2015年10月，台湾地区太阳能安装量累计共728MW，如以线性成长并且在2025年达到20GW，年安装量的复合成长率（CAGR）需维持28%长达10年，未来2～3年需安装超过3GW～4GW。

事实上，2014～2015 年两年的安装量均在 220MW 以上，因此为完成 2025 年的目标，一定要制定完善的配套措施。从表面来看，较大的问题是产业政策、土地政策、财务规划、电网发展，但内部更关键的其实是整体的土地规划，以及财务的绿能资金规划。台湾当局在将再生能源视为基础建设的一环发展的同时，需考虑土地如何恰当划分，确保适当的土地以设置太阳能系统；绿能资金的来源也须从财务角度来规划，确保长远稳定的财源，以及可信、可靠、高效率的运用。

（三）生物科技结合 ICT 助推产业升级

根据中国台湾生物经济发展方案规划，到 2020 年中国台湾生物科技产业产值达 3 兆元台币，约占预估 GDP 的 14%。近年来，随着政府对生物科技的推动，诸多在外发展的生物科技产业相关人才回到台湾，加上许多 ICT 企业因面临一定的发展瓶颈而纷纷跨入生物科技领域，造就了一波“生物科技 + ICT”风潮。

目前台湾地区 ICT 企业跨入生物科技领域以医疗器材为主，制药方面则以单纯投资的角度切入。由于医疗器材的开发时程较药物短且风险相对较低，跨产业的 ICT 厂商多瞄准与本行业相关的应用领域切入。生物技术结合 ICT 的着眼点有三大方面，包括高端医疗器材、预防医学及远程医疗。台湾地区具有发展生物技术及 ICT 的双重优势，可以在 ICT 既有技术的基础上建立一条龙的供应链。尽管台湾地区在制造、量产、成本上有绝对优势，但相关的研发、渠道开发才是产业转型的关键。因此面对渠道、品牌的竞争，台湾地区企业应在跨入生物技术领域之前，提前布局，或与地方企业进行合作，或是与国际大厂建立上下游的供应关系。

（四）大力推动智能机械创新

台湾当局为促使台湾地区制造业转型升级，欲透过智能机械创新，使产业结合物联网技术，朝着智能化生产、智能机器人运用的工业 4.0 目标迈进。当前，台湾地区在协作型机器人方面已取得不错的研发成果，除了需要不断进行技术创新以及大力推动制造业转型升级外，未来随着智能服务型机器人等应用需求的逐渐增加，应进一步提升软件实力，将人工智能纳入政策方针以追赶上先进国家或地区的发展步伐。

台湾地区制造业除了半导体与光电产业的自动化程度较高以外，电子组装、金属加工业与传统产业等自动化程度都相对较低。因此台湾地区企业应与多轴机器人、机器人控制器与系统整合等企业积极结盟、合作，共同开发针对各产业领域的机器人与高度弹性自动化生产设备，以期促使产业转型升级。

此外，智能服务型机器人在金融、服务业等领域的应用日益多元化，更凸显结合人工智能科技发展、大数据分析与云端服务平台等三个方面的重要性。因此，台湾机器人产业除发展机器人、控制器与关键零部件外，更需强化其软件的发展并纳入人工智能技术，才能使机器人产业创造更多的价值。

专　题　篇

Featured Topics

B.23

OLED 产业发展动态及其启示

梁冬晗*

摘　要：OLED 被认为是继 CRT、等离子、液晶之后的下一代显示技术。主要国家和地区正在积极推进 OLED 技术和产业化发展，重点厂商加快 OLED 产业布局，不断加大 OLED 生产线的投资力度，其中韩国厂商 OLED 产业布局较为完善，基本垄断了目前的 OLED 市场。随着 OLED 面板良品率的不断提升，量产技术趋向成熟，成本价格趋于下降，OLED 产业将步入快速发展轨道。国内应抓紧布局 OLED 产业，不断完善 OLED 产业链，争取在新一代显示技术竞争中获得优势地位。

关键词：OLED　产业　韩国

* 梁冬晗，国家工业信息安全发展研究中心工程师，研究方向：信息通信产业。

当前，制约OLED普及的技术障碍已被清除，OLED在生产上也已取得重大突破。随着OLED产品市场关注度的不断提升，彩电厂商加紧推出OLED电视产品，移动设备厂商竞相配备OLED显示屏幕，OLED面板产业开始步入快速发展轨道。目前，韩国厂商正在积极布局OLED面板产业，国内厂商也应抓紧布局。

一 主要国家和地区积极推进OLED技术和产业发展

目前，全球液晶面板需求停滞，面临产能过剩的危机，以韩国为主的面板厂商将重心转至OLED显示技术，希望凭借着在OLED显示领域的先发优势，推动整体OLED面板市场扩大。OLED面板的生产厂商主要集中在韩国和日本，中国台湾和中国大陆正在加大OLED的研发和资金投入力度，以期在新一代显示技术上实现赶超。

（一）韩国显示行业走在世界前列，占据OLED显示领域主导地位

韩国在显示行业长期居于领导者地位。在电视显示面板领域，据统计，2015年，LG显示器（LG Display）公司市场份额位居全球第一，三星显示器（Samsung Display）位居第三，二者合计占全球市场份额的40%以上。在OLED显示领域，三星显示器和LG显示器在OLED技术和产业上的领先地位毋庸置疑，其中三星显示器集中在移动设备使用的主动式有机发光二极体（AMOLED）上，移动设备用OLED产品出货量全球占比在95%以上；而LG显示器则将主要精力放在OLED电视用面板上，并主导了这一市场。韩国政府也将OLED作为下一代重要项目之一，计划加大税收优惠力度、削减关税、为企业提供各种政策支持，以期进一步巩固韩国OLED产业在全球市场的地位。

（二）日本显示行业日渐衰落，但OLED技术实力依旧领先

尽管近年来日本在核心面板产能和市场份额方面被韩国厂商超越，但其积累的专利技术优势，以及在上游产业链材料、设备、工艺等方面的优势，

使其综合实力在该领域依旧领先。索尼是最早的 OLED 电视供应商，拥有大量成熟的中小尺寸 OLED 面板专利和技术；松下拥有半导体显示全产业链运作的经验、技术和产能，研究 OLED 面板技术时间较长。日本 Tokki Corp 和 Ulvac Inc 这两家公司是大规模生产 OLED 沉积设备的领先供应商。因此，日本政府通过整合行业抱团主攻 OLED 面板。2014 年，索尼、松下与日本创新网络公司（INCJ）、日本显示公司（JDI）宣布，建立一家新公司 JOLED Inc.（JOLED 公司），主要业务是中小尺寸 OLED 显示面板产品，主攻笔记本电脑和平板电脑等用途的 10 ~ 30 英寸面板市场。

（三）中国台湾面板出货量位居第二，正在积极推进 OLED 技术研发

中国台湾面板厂群创光电和友达光电面板出货量全球市场占有率较高，群创光电在笔记本电脑与电视面板方面出货量全球第二，友达光电在电脑显示器面板方面出货量全球第二，二者合计占比接近 30%。随着全球液晶面板企业纷纷转向 OLED 显示技术，中国台湾面板厂也在积极推进 OLED 面板的研发，但量产能力远远低于韩、日厂商，目前仅有群创光电表示将于 2017 年试产 OLED 面板。2016 年 3 月，中国台湾的鸿海集团收购了日企夏普，并表示将借助于夏普的技术实力，加速在 OLED 业务上的投资布局。

（四）中国大陆面板产业高速发展，加大 OLED 技术投资力度

中国大陆是全球消耗显示面板最大的地区，是最大的电视制造地和智能手机制造地。近年来，中国大陆加大了对面板行业的支持力度，京东方、华星光电等厂商竞相兴建面板厂，以满足终端厂商的需求，二者全球市场占有率也不断攀升。目前中国大陆也在加大对 OLED 技术的投资力度，包括京东方、华星光电、天马、友达、华映及维信诺等在内的厂商正在兴建中小尺寸面板厂，并以 LTPS + OLED 技术为主。中国大陆 OLED 处于产业化的导入期和技术的成长期，主要集中在产业链的面板制造环节，上游设备和原材料环节薄弱，OLED 企业所需的制造设备和原材料较多依赖从日本和韩国进口，

生产成本难以降低。但中国大陆的下游整机制造商对 OLED 产业的发展前景寄予厚望，以创维为首的彩电厂商积极联合产业链上下游企业通力合作，推动 OLED 产业发展。

二 主要厂商加大力度投资 OLED 生产线建设

目前，仅有 LG 显示器公司实现了大尺寸 OLED 面板的量产，其余的面板厂商均将投资重心放在中小尺寸 OLED 面板线上，但中小尺寸 OLED 面板市场依旧被三星显示器所垄断。

（一）LG 重点推动大尺寸 OLED 面板量产

LG 显示器公司有两条 8.5 代 OLED 生产线：E3、E4，采用不同的工艺流程，主要产品包括 55 英寸和 65 英寸，其中，较早的 E3 生产线每片玻璃基板可生产 2 块 65 英寸面板；E4 生产线一张基板能生产 3 张 65 英寸面板。2015 年 11 月，LG 显示器对外宣布将投资超过 10 兆韩元建设 9 代以上的 OLED 面板生产线，建成后将成为全球最大的以生产 OLED 为主的面板生产线。目前，LG 显示器称其 OLED 面板良品率已经在 80% 以上，与 LCD 良品率相当。销量方面，2016 年的生产目标将提升至 150 万片。

（二）三星主攻中小尺寸 OLED 面板量产

三星是全球最大的 OLED 手机面板供应商，垄断了近九成的市场份额。三星中小尺寸 OLED 技术领先业界 2～3 年的时间，在专利、技术和设备方面形成大量积累。2015 年，三星显示器宣布投资 36 亿美元增设一条 OLED 生产线。该生产线主要供中小型 OLED 面板生产使用，产品将被装配在智能手机、平板电脑等消费类电子产品上。近期，三星显示器又投资 6 亿美元增加 OLED 屏幕产线，以满足 OLED 屏幕与日俱增的市场需求。在大尺寸 OLED 面板生产线方面，目前，三星仅有一条 8.5 代 OLED 生产线，每月有 1 万片 OLED 面板的产能，产品主要应用于三星的 AMOLED 电视及 OLED 面板量产和技术试验。由于三星在 OLED 显示面板领域的研发一直坚持“LTPS 背板 + RGB OLED”的技术路线，虽在中小尺寸领域取得了巨大成功，但在大尺寸 OLED 显示面板研发上一直难以突破技术瓶颈，导致产线良率低、成本居高不下。因为在研发方面一直无法取得实质性突破，三星暂停了 OLED 电视屏扩产计划。

（三）JOLED 将攻坚中小尺寸 OLED 面板市场

JOLED 集结了索尼、松下等日本企业所拥有的 OLED 成膜技术、氧化物半导体技术以及柔性面板技术等 OLED 面板相关技术，并将融合 JDI 的面板技术，研发用于平板电脑、笔记本电脑及电子广告牌等的 OLED 面板产品。JOLED 将采用松下的“印刷式”量产技术，计划于 2016 年下半年设置 OLED 面板的试产产线，目标为在 2017 年下半年正式量产用于笔记本电脑、平板电脑的 OLED 面板。

（四）京东方 OLED 面板线的投资重点在中小尺寸

京东方已与成都市政府签署项目投资合作协议，京东方将在第 6 代 LTPS/AMOLED 生产线项目上增加二期投资 245 亿元，二期项目将生产 AMOLED 柔性面板。

（五）群创光电新建中小尺寸 OLED 面板线

群创光电正在建设一条新的 6 代 LTPS 线，将拥有大约 23000 基板的月产能，并将同时生产 LCD 和 AMOLED 面板。群创光电预计，新的生产线将在 2016 年上半年开始生产面板。此外，群创光电的母公司鸿海收购夏普后，也将在 OLED 面板技术方面加大投资力度。

三　OLED 产业步入快速发展轨道

随着液晶面板产能持续释放，液晶面板的利润空间也在逐渐缩小，

OLED 面板产业相较液晶技术发展前景更广阔，利润空间也更大。随着 OLED 面板的良品率提升、量产技术成熟、成本价格降低，OLED 产业将步入快速发展轨道。

（一）OLED 市场逐渐扩散

除了面板厂商在推动 OLED 显示技术外，电视、手机等下游终端厂商也在积极推进 OLED 产业的发展。据市场调研机构 UBI 预测，2016 年 OLED 的市场规模将比 2015 年上升约 40%，达 150 亿美元；出货量将比 2014 年上升 16%，达到 2.7 亿片。预计市场将以移动设备用的柔性面板 AMOLED 为主逐步扩散，以苹果为主的手机厂商宣布即将采用 OLED 面板，这将成为中小尺寸 OLED 面板市场持续扩大的发酵剂；OLED 电视出货量也将比 2015 年的 40 万台增长将近 3 倍，预计达 120 万台。在创维、LG 等电视厂商的助推下，大尺寸 OLED 面板的普及速度也将加快。

（二）韩国厂商加强与下游的合作关系

LG 显示器抓住中国大陆大力发展 OLED 产业的机遇，联合 LG 电子、创维、康佳、长虹、海尔、苏宁、国美等近 30 家彩电业上下游产业链和研究机构，共同成立了中国 OLED 显示产业联盟，目的在于尽早占领大陆市场，在 OLED 电视普及之前，巩固自身的行业地位。LG 显示器借鉴了 PDP 技术失败的前车之鉴，正在以开放的态度促进产业链共同发展，以加快推进 OLED 技术的普及。这也表明 OLED 技术正在步入一个比较成熟的阶段，需要及时将技术导入市场。在中小尺寸 OLED 市场，三星显示器也强化了与中国大陆手机厂商的业务合作。

（三）其他国家和地区面板厂商 OLED 进程缓慢

除韩国两家企业外，其他国家和地区的厂商集中在 2015 年开始铺设 OLED 面板生产线，其中多数表示将在 2017 年左右才能实现量产。由于目前的市场被三星和 LG 所垄断，随着二者量产能力稳步提升，生产成本不断降低，两家厂商有可能通过压低价格来继续长期控制市场，进而对其他厂商形成压力。尤其是中国大陆面板厂目前还在集中铺设大尺寸液晶面板产线，对 OLED 产业的布局还不完善，在新一轮竞争中可能处于劣势地位。

四　启示与建议

（一）营造良好发展环境，鼓励上下游形成合力

建议政府及时出台有利于 OLED 产业发展的产业政策、投融资政策和财税政策等，为 OLED 产业营造良好的政策环境。加大对本土企业的扶持力度，整合产学研用资源，鼓励产业链上下游企业形成合力，促进 OLED 技术研发和产业化进程。在上游设备和原材料环节加大研发投资力度，做好产业链配套工作，以免在关键环节受制于人。

（二）积极布局 OLED 产业，保持适度投资规模

企业应抓住 OLED 面板需求增长的机遇，积极布局 OLED 产业。目前，国内厂商应集中精力在中小尺寸 OLED 面板市场，以应对未来两年移动设备用 OLED 屏幕的需求激增，可通过对现有 TFT - LCD 生产线的改造升级和增添新的设备来满足 AMOLED 产品的开发与生产需求。在大尺寸 OLED 面板领域，国内厂商应加快提升研发实力，尽快铺设 1 ~2 条大尺寸 OLED 面板研发试产线，争取早日实现量产，防止目前液晶面板市场被 OLED 面板侵蚀后，进而失去市场竞争力。

在积极布局 OLED 面板产业的同时，企业也应警惕风险，保持适度投资规模。OLED 与 LCD 相比尚未形成绝对优势，仍面临一定的投资风险，尽管市场需求快速增长，但之后的发展还需要看 OLED 生产线的成本和品质。

（三）推动技术创新，做好专利布局

我国目前还处在 OLED 技术研发的积累阶段，仍需在较长的一段时间内投入更多的精力做好 OLED 产业基础研发工作，因此无论是政府还是企业都要积极推动产业技术创新。同时，还要注重全球范围内的专利布局研究。国内面板厂商应在专利方面加强相互支持，关注中国自身在该领域内的专利布局，以实现长足的发展。

B.24
德国弗朗霍夫协会运作模式分析及启示

刘晓馨*

摘　要：　德国弗朗霍夫协会（FHG）成立于1949年，是德国乃至欧洲最大的应用科学研究机构。弗朗霍夫协会面向产业界提供技术完善和商业成熟的产品和服务，致力于填补重点领域技术研发与产业化鸿沟，其运作模式具有鲜明的特色。本文对弗朗霍夫协会的聚焦领域、主要任务、资金管理方式及联盟组织机构进行了分析，并在此基础上，提出借鉴弗朗霍夫模式，构建我国制造业创新中心的建议。

关键词：　德国　弗朗霍夫　创新中心

德国弗朗霍夫协会（FHG）成立于1949年，是原联邦德国政府在二战结束后，为加快经济重建和提高应用研究水平而支持建立的一个公共科研机构。该协会以德国历史上著名科学家、发明家和企业家约瑟夫·冯·弗朗霍夫命名，现下设67个研究所，拥有约2.3万名研究人员，分布于德国的40个地区，年经费预算超过20亿欧元（2013年度），在欧洲、美洲、亚洲及中东地区均设有研究中心和代表处，是当前德国政府重点支持的四大科研机构（其余三家为马普协会、赫姆霍茨研究中心联

* 刘晓馨，国家工业信息安全发展研究中心高级工程师，研究方向：电子信息产业、技术创新。

合会和莱布尼茨科学联合会）之一，也是德国乃至欧洲最大的应用科学研究机构。

一 协会的聚焦领域及主要任务

弗朗霍夫协会面向产业界提供技术完善和商业成熟的产品和服务，主要开展健康、安全、通信、交通、能源和环境等领域的研究，其聚焦领域为信息和通信科技、生命科学、微电子、表面科技和光子、产品与工艺、材料与组件和国防与安全。协会的主要任务是：一是从事面向样机制造的产品开发与优化；二是开展技术和生产工艺的开发与优化；三是进行新技术推广，包括提供最先进的测试条件对产品进行性能测试，对服务企业的人员进行培训，为新产品和新工艺的规模化提供支撑服务等；四是开展科技评估支持，包括可行性研究、市场调查、趋势分析报告、环境评价和投资前分析报告等；五是开展包括提供资金筹集建议（注重面向中小型企业）、认证服务（包括颁发认证证书）等在内的其他服务。

二 资金投入方式

弗朗霍夫协会采取绩效挂钩的财务管理体制，其收入的1/3来自政府的事业经费拨款（通常被称为“非竞争性资金”）、1/3来自政府的竞争性项目、1/3来自企业的合同收入（后二者通常被称为“竞争性资金”）。“非竞争性资金”和“竞争性资金”是协会的两大支柱，“非竞争性资金”被用于支持前瞻性的研究工作，以确保其科研水平处于领先地位，这一部分资金所解决的问题或许要等到5年甚至10年后才会产生实际效用。“竞争性资金”被用于开展直接面向市场的研究，根据协会2013年度的报告，在当年合同研究收入中，72%来自“竞争性资金”，28%来自“非竞争性资金”。可以说，协会的运行处于面向产业的应用研究和未来发展的创新研究之间的动态平衡之中。

（一）非竞争性资金管理方式

非竞争性资金方面，政府为协会提供的1/3事业经费拨款并非固定，而是根据协会“竞争性资金”收入的多少按比例划拨，计算公式为：“非竞争性资金” = “竞争性资金”/2。但该比例并非严格不变，政府会根据研究的优先级不同而有一定的灵活性。

政府拨给协会的“非竞争性资金”由协会自主决定分配给各研究所的比例。分配时考虑的因素是：分配规则对所有研究所透明，不必平均分配；总部管理层使用一部分经费用于推动弗朗霍夫协会的总体战略。具体而言，35%的“非竞争性资金”由协会支配，其余65%则分配到各研究所。在分配时，协会将“非竞争性资金”的少部分无条件分配给各研究所，用于保证研究所进行前瞻性、基础性的研究，而其余大部分则与研究所上年的合同科研收入挂钩，按比例分配。

（二）竞争性资金管理方式

弗朗霍夫协会面向产业界开展研发工作，并力求一以贯之，直到产品达到商业化阶段。协会各研究所为企业及各方面提供科研服务，主要采取委托合同的方式。企业就具体的技术改进、产品开发或者生产管理的需求委托研究所开展有针对性的研究开发，并支付费用。研究开发一旦完成，成果立即转交到委托方手中。

此外，经过市场调研与经济分析，如果拥有确定长远发展前景的自主研发技术，协会还鼓励支持科技人员（特别是年轻人）离开研究所去创办以该技术为主要投入的公司。研究所除将专有技术作价入股外，近年又实行了新的加强支持的政策，即以资金入股方式给予这类企业一部分启动经费（约占总股份的15%）。某些情况下，协会可在一段时期内扮演该公司的股东角色。协会并非以此盈利，当企业正常运转时，协会再将所持的股份卖掉，收回资金用于支持其他新企业。

三　管理方式

弗朗霍夫协会的本质为联盟形式的松散结构，但其组织模式和现代公司制企业颇为相似，主要由会员大会、理事会、执行委员会、学术委员会和高层管理者会议等机构组成。

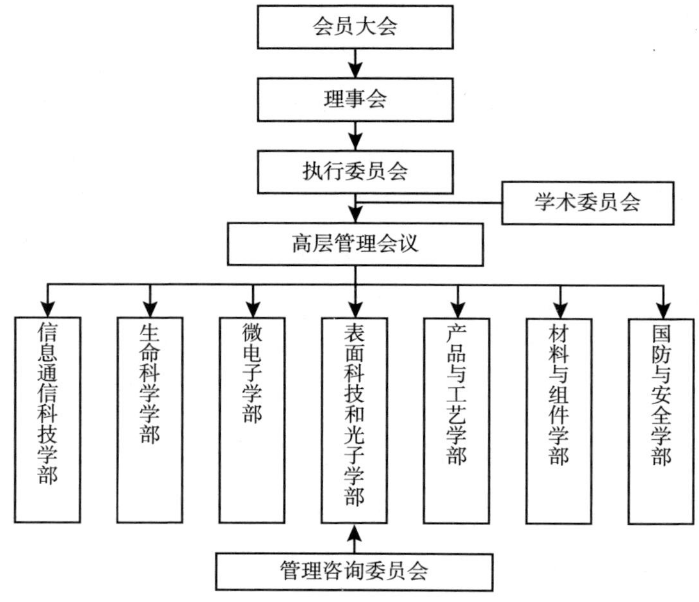

图 1　德国弗朗霍夫协会组织结构

具体来说，会员大会是协会的最高权力机构，选举理事会是会员大会的主要任务；理事会是协会的最高决策机构，由会员大会选举产生，成员由科技界、工业界、商业界和公共部门的杰出人士，以及联邦政府和地方政府的代表共同组成；执行委员会是协会的日常管理机构，由主席和另外三位全职委员（高级副主席）组成，全面负责协会事务的管理；学术委员会是协会的内部咨询机构，其成员由协会各研究所所长、研究所高级管理人员以及每个研究所选举出来的科研人员代表组成；高层管理会议是协会管理和运行的协调机构，由执行委员会成员和7个学部的负责人组成，参与执行委员的决策过程；研究所是协会的基层单位，实行所长负责制，自主开展工作并独立核算；在协会和研究所之间设有学部，其基本功能是协调协会下同一学科领域里不同研究所之间的交流与合作，同时作为学科的代表，参与协会重大事项的协调与决策。

四　经验借鉴及启示

弗朗霍夫协会是目前德国乃至欧洲最具活力的应用科学研究机构之一，弗朗霍夫模式已成为科学研究与产业发展有机对接的典范。对于推进我国制造业创新中心建设，加快制造业转型升级有着重要的启示和借鉴意义。

（一）产业共性技术研发机构应成为国家创新体系中的重要一环

共性技术研发机构可以有效理顺政府、科研机构和产业之间的关系，突破传统产学研合作的瓶颈。弗朗霍夫协会在产业共性技术研发上的贡献，对战后德国的迅速崛起起着至关重要的作用，这是任何大学或科研机构所无法替代的。我国要建设创新型国家，推动制造业创新驱动发展，最紧要的问题就是要突破从实验室到产业化推广的“最后一公里”，实现中国科研界与产业界的无缝对接，因此必须推动建设产业共性技术研发机构，使其成为国家创新体系中的重要一环。

（二）民办、公助、非营利应成为共性技术研发机构的基本定位

在我国，共性技术研发机构仍是一个新鲜事物，借鉴弗朗霍夫协会的成功经验，民办是其活力所在，其“三七开”的经费构成最大限度地保证了机构的自主运行。因此，在建设共性技术研发机构时，政府可以通过给予事业运行费补贴以及允许其参与政府发布的课题招标等形式，让研发机构在完成国家重大项目中，体现国家意图，但不应过多干涉其运营过程。同时，非营利性也应是共性技术研发机构的突出特征，弗朗霍夫协会虽然已经过60

年的发展，成长为一个庞大的研究机构，但其非营利性公共研发机构的基本属性仍未发生变化。只有非营利性，才能让其找准在国家创新链中所处的位置，既不会满足于为学术而学术，也不会因过多地介入市场而迷失方向，从而将科学技术的学术价值与市场价值有机对接，实实在在地推动生产力的提高。

（三）以转制院所为依托构建共性技术研发机构

一直以来，我国积极推动行业大院大所实行企业化改制，经过多年的企业化改革，转制院所已具备判断某项技术和成果是否具有市场前景的能力，同时转制院所对市场竞争规则已逐步熟悉，容易进入市场和判断风险。此外，转制院所承担了大量的国家重点项目，拥有丰富的技术、人才、知识产权等无形资产积累，其更容易承担起行业共性技术研发的功能。因此，可依托转制院所构建行业共性技术研发机构，在最大限度地保持转制院所作为技术创新源泉的同时，借鉴弗朗霍夫协会模式，推动院所成为为企业提供技术和技术服务的研究型机构，填补当前行业空白。

B.25
德国绿色经济发展策略及其启示

王慧娴*

摘　要：2016年，德国先后通过了总额12亿欧元的新能源汽车补贴方案、对2014年版《可再生能源法》的修订草案和2030年起禁止所有燃油汽车上路的决议。当前，改变传统产业发展模式、推行绿色经济战略正在世界范围内广泛实行。德国在实现经济、能源与环境的可持续发展方面进行了诸多有益探索。我国可以借鉴德国经验，通过完善法律法规、发挥创新驱动作用、加强产业链各方协作等方式，积极促进绿色经济发展。

关键词：德国　绿色经济　发展策略

德国作为欧元区最大的经济体与全球制造业最具竞争力的国家之一，目前已开始将发展重点放在可再生能源、绿色制造、新能源汽车等领域。2016年5月，德国政府通过了总额12亿欧元的新能源汽车补贴方案。2016年7月，德国联邦议会通过了对2014年版《可再生能源法》的修订草案。2016年10月，德国联邦议会在最近一次会议中通过决议，将于2030年起禁止所有燃油汽车上路。

---

* 王慧娴，国家工业信息安全发展研究中心工程师，研究方向：通信技术与产业研究。

一 前言

（一）世界经济呈现低迷态势，德国经济整体向好

当前，受各国有效需求普遍不足、大宗商品价格大幅下滑、金融市场频繁震荡等不利因素叠加影响，世界经济呈现低迷态势。发达经济体增速回升势头减缓，新兴市场与发展中经济体增速加速下滑。德国作为欧元区最大的经济体，近年来经济稳步增长。德国联邦统计局的数据显示，2015 年工业和服务业推动了德国经济发展，德国国内生产总值增长 1.7%，高于过去十年 1.3% 的平均增幅。2015 年，德国就业人数首次突破了 4300 万，延续了过去十年就业人数增长的趋势，劳动生产率比上年提高了 0.5%。自 2009 年发展生态工业的战略文件公布以来，德国已开始将发展重点放在可再生能源、绿色制造等领域。德国经济形势的整体向好，与其绿色经济发展战略具有密切关联。

（二）全球产业迎来深度调整，德国成功把握机遇

各国资源要素禀赋优势及全球供需结构正在发生深刻变化，全球产业调整迎来新格局。德国通过工业 4.0 战略加速提升工业领域的智能化、绿色化水平，升级其工业体系，重塑在高端制造业方面的优势。在工业 4.0 战略的带动下，德国工业取得了较快增长，2015 年工业（不含建筑业）增长 2.2%。德国的对外贸易也被激发了新的活力，货物和服务贸易的出口和进口同比分别增长 5.4% 和 5.7%。在全球产业调整的新格局下，德国的绿色经济战略切实发挥了引领带动作用，有效地推动了各产业环节的转型升级，打造了德国新的国际竞争力。

二 德国绿色经济发展策略

（一）国家层面强化绿色经济战略部署

早在 2009 年 6 月，为了实现传统经济向绿色经济转轨，德国政府公布

了重点为发展生态工业的战略文件。该文件涉及的政策主要包括严格实行环保政策、制定各行业能源有效应用战略、扩大可再生能源使用规模、汽车行业改革创新，以及执行环保教育、资格认证等。文件指出，在生产过程中合理地利用自然资源，德国工业每年将可节省约 1000 亿欧元；同时在实行生态变革的带动下，到 2020 年德国国内可新增 100 万个就业岗位；绿色产业能够为实现经济可持续发展做出巨大贡献。

2014 年 11 月，德国政府进一步推出了绿色经济研究议程。研究议程的重点包含五个方面：一是生产和资源；二是可持续发展和金融服务；三是可持续消费；四是可持续的能源供应和能源使用；五是工作与技能。绿色经济研究议程把科学与经济有机结合，旨在通过创新和创业发展绿色经济，创造更多的就业岗位。计划到 2018 年，德国政府资助该项目的累计金额达 3.5 亿欧元。

（二）大力促进可再生能源普及与利用

近年来，德国可再生能源的利用推广程度显著提高。Agora 能源研究所的数据显示，截至 2015 年底，德国发电总装机 1.9 亿千瓦，其中风电 4461 万千瓦，太阳能发电 3933 万千瓦。2015 年，德国总发电量 6518 亿千瓦时，其中风电 880 亿千瓦时，太阳能发电 384 亿千瓦时。部分时段风电和光伏发电量比例已经高于 50%，甚至达到 80%。

2016 年 7 月，德国联邦议会通过了对 2014 年版《可再生能源法》的修订草案，新版《可再生能源法》将于 2017 年 1 月 1 日实施。这是自 2000 年该法首次颁布以来的第五次大规模修订。德国可再生能源发展在世界上具有代表性，其能源发展政策演变与可再生能源发展阶段密切相关。总体来看，德国可再生能源政策大致可分为六个发展阶段，具体如表 1 所示。

德国拟通过《可再生能源法》的修订，更好地实现可再生能源发展目标，并降低电力成本。德国政府提出，2025 年可再生能源发电量需占总用电量的 40% ~45%；2035 年目标进一步提高到 55% ~60%。德国将维持 2022 年全面废核的目标，以及 2020 年碳排放量较 1990 年减少 40% 的减

表1　德国能源发展政策演变历程

时间	政策内容
阶段一(1991~2003年)	确定以固定上网电价为主的可再生能源激励政策,德国国内可再生能源发电市场启动
阶段二(2003~2008年)	完善上网电价政策,可再生能源发电快速发展
阶段三(2008~2012年)	建立基于新增容量的固定上网电价调减机制,鼓励自发自用,首次提出市场化方面的条款
阶段四(2012~2014年)	完善基于新增容量的固定上网电价调减机制和自发自用激励机制,鼓励可再生能源进入市场
阶段五(2014~2016年)	严格控制可再生能源发电补贴,首次提出针对光伏电站的招标制度试点,分阶段、有重点地推动光伏发电市场化
阶段六(2016年后)	全面引入可再生能源发电招标制度,正式结束基于固定上网电价的政府定价机制,全面推进可再生能源发电市场化

排承诺。考虑可再生能源发电电价补贴政策可能造成电力用户终端用电电价大幅攀升等现实问题，在实现高比例可再生能源发展的同时，控制电力成本、促进可再生能源的经济可持续发展是德国相关政策调整的重要原则。

（三）不断加深绿色制造的产业化应用

德国是全球制造业中最具竞争力的国家之一，拥有强大的机械和装备制造业，并占据全球信息技术能力的显著地位，在嵌入式系统和自动化工程领域也具有很高的技术水平。出于领先意识、危机意识和机遇意识，德国政府为了确保未来德国在世界上的经济竞争力和技术领先地位，于2013年在《德国高技术战略2020》中提出“工业4.0”国家发展战略。“工业4.0”的目标是在2020年至2030年，实现德国的“第四次工业革命”，即以信息物理系统为基础实现“绿色的”智能化生产。

目前，德国的制造业发展及应用并不是一味地追求自动化，而是着眼于更高层次的人机交互领域，根据人的心理、生理和身体结构来融洽处理人、机械和环境的关系，让科技硬件装备为工作人员提供更好的支持，并利用绿色智能手段和智能系统等新兴技术，构建高效节能、绿色环保、环境舒适的人性化工厂。例如，位于萨尔茨吉特的大众汽车发动机制造厂，机器人的广泛应用帮助工厂重置并优化了生产线。生产流程被切分成许多非常细小的片段，每个片段都严格遵循既定的顺序加工，片段之间用高精度的自动化传动机制联系起来，令其高度柔性化，缩短了交付时间，并促进了可持续发展。机器人所主导的数据准确的批量生产，不仅让制造成本得到有效降低，而且平均生产每台发动机所消耗的能量和污染排放分别降低了67%和70%。

（四）聚焦新能源汽车等核心重点领域

德国作为拥有奔驰、宝马、大众等知名制造商的汽车大国，近年来聚焦核心重点领域，特别是在禁止燃油汽车、推广新能源车上表现了巨大的决心，对国际社会产生了较大影响力。德国政府通过出台补贴方案，推动新能源汽车普及，同时，计划依靠燃油汽车禁令，实现减排目标。

2016年5月，德国政府通过了总额12亿欧元的新能源汽车补贴方案。方案规定，2016年5月1日至2019年12月31日期间，凡购买纯电动车的消费者，每辆车均能获得4000欧元的补贴；凡购买插电式混合动力车的消费者，每辆车能获得3000欧元的补贴。这12亿欧元的补贴资金由汽车生产企业和政府各出一半，采取“先到先得”的方式发放。此外，德国政府通过了3亿欧元的预算，将用于支持城市和高速公路沿线充电设施的建设。德国政府还将投入1亿欧元，用于增加德国政府车队中新能源车的比重。

2016年10月，德国联邦议会在最近一次会议中通过决议，将于2030年起禁止所有燃油汽车上路。虽然这项禁令未来还面临重重立法程序，但德国跨越党派争议迈出这里程碑式的一步，表明减排目标和新能源发展在德国已经成为一项重要的政治共识。根据德国机动车辆管理局的数据统计，截至2015年底，在德国4500万辆的汽车保有量中，仅有13万辆混合动力汽车和2.5万辆纯电动汽车。当前运输业的二氧化碳排放量约占德国二氧化碳排放总量的1/5，而禁令将有助于使德国的二氧化碳排放量在2020年相比1990年降低40%。

三 经验及借鉴

当前，绿色产业已成为德国一大支柱产业，为德国经济发展和人们生活水平提高做出了重要贡献。在法规建立、创新引导、产业链培育等方面，我国可借鉴的经验有如下几点。

（一）完善法律法规建设

围绕绿色经济发展，德国在转换实施欧盟相关法律法规的基础上不断建立健全诸多法律规定和条例，有的法规甚至成为欧盟立法的参照。最重要的法律首推《可再生能源法》，其次还有《建筑节能法》《节约能源法》《循环经济法》等，不胜枚举。这些法案的出台与适时调整修订，为德国近年来绿色经济的快速发展奠定了坚实的法律基础。结合德国相关经验，我国应进一步完善相关政策法规，并针对国内外技术、市场发展的新形势适时修订，促进法律法规与市场建设相结合，构成系统、完善且行之有效的公平竞争法律体系，引导绿色经济可持续发展。

（二）发挥创新驱动作用

目前，德国在新能源汽车、复合环保材料、可再生能源等领域，技术创新均处于领先地位。德国政府积极推动产业技术创新联盟的发展，相继制定实施了由联邦经济技术部支持的创新联盟计划、国家高技术战略框架中的创新联盟促进计划、支持中小企业研究联盟的创新网络计划，对产业技术创新联盟给予了多方位的支持和资助，还建立了合作联盟网站为联盟的合作、交流、发展和服务提供平台，推动创新主体积极合作，建立产业技术创新联盟。我国应借鉴德国经验，积极支持创新联盟与创新集群的发展，为创新联盟的形成、发展及其创新活动创造良好的外部环境，促进产业链之间、企业之间、企业与研究机构之间围绕创新活动开展合作，并提供必要的资金支持及协调帮助。

（三）集中产业各方力量

德国在促进绿色经济发展方面，注重产业链各环节力量的集中与整合。比如，德国弗莱堡市致力于推动可再生能源的开发和利用，其太阳能的利用程度、房屋的低能耗程度均处于德国的领先水平。目前，弗莱堡已构建成太阳能研究所、太阳能企业、供货商和服务部门一体化的太阳能经济网络。该市首先着手建立了太阳能技术科研教育机构，为太阳能产业培养技师和工人，与此同时引进了弗朗霍夫协会研究太阳能的分支机构，形成太阳能研发基础。在研发教育机构建设完成后，太阳能制造、安装、应用等行业机构也纷纷成立，弗莱堡迅速构建了太阳能技术的产业链。当太阳能行业发展进入轨道后，弗莱堡市政府又邀请“国际太阳能协会”总部入驻，进一步打造“太阳能之都”的城市名片，创造了上万个的工作岗位以及每年数亿欧元的盈利。我国应以德国发展经验为借鉴，推动绿色经济领域重点企业与产业链各环节开展广泛合作，加强产业链上下游的协作，面向重点业务应用，协同开展重大技术攻关、应用集成创新和产业规模化推广。

四　启示建议

（一）加强统筹规划，制定国家整体发展战略

绿色产业关系到国家未来的经济发展和科技实力，因此应从国家全局出发，进行统筹规划。加强对可再生能源、绿色制造、新能源汽车等领域未来发展趋势的研究，确定我国整体发展目标和战略，并通过一系列切实可行的举措加以推进，形成政府、生产企业、行业用户、运营企业、服务企业等多方共举，共同推动绿色经济发展的良好局面。

（二）突破核心技术，增强产业整体创新能力

拥有具备自主知识产权的核心技术是我国绿色产业可持续发展的根本驱

动力。适时组建由政府、产业链上下游企业、科研院所、金融行业协会等组成的技术创新联盟，在共性技术和关键技术方面开展深度合作，形成更多更好的具有自主知识产权的产品和技术品牌。推动企业加强绿色核心技术研究，突破产业制造的瓶颈，在低功耗芯片制造、低成本低功耗器件、新能源汽车电池等方面取得成果。

（三）分析产业需求，提升公共服务能力

公共服务能力持续提升是绿色经济发展的有力保障。积极利用现有存量资源，采取多种措施鼓励社会资源投入，支持公共服务平台建设和运营，提升技术、产业、应用公共服务能力，形成资源共享、优势互补的公共支撑服务体系。根据产业共性需求，加强建设和完善关键技术、检验测试、市场推广、企业孵化、投资融资、信息咨询、人才培训等公共服务平台，不断提高公共服务水平和质量，注重探索促进各方利益共享的持续发展机制。

B.26
摩尔定律后半导体产业发展方向及启示

张　倩*

摘　要：　2016年3月，英国《自然》杂志在其官网上撰文指出，受经济和技术两大因素影响，“摩尔定律”即将终结；随后美国英特尔公司也宣布已无力继续遵循“摩尔定律”，特征尺寸节点的更替将由两年变为三年一代。在放弃对“摩尔定律”的追逐后，全球半导体行业将向三维封装集成、系统级集成、可替代硅的新材料、量子计算和神经形态计算四大方向发展。我国应抓住在物联网等新兴产业领域独有的发展机遇，基于现有技术基础和优势领域，着力攻克技术难点，以实现与全球半导体产业的同步甚至超前发展。

关键词：　摩尔定律　英特尔　人工智能　量子计算

自1965年美国英特尔公司联合创始人之一的戈登·摩尔提出“摩尔定律”起，“摩尔定律”就一直引领和推动着全球半导体产业的发展。“摩尔定律”即在价格不变的情况下，集成电路上可容纳的元器件数目每隔18～24个月便会增加1倍，性能也会提升1倍。然而，自2004年特征尺寸进入90纳米起，“摩尔定律即将失效”的论断就未曾平息。尽管在一系列先进技

* 张倩，国家工业信息安全发展研究中心工程师，研究方向：物联网和大数据等新兴信息技术、电子元器件等。

术的推动下，特征尺寸已从 90 纳米依次缩小为 65 纳米、45 纳米、32 纳米、22 纳米和现在的 14 纳米，但随着特征尺寸的量级已接近原子水平，“摩尔定律失效”这次真的来了。

一　摩尔定律受制于技术和经济两大因素而终结

2016 年 3 月上旬，英国《自然》杂志发文指出，即将出版的国际半导体技术路线图（ITRS）将不再以摩尔定律为目标，全球半导体行业也已达成共识——摩尔定律将彻底终结，其原因涉及技术和经济两大因素的四个方面。

（一）热死亡

随着特征尺寸的不断减小以及集成度的日益增加，半导体所产生的热量将远远超过现有散热能力，《自然》杂志称之为热死亡（heat death）。以对散热需求最为迫切的微处理器为例，该领域的生产商自 2004 年起就不再通过提升执行指令速度以限制所产生的热量，转而向多核方向发展以延续摩尔定律。因此，微处理器运行速度的上限一直没有超过 2004 年就已达到的 4GHz，同时出现了现在的多核处理器。但这种方法仍只是缓兵之计，不仅对微处理器算法要求苛刻，而且仍无法满足特征尺寸不断微缩所加剧的散热需求。

（二）量子效应不可忽视

2004 年特征尺寸达到 90 纳米后，半导体进入纳电子发展阶段，量子效应开始发挥重要作用。为继续减小特征尺寸并延续摩尔定律，英特尔和 IBM 等公司先后研发出了应变硅、高 K 金属栅、鳍形晶体管（FinFET）、Ⅲ－Ⅴ族材料沟道与硅器件异质集成等技术。目前，特征尺寸已达到 14 纳米，并继续向 10 纳米、7 纳米和 5 纳米减小，量子效应日益显著，电子的行为将受限于量子的不确定性，晶体管随之也变得不可靠。

（三）市场碎片化

在半导体产业发展的50多年中已形成一个“自动升级”的循环流程，即通过大规模制造和销售“类少量多”的微处理器和存储器等器件获得大量收入，然后投入到工厂和设备的升级中，以进一步提升性能和降低价格，并带来更大的市场需求。但这种循环目前已难以为继，原因是半导体产业进入了移动化时代，客户需求取代技术进步成为行业发展的主导力量和推动力。客户需求的多样化使市场碎片化，半导体产业不再是“类少量多”，单个产品的量级也许仅有几十万件，不足以再形成自动升级的闭环。

（四）生产成本加速上涨

特征尺寸接近原子级和450毫米直径超大晶圆都给生产工艺带来了巨大挑战，导致生产成本不断攀高。例如，在不计前期研发和后期运营费用的前提下，仅建立一条450毫米晶圆生产线的费用就高达数十亿美元，已远远超过单个企业能承受的上限。因此，在超紫外光刻、450毫米晶圆生产工艺的研制上，仅有英特尔、三星、台积电、格罗方德等少数几家企业感兴趣，并采取了抱团合作的方式。加之市场的碎片化使平摊到单个器件的生产成本进一步加大，这将降低企业研发新生产工艺和产品的热情，减缓整个产业的发展步伐。

二　行业放弃对摩尔定律的追逐

英特尔作为半导体技术发展的领头羊已于3月下旬宣布放弃其运行了10年的“嘀—嗒”模式，ITRS也不再把“摩尔定律”作为产业发展规划蓝图。

（一）英特尔转变为三步更新模式

英特尔公司在10年前采取了著名的“嘀—嗒”（Tick－Tock）模式，并一直按此节奏每年发布一代微处理器。“嘀”代表芯片工艺提升、晶体管变小，“嗒”代表工艺不变，芯片核心架构的升级。一个“嘀—嗒”耗时两年，代表一次工艺节点的完整更替。但在 2016 年 3 月下旬，英特尔表示已无法按预期实现本应在 2015 年底完成的 10 纳米生产工艺量产，不得不延长 14 纳米 Skylake 微处理器架构的生命周期；而到 10 纳米特征尺寸后，现有两步走发展策略将放缓为“制造工艺 - 架构 - 优化”（PAO）三步，特征尺寸节点的更替也随之变为三年。

（二）行业发展路线图丧失指导意义

由于芯片制造的过程变得过于复杂，常常包含数百个步骤，产品的升级意味着所有供应商和设备商需在合适的时间同时完成升级，因此，自 1991 年起半导体行业每两年就会发布一份行业研发规划蓝图，协调成百上千家芯片制造商、供应商的步伐，保证整个产业能够按照“摩尔定律”预测的轨迹发展。但目前，除了上述导致“摩尔定律即将终结”的原因外，芯片生产商仅剩英特尔、三星和台积电等少数几家企业，这些企业与原材料和设备供应商关系密切，互相之间开始自行协调发展。因此，行业发展路线图的重要性已然丧失，ITRS 也决定不再以摩尔定律作为路线图的制定依据。

三　向新封装、新材料和新计算原理方向发展

为继续满足高性能、低功耗这一半导体产业永恒的发展需求，高密度立体集成、多器件系统级封装、新器件材料和新计算原理争相发展，共破难题。

（一）三维封装集成

三维封装集成指通过硅穿孔、封装上封装、晶圆级堆叠封装等多种技术，将多个平面型电子元器件通过垂直堆叠的方式变为立体结构。但目前，该技术一方面只适用于发热量较小的存储器等器件，如三星和美光已研发出了混合存储立方体等，另一方面对封装内部的散热能力提出了苛刻要求。为了解决散热问题，美国提出发展在芯片或封装内嵌入微通道实现液体散热的

技术，如国防先期研究计划局（DARPA）开展的“芯片内/间增强冷却”（ICECool）项目，以及美国 IBM 公司正在研究的可同时实现冷却和供能“电子血液”技术。2016 年 3 月，美国洛马公司在 ICECool 项目的支持下，证实该技术可将散热效率提升 4 倍、射频器件性能提升 6 倍。

（二）系统级集成

为满足新计算设备日益移动化、多功能化、高性能化和低功耗化的发展需求，需要实现多功能化和对多种技术的综合集成，如将模拟/射频器件、微机电系统传感器、光器件、生物芯片和三维封装芯片集成于一体。为此，以提高系统功能密度为内涵的“超越摩尔定律”成为半导体产业发展的主题，以替代以提高芯片密度为内涵的“摩尔定律”。例如，美国提出以“微系统”作为半导体技术的发展方向，在继续发展微电子、微机电系统和光电子等各类半导体器件的基础上，大力发展可实现各类器件高度集成的异质/异构集成技术，以及配套的算法和架构；欧盟则于 2016 年初启动“洞察力”项目，研究Ⅲ－Ⅴ族与硅材料异质集成器件，还将光电器件视为欧盟数字化战略的核心，大力发展光电集成技术。

（三）可替代硅的新材料

新材料要求计算速度不亚于硅，但发热量要显著低于硅，并可提供足够的电子迁移率。新材料主要包括平面类石墨烯复合材料和自旋类电子材料。石墨烯自 2004 年被发现以来，一直被誉为替代硅材料的首选，但现已证实不适合用于半导体的量产。其他二维平面材料，如二硫化钼、六方氮化硼、二硒化钨、氟代石墨烯和硅烯等都在研究之列，但从机理和生产工艺上看，都仍未达到完全成熟可替代硅的水平。

自旋电子材料是通过电子快速旋转而非电子移动来进行计算，具有卓越的性能潜力。例如，基于自旋原理的磁阻随机存储器（MRAM）一直是国外研究的重点，美国 DARPA 先后开展了两个持续数年的项目，分别支持第一代触发型 MRAM 和第二代自旋转移矩（STT）型 MRAM 的研究；俄罗斯也在完成第一代热辅助开关式 MRAM 的建线后，于 2016 年 3 月投入到 STT MRAM 的研究中。

（四）量子计算和神经形态计算

量子计算是指遵循量子力学规律进行高速数学和逻辑运算的计算方式。量子计算在核爆模拟、密码破译、材料和微纳制造等领域具有突出优势，计算速度有望达到指数级提升，也是各国的研究重点。美国谷歌和英特尔等信息技术龙头企业都已投入到该领域的研究中；加拿大 D－wave 公司于 2015 年 6 月推出 1000 量子比特的量子计算机芯片；欧盟“面向低功耗信息和通信技术”项目的研究人员在 2016 年 2 月证实使用普通硅晶体管即可实现量子比特；我国的中国科技大学也于 2016 年 3 月首次在砷化镓半导体量子芯片中实现了量子比特。

神经形态计算是指模拟人类大脑信息处理方式的计算方式，可以极低功耗对信息进行异步、并行、低速和分布式处理，具备感知、识别和学习等多种能力。国外对于该领域的研究也在大踏步前进。例如，美国 IBM 公司研制出的第二代类脑神经形态芯片已被集成进超级计算机，并于 2016 年 3 月底在美国伦斯利弗莫尔国家实验室展开测试；俄罗斯的两个研究团队在 2016 年 2～4 月先后表示已研制出基于不同材料用于模拟人脑突触的忆阻器。

四　启示与建议

我国应抓住当前独有的发展机遇，以现有优势为基础，遵循技术发展趋势，实现与国外技术的同步发展，具体建议如下。

（一）重视新材料和集成技术的研发

硅材料必将达到性能极限，已成为半导体产业的共识，因此，硅替代材料的研发已是一个“何时”而非“能否”的问题。目前，各国都处于研发阶段，如果谁先获得突破，不仅将从本质上改变这个市值已达3000多亿美元的市场，更将拉开不同国家在信息产业整体发展实力上的差距，因此，我国应对可替代硅新材料的研究给予足够的重视。同时，以系统集成为目标的封装集成和更高集成密度的芯片级集成也是未来发展的必然方向，其主要技术也应列为我国发展的重点。

（二）充分发挥物联网等新兴产业的带动作用

目前，个人电脑销量持续走低、移动智能终端市场几近饱和，以物联网为代表的新兴产业被认为是下一个亿万级市场，成为电子信息产业发展的新动力。对于半导体产业而言，物联网需求呈现种类多、相对数量少、以用户为中心和无需采用最先进制造工艺等特点。考虑到我国的人口优势和相应的巨大消费能力，以及技术发展现状，物联网为我国带来了难得的重大发展机遇，全球半导体产业发展的重心正在转向中国。我国应深入挖掘客户需求，将传统的性能价格比变为体验价格比，既为现有技术提供广阔的市场，又带动新技术的发展。

（三）保持在量子芯片等领域的技术优势

当前，我国在部分新器件材料、新半导体结构和量子芯片等领域处于世界同步水平，甚至引领世界的发展，一方面应保持和加强对这些领域的支持，做好技术积累，另一方面应重视科研成果向产业的及时转化，充分利用对相关技术研究领域的带动效应，发挥市场机制和“大基金”的引导作用，促进技术更快更好发展。

热 点 篇

Hot-spot Reports

B.27

薄膜全耗尽绝缘硅工艺

陈 健*

摘 要: 薄膜全耗尽绝缘硅工艺具有多种优点，适合制造大规模集成电路。当前，该工艺的低成本、低功耗优势逐渐凸显，并且适于射频集成和高度防辐射等特点使其在物联网和汽车电子领域拥有独特优势，并且与主流硅工艺相兼容，可作为高性能工艺的互补工艺，在中端应用领域具有广阔的发展前景。格罗方德、三星等领先企业占据技术优势，22 纳米节点即将量产，国内企业和产业投资基金也在积极布局。当前该工艺的技术门槛和行业垄断程度相对较低，是我国半导体产业实现弯道超车的重要机会。

* 陈建，国家工业信息安全发展研究中心工程师，研究方向：电子信息产业、半导体、集成电路。

关键词： 薄膜全耗尽绝缘硅工艺 低功耗 射频 格罗方德

一 简介

绝缘硅（Silicon On Insulator，SOI）是指在绝缘材料层上形成一层半导体单晶硅薄膜材料，在该薄膜材料上制造集成电路的工艺即称为绝缘硅工艺。与传统硅工艺相比，其实质是在衬底和硅材料之间插入了绝缘层，而且硅材料极薄。

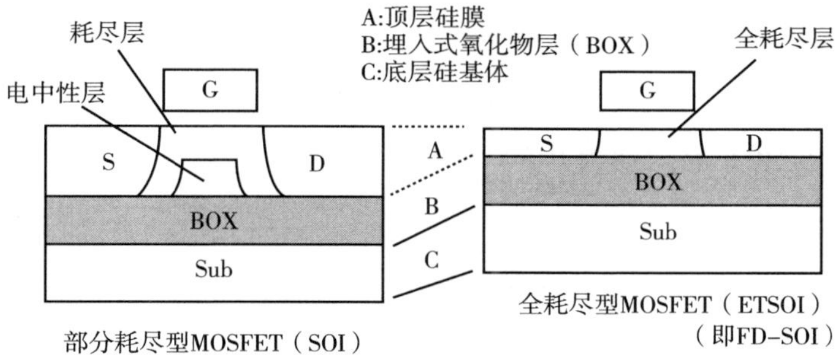

图 1　两种绝缘硅工艺示意

通常根据绝缘体上硅膜的厚度将 SOI 分为薄膜全耗尽（Fully Depleted，FD－SOI）和厚膜部分耗尽（Partially Depleted，PD－SOI）两种类型。全耗尽型器件中消除了体硅的闩锁效应，同时消除了部分耗尽型伏安特性中的翘曲效应，更适用于模拟和射频应用，同时具有低电场、高跨导、亚阈值斜率理想、开关速度快等优点，十分适合大规模集成电路的制造。

二 工艺特点

薄膜全耗尽绝缘硅器件的晶体管之间加入了绝缘物质，大幅降低了寄生电容，硅膜的全部耗尽则消除了翘曲效应，使得该工艺具有诸多优点：较小

的寄生电容提高了运行速度，降低了漏电可能，具有更低功耗；改善的短沟道效应提高了器件的可靠性；优良的低电压、低功耗特性奠定了在移动系统和物联网设备中的应用基础；优良的抗辐射能力则支持了空间应用潜力。更重要的是，该工艺相对简单，工序少，成本低廉，产品具有很高的性价比，并且能够与现有硅工艺兼容。薄膜全耗尽绝缘硅工艺的缺陷主要在于量产环节。它的基板昂贵，而且供应商数量少，产量低，产业生态不完善，缺少相关 IP 核（电路程序语言）。

当前，薄膜全耗尽绝缘硅工艺的成本优势正在凸显，据市场调研机构 IBS 2016 年的统计，相较于主流工艺，其总成本（包括晶圆成本、设计成本、光罩成本、实施成本）降低了近 20%。并且该工艺低功耗性能突出，也更适用于射频等模拟器件。随着技术的成熟，以及在新兴应用（5G、物联网、人工智能等）的带动下模拟器件需求将急速增长，薄膜全耗尽绝缘硅工艺的产业价值将快速提升。

三　发展现状

28 纳米节点之后，在英特尔、台积电和三星的推动下，鳍式场效应晶体管技术成为半导体制造工艺的主流。近年来，薄膜全耗尽绝缘硅工艺的技术优势和应用前景逐渐被看好，晶圆代工厂格罗方德及其合作伙伴三星、索尼、意法半导体、芯原微电子、Invecas 等不断加大投入力度。相较于主流工艺产品的高性能应用，薄膜全耗尽绝缘硅工艺主要面向要求低功耗和高性价比的中端应用领域。

当前薄膜全耗尽绝缘硅工艺处于 22 纳米水平，即将试产，2017 年实现量产，并计划向 12 纳米演进，而研究表明，该工艺可以延续到 7 纳米节点。设计公司与 IP 公司逐渐开始从观望转为介入，格罗方德表示目前有 50 家设计公司在利用其 22 纳米工艺。据市场调研机构 IBS 估计，瞄准薄膜全耗尽绝缘硅工艺规划的资金将在 2020 年前达到 150 亿～200 亿美元，其中约有 120 亿美元将用于 28 纳米，30 亿美元则分配于 22 纳米，薄膜全耗尽绝缘硅产品将达到300亿~400亿美元的规模。

格罗方德于2015年提出了22FDX（一种22纳米工艺）产品规划，其光刻层比鳍式场效应晶体管工艺减少近50%，芯片成本比16/14纳米低了20%，电压可以做到业界最低的0.4V，并可通过软件控制晶体管电压，还集成了射频，最多可降低功耗50%。该工艺计划于2016年下半年投产，2017年实现量产，将被ARM、Imagination、意法半导体、飞思卡尔、芯原、IBM、Semeria、Soitec等公司采纳。在2016年9月9日举行的第三届上海FD-SOI与RF-SOI论坛上，格罗方德发布了12FDX（一种12纳米工艺）平台计划，预计2019年实现量产，成为业界第一个推出下一代薄膜全耗尽绝缘硅技术路线图的厂家。

三星主攻28纳米节点，面向物联网特别是MCU和传感器，与意法半导体、IBM紧密合作，推出了“28FDS”技术和产品，于2016年量产。索尼推出的GPS芯片CXD5603GF整合了射频功能，已于2016年3月量产出货，该芯片被用于近期发布的华米手表中，表现出极佳的低功耗性能。

我国的薄膜全耗尽绝缘硅工艺正在发展之中。中芯国际、上海华虹等具备一定的工艺制造能力；芯原微电子为格罗方德的22FDX和三星的28FDS提供IP等设计服务，有望在第四季度实现出货；2016年3月，在国家集成电路产业投资基金支持下，上海硅产业投资公司计划收购法国Soitec 14.5%的股份；上海举办的FD-SOI国际论坛已经进行到第三届，成为行业内重要的交流平台；此外，中兴通讯、紫光展锐、上海微技术工业研究院等企业和研究机构也积极开展产业布局。

四　发展前景

薄膜全耗尽绝缘硅工艺的发展前景广阔，从技术优势看，低成本和兼容性使其可以作为高性能工艺的互补，极佳的低功耗性能在不需要高性能但对低功耗要求严格的应用领域具有独特的优势，此外，易于集成射频和非易失性存储单元以及高度防辐射的特点使其在物联网和汽车电子等领域有独特优

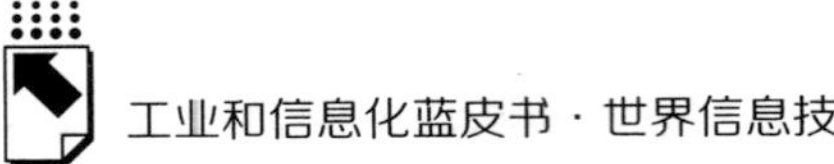

势。从市场前景看，手机市场日益成熟带动对更高级集成的需求增长；物联网大规模应用需要超低功耗、视频系统集成和全系统集成；汽车高级驾驶辅助系统（ADAS）、汽车电子需要系统级集成器件；人工智能、神经网络的发展促使可穿戴设备市场成长，要求更高性能的同时需要更低功耗；虚拟现实/增强现实已成为当前热点，也需要高性能和超低功耗；随着5G日益成熟，基站和终端设备对射频高度集成的需求快速增长。薄膜全耗尽绝缘硅工艺有望作为主流工艺的互补技术快速成长。

【**点评**】薄膜全耗尽绝缘硅工艺的技术和市场优势日益显现，有望作为主流工艺的互补技术快速成长，从而逐步完善自身生态系统，发展前景广阔，是冲击现有工艺格局的重要变数。当前该工艺的技术门槛和行业垄断程度相对较低，是我国半导体产业实现弯道超车的重要机会。加强薄膜全耗尽绝缘硅产业顶层设计，研究出台有利政策，引导设计及制造企业积极展开布局，已经成为我国集成电路产业发展的重要议题，应该引起政府、产业基金、业内企业以及研究机构的重视。

B.28
数字货币

王慧娴*

摘　要：随着世界经济进一步呈现全球化趋势，各经济体之间的经济联系更加紧密，全球金融市场跨越了地域的限制，产品种类、交易频率、规模是以前所无法比拟的，在信息技术快速发展的推动下，数字货币应运而生。数字货币可以有效避免高制币成本、假币流通、现金供应量难以确定等问题。并且，得益于信息成本降低和信息完全化的带动，通过数字货币实施的货币政策的效率也能够得到极大提高。目前，数字货币受到越来越多国家的重视，一些国家已经开始积极探索在数字货币发展中发挥更大的作用。

关键词：数字货币　电子货币　虚拟货币

一　概念

数字货币（Digital Currency）是指对货币进行数字化，从而实现货币的多功能化、信息化、安全化和高效化。从数字货币的技术依托来看，数字货币是在网络技术的基础上产生的，并随着电子信息技术的迅速发展而普及。网络是数字货币实现其货币职能的基础：从投资到生产组织、分配、交换和消费的各种经济行为都通过网络进行。数字货币可以有效避免在纸币本位制

---

* 王慧娴，国家工业信息安全发展研究中心工程师，研究方向：通信技术与产业研究。

度下存在的高制币成本、假币流通、现金供应量难以确定等问题。并且，得益于信息成本降低和信息完全化的带动，通过数字货币实施的货币政策的效率也能够得到极大提高。

二　主要载体

近几十年来，世界经济进一步呈现全球化趋势，各经济体之间的经济联系更加紧密，全球金融市场跨越了地域的限制，产品种类、交易频率、规模是以前所无法比拟的。纸币已经无法满足这样的需求，随着信息技术的发展，数字货币应运而生。数字货币主要包括电子货币与虚拟货币两大类载体。这两类载体之间最重要的区别就是发行者的不同。

电子货币是指法币的电子化，包括常见的银行卡、网银、电子现金，以及近年来高速发展的第三方支付。电子货币无论其形态如何、通过哪些机构流通，其最初的源头都是各国中央银行发行的法币。

虚拟货币是指非法币的电子化，其最初的发行者并不是各国央行。虚拟货币可在网络游戏、网络视频网站等特定的虚拟环境里流通，也可通过相关技术解决去中心化、去信任等问题，实现全球流通。

表 1　数字货币的载体分类

分类	数字货币			
	电子货币		虚拟货币	
	货币电子化	电子化货币	闭环内	闭环外
流通体系	金融机构	非金融机构	特定虚拟环境	跨境流通
典型应用	网上银行	第三方支付	游戏币	比特币
监管现状	监管完善	监管不足	有相关监管	起步阶段
与法币关系	法币电子化	非法币电子化		

三　发展现状

目前，数字货币受到越来越多国家的重视，一些国家已经开始积极探索在数字货币发展中发挥更大的作用。

2014 年 12 月，厄瓜多尔推出了“电子货币系统”，并于 2015 年 2 月开始正式运营，成为全球第一个拥有国有电子货币系统的国家。“电子货币系统”的建立和应用分为以下三步。第一步是建立系统，开始运营。第二步是让电子支付率先进入部分行业，目前厄瓜多尔政府已经和出租车公司达成协议，允许客人电子支付打车钱。第三步是全面开放该系统的支付功能，民众甚至可以通过系统进行交税。

2014 年，丹麦中央银行决定停止印刷纸币。2015 年 5 月，丹麦政府公布了一项计划，废除规定丹麦的商店接收现金的法律，改为接受移动支付和银行卡支付。2016 年 1 月起，丹麦的零售店、餐馆及加油站开始进入无现金时代，电子化支付已成为丹麦人普遍的消费方式：只需要一部手机或一张信用卡，就可以完成乘车、旅行、逛商场等日常活动。

此外，挪威数字货币发展已处于全球领先地位，据挪威央行统计，挪威的现金交易量自 2001 年以来逐年减少，2001 年这一比例为 11%，而到 2016 年初只有 5.3%。英国央行也于 2016 年宣布创造名为“RSCoin”的虚拟加密货币，一是促进交易活动更加高效地进行，二是加强对数字货币的监管。2016 年 5 月，俄罗斯政府宣布，俄罗斯正计划创建自己的加密货币，同时禁止其他所有加密货币的使用。2016 年 8 月，瑞士银行联手德意志银行、桑坦德银行、纽约梅隆银行合作研发一种新形式数字货币，并称争取在 2018 年初将其投入商用。

四　未来前景

在用户行为模式升级、经济体需求变革及颠覆性技术革新的驱动下，数字货币对当今商业模式和人们生活方式的影响将日益加深。根据美国市场研究公司 Juniper Research 的报告预测，到 2019 年，包括在线、移动和非接触等方式在内的数字货币交易总金额将达 4.7 万亿美元，年均复合增长率约为 13.5%。数字货币将对货币政策的制定与实施、支付结算体系、反洗钱等经济金融的多方面产生一系列深远影响。

在货币政策的制定与实施方面，数字货币借助互联网快速的传递、反应能力，可以实现更快速、精准的货币政策传导，有利于提高货币政策的透明度和有效性。同时，数字货币运送和储存方式的变化，能够有效提高货币发行和回笼的安全性和效率。在支付结算方面，数字货币可以提高交易便利性并降低交易成本，促使银行等金融机构提升服务水平及降低交易费用。在反洗钱方面，数字货币通过一定的算法之后，每个货币都存储了货币所有者的账号、交易过程等信息。银行等金融机构在政策指导下，可以对数字货币账户持有人强化审查，有效调查资金来源是否合法。此外，数字货币将促进一批新行业的诞生，如数字货币交易、数字货币投资等，从而带动经济发展。

【点评】数字货币不仅能节省货币发行、流通带来的成本，还能提高交易和投资效率，提升经济交易活动的便利性和透明度。由央行发行数字货币还可以保证金融政策的连贯性和货币政策的完整性。我国应积极开展数字货币领域相关研究，加快突破移动支付、可信可控云计算、密码算法、安全芯片等核心关键技术，探索数字货币防伪、监管等机制设计和法律法规，促进数字货币更好地服务于经济稳定与发展。

B.29
窄带物联网（NB－IoT）

方 颖*

摘 要： 窄带物联网（NB－IoT）是物联网领域的新兴无线通信技术，其标准核心协议在2016年6月正式冻结。NB－IoT广覆盖、支持海量连接、低功耗、低成本的特性使其能够为未来物联网的连接提供强大支撑。目前，全球的运营商都在加快部署NB－IoT，企业正积极推进NB－IoT的技术实践。

关键词： NB－IoT 物联网 华为 智慧水务

一 简介

窄带物联网（NB－IoT）是物联网领域新兴的无线通信技术，用于支持设备在广域网的数据连接。2015年9月，国际标准组织3GPP宣布NB－IoT标准正式立项，全球50多家业界公司积极参与了NB－IoT标准的制定。在标准制定过程中，主要有两项技术被提出并得到了激烈讨论：一是由华为、高通等联合提出的NB－CIoT技术，二是由爱立信、中兴、诺基亚等联合提出的NB－LTE技术，最终二者统一成一种技术方案——NB－IoT，其标准核心协议在2016年6月正式冻结。NB－IoT标准化工作的完成也预示着各类物联网厂商的产品开发节奏将大大加快，物联网产业的发展将迎来新阶段。

* 方颖，国家工业信息安全发展研究中心工程师，研究方向：物联网等新兴信息技术。

二 技术特点

NB-IoT 是目前唯一具有统一应用标准的低功耗广域网通信技术。物联网通信技术从传输距离上可分为两类：一类是以 Zigbee、WiFi、NFC、蓝牙为代表的短距离通信技术，可应用于智能家居、工业数据采集等；另一类是广域网通信技术，又定义为低功耗广域网，包括 Lora、Sigfox、NB-IoT 等，可应用于远程抄表、智能泊车等。其中，Lora、Sigfox 等工作在非授权频段，通过非标准的自定义实现，而 NB-IoT 则是一种经过 3GPP 标准化定义的低功耗广域网通信技术。

NB-IoT 具有广覆盖、支持海量连接、低功耗、低成本的特性，非常适用于物物连接的应用场景。和现有 GSM 网络相比，NB-IoT 的覆盖强度增益了 20dB，覆盖面积也由此相对扩大，同时还可能保持 6s 左右的低时延特性；在 200KHz 频率以下，一个 NB-IoT 基站能支持的连接数可达到 10 万之多；由于使用了 PSM 及 eDRX 节电机制，NB-IoT 可以达到低功耗的要求，仿真结果显示，针对低速率、低功耗业务，NB-IoT 的终端模块大约可以待机 10 年。此外，GSMA 预测 2020 年全球移动连接设备将会增长到 100 亿，根据设计目标，NB-IoT 的单个模块成本控制在 5 美元之内，低成本的模组更能支撑起未来物联网可能出现的海量接入应用场景。

三 应用现状

NB-IoT 尚未正式商用，全球的运营商都在加快部署。在标准冻结之前，沃达丰已于英国构建了全球首个 NB-IoT 开放实验室，并计划于 2017 年在德国、爱尔兰、荷兰及西班牙推出 NB-IoT 网络。目前，西班牙一些城市已经开始部署 NB-IoT 服务，荷兰部分地区正在推进对核心网的升级。2016 年 10 月，T-Mobile 荷兰抢在沃达丰之前推出世界首个 NB-IoT 网络，最初将部署在阿姆斯特丹、鹿特丹等地区，并计划于 2017 年实现全国性覆盖。2016年11月，韩国运营商KT与三星电子、Ericsson－LG及诺基亚扩大了合作协议，计划在2017年上半年建立全国性NB－IoT网络。

以华为为代表的国内企业正积极推进NB－IoT的技术实践，智能水表、智慧水务领先试商用。2016年6月，华为联合苏州电信与苏州自来水表有限公司研发基于NB－IoT的智能水表。2016年11月，广东电信与华为在深圳率先建成承载智慧水务的标准化低频800M NB－IoT连片覆盖网络，目前，广东电信已完成相关覆盖测试。同期，作为国内首个NB－IoT规模商用的承接项目，福州市城市供水漏损治理项目即将进入实施阶段，项目建成后，一个基站可同时并发5万个水表数据。此外，中兴通讯联合浙江移动成功开通演示了“五水共治”水质监测业务，成为国内率先使用NB－IoT的业务案例。

四 发展前景

NB－IoT是运营商在万物互联的趋势下转型的重要机会。据GSMA预测，2020年物联网所有产业链包括产业链上下游，如网络连接、数据处理、平台应用、商业合作等产业价值将达到3万亿欧元。为了应对物联网海量连接的需求，很多国家推出了相关发展计划，如德国的“工业4.0”、中国的“中国制造2025”等。目前，全球移动用户数已趋饱和，而智能家居、车联网等物联网应用场景产生的物与物、物与人的海量连接数将超过人与人的连接数。运营商开始考虑从尚有巨大发掘空间的物联网市场中寻找新的业务增长点。在当前碎片化的物联网产业状况下，大多数物联网终端设备在接入运营商网络之前都要通过局域网组网，而NB－IoT则能够使所有终端设备直接接入运营商网络，其广覆盖、支持海量连接、低功耗、低成本的特性更能为未来物联网的连接提供强大支撑，GSMA预测2017年底全球将有20家主流运营商部署NB－IoT网络。

国内运营商在物联网业务的拓展上处于起步阶段，NB－IoT业务短期内还难以成为主流收入之一。截至2016年5月，中国移动、中国联通、中国电信的用户数分别达8.4亿、2.6亿、2.1亿，庞大的用户群是我国三大运营商开展物联网业务的基础。然而，目前国内NB-IoT的商业模式还不明朗，终端的集采、渠道铺设有较大的困难，测试与试商用的积极开展，对国内运营商现有网络架构也将构成挑战。与传统电信业务需求的差异，将迫使运营商对已有网络架构进行优化、调整，有的还需要改造升级以适应NB-IoT的组网需求。

【点评】 NB-IoT是万物互联趋势下LTE技术演进和市场竞争的产物，具有重要的市场战略地位。目前我国NB-IoT的产业尚处于萌芽期，云、网、端都处于初级发展阶段，细节规范尚未建立。我国应当把握NB-IoT建设这一扭转当前物联网产业碎片化局势的契机，积极抢占行业制高点，同步推动标准制定与产品研发；注重NB-IoT产业链中垂直行业的互动，加强芯片厂商、设备厂商、运营商的合作，为物联网产业的发展构建良好的生态系统。

B.30
硅基光子集成电路

张 倩*

摘 要：硅基光子集成电路是以硅为主体材料，采用微电子器件主流制造工艺制造而成的各类光学元器件，具备光的发射、传输、接收等功能，可大幅促成光通信中核心器件和相关光路元件的微型化和集成化，成为突破电互连发展瓶颈的重要途径。硅基光子集成电路因应用前景广阔，受到各国政府和科研院所，以及英特尔、IBM、甲骨文、思科等世界知名通信和网络厂商的普遍重视，众多厂商积极投入，共同推进该领域迅速发展，如实现了与激光器、调制器等多种难集成光电器件的硅基集成。未来，硅基光子集成电路将继续向更高速率、更低功耗及更高集成度方向发展，市场份额将迅速增加；与现已成熟的磷化铟和砷化镓技术展开激烈的竞争，甚至有望形成颠覆之势。

关键词：硅基光子集成电路 激光器 光调制器

一 简介

硅基光子集成电路是以硅为主体材料，采用微电子器件主流制造工艺制

* 张倩，国家工业信息安全发展研究中心工程师，研究方向：物联网和大数据等新兴信息技术、电子元器件等。

造而成的各类光学元器件，具备光的发射、传输、接收等功能，可大幅促成光通信中核心器件和相关光路元件的微型化和集成化，成为光子学的主要研究内容。

二　背景和特点

在电子信息产业发展的50多年中，电互连发挥了至关重要的作用，但随着晶体管特征尺寸的不断减小，电互连面临着信号延迟大、传输带宽小、功耗大、信号串扰大、加工困难、成本高等限制，而可克服上述缺点的光互连成为研究热点。

但由于光学器件中的光路系统仍以玻璃等传统材料为主，体积和成本都无法有效减小和降低，使其应用领域一直被限制在高性能计算、数据中心、越洋海底光缆等高端应用中，微型化和集成化成为亟须破解的发展难题，在这种背景下，硅基光子集成电路技术应运而生。

硅在光通信或光互连中具有如下优势：与硅互补金属氧化物半导体（CMOS）工艺兼容，利于与硅电子器件集成；地壳含量高，降低资源需求压力和成本；对通信波段透明，光学损耗低；折射率大，波导性能优异；硅晶圆片尺寸大，机械性好，易加工。尤其是绝缘体上硅（SOI），因具有高折射率差、结构紧凑、与CMOS工艺兼容、易于光电集成等诸多优点而受到广泛关注。

三　发展现状

硅基光子集成电路因应用前景广阔，受到各国政府和科研院所，以及英特尔、IBM、甲骨文、思科等世界知名通信和网络厂商的普遍重视，众多厂商积极投入，共同推进该领域迅速发展。

2015年5月，美国IBM公司在15年技术积累的基础上，采用独有的“整合式纳米光子技术”和标准CMOS工艺制造出全集成波分多路硅光子芯片，包括4路独立25Gbps激光通道，实现了光收发器所需电路和光路的单片集成，验证了高速收发数据的可行性，未来IBM将进一步推进硅光子器件的产业化。

2015年10月，欧盟SEQUOIA①项目宣布，通过使用硅衬底纳米结构异质集成，实现了光学滤波器与异质量子点/量子簇/硅激光器的直接集成，所制备出的线性调频激光器，具有比直接调制激光器更强的调制带宽和消光比。此外，该项目还开发出一个总容量400Gbps的发射机（16×25Gbps），以及与级联环谐振器调节器集成为一体的光梳雷射。

2015年12月，美国麻省理工学院、加州大学伯克利分校等大学研制出世界首个完全采用光互连，并可直接用光与外部其他器件通信的单芯片处理器，芯片面积$3\times6mm^2$，集成了7000多万个晶体管和850个光子学器件，光通信带宽密度达到$300Gb/mm^2$，是现有处理器传输速率的10～50倍；采用与标准微电子器件兼容的制造工艺，为大规模生产奠定了基础。

2016年3月，法国纳米科技研究所（IRT）宣布实现了基于Ⅲ－Ⅴ材料/硅材料激光器和硅基马赫－曾德尔调制器的首次单片集成，单信道内数据传输速率达到25Gbps。为了实现两者的单片集成，研究人员首先在8寸SOI晶圆上实现硅光电电路与调制器的集成，然后在该晶圆上“键合”了2寸Ⅲ－Ⅴ材料晶圆，最后对该混合晶圆使用传统半导体微细制造工艺，制造出集成了调制器和激光器的发射器。

四　发展前景

硅基光子集成电路可实现多种光子器件的大规模单片集成，可有效提高性能、降低功耗和成本，推动光互连、光通信、光信号处理等器件的发展，

① 项目全称为“节能硅发射器使用Ⅲ－Ⅴ族半导体量子点和量子点材料的异质集成”，于2013年启动，旨在开发具有较好热稳定性、高调制带宽和可产生平面波分复用蜂窝的混合Ⅲ－Ⅴ激光器，参研方包括德国Ⅲ－Ⅴ族实验室、Innolume公司和卡塞尔大学、CEA－Leti、法国雷恩大学福田实验室、丹麦技术大学光子工程学院等。

数据传输速度有望达到每秒太比特，突破现有计算机、超大容量和超高速信息传输处理的发展瓶颈，如实现 100G 乃至 400G 互联网络，带动从网络基础设施到数据中心，再到超级计算机的全方位发展。例如，为满足视频和移动应用对数据传输速度的爆发式增长，亚马逊、微软、谷歌、脸书等互联网内容提供商均在建造超大规模数据中心，并对硅基光子集成电路寄予厚望，希望能借此实现更高能效、更小体积、更具成本优势的高速互联。众多器件和模块供应商也都将硅光子集成电路技术纳入其发展规划，并追加研发投入，防止错失该领域的庞大市场机会。

未来，硅基光子集成电路将继续向更高速率、更低功耗及更高集成度方向发展，需攻克的技术难点包括晶圆级制造、封装和测试、三维晶圆堆叠等。2016 年 2 月，行业咨询公司 LightCounting 发布名为《包括硅光子在内的光集成技术市场机会》的研究报告指出，2016～2021 年，硅光子技术将与市场上已成熟的磷化铟和砷化镓技术展开激烈的竞争，并于 2020 年销售额达到 10 亿美元，占据市场的份额为 10%；如果在 2020 年成功抢滩市场，将在下一个十年颠覆整个电子信息产业。

【点评】硅基光子集成电路通过采用微电子器件最常用制造工艺，实现了多种光学器件和光学链路的高集成化、微型化和低成本化，有力地促进了光通信、光计算机等光子学的发展，成为突破电子学面临的发展瓶颈的重要途径。经过多年的技术积累，国外在该领域的发展全面而迅速，其发展思路、技术现状和应用前景等均值得我国进一步关注和深入研究，并通过制定相应发展计划，保证我国在这一交叉技术领域的同步发展。

B.31
快速充电技术

梁冬晗*

摘　要： 随着电池容量的提升，大功率且高效的快速充电技术成为必需。当前的主流快速充电技术有高通 Quick Charge、OPPO VOOC 闪充技术、联发科 Pump Express 充电技术、TI MaxCharge 快充技术和 Apple 20V 快充技术。制约快速充电技术发展的因素主要有标准、锂电池材料技术发展的瓶颈和安全性等。随着方案的不断完善，快速充电技术将成为充电技术未来的发展方向。

关键词： 快速充电技术　高通　OPPO　联发科

一　发展概述

随着电池容量的提升，大功率且高效的快速充电技术成为必需，自2012年高通发布其第一代快速充电技术芯片以来，该项技术已成为厂商竞相追逐的热点，目前高通、联发科、Intel 阵营都在主导自有标准的快充方案，快速充电技术发展日趋成熟。

从物理计算公式来说，功率（P）＝电压（U）×电流（I），在电池电量一定的情况下，功率的大小标志着充电速度的快慢，可以通过下列三种方式来缩短充电时间。

---

* 梁冬晗，国家工业信息安全发展研究中心工程师，研究方向：信息通信产业与技术。

图 1　电池容量

高电压恒定电流模式：一般的充电过程是先将 220V 电压降至 5V 充电器电压，再降到 4.2V 电池电压。在整个充电过程中，如果增大电压，就会产生额外的热能，所以在高电压模式下充电时，充电器会发热，手机也会发热，功耗随之变大，对电池损害也会增加。

低电压高电流模式：在电压一定的情况下，增加电流，可以使用并联电路的方式进行分流，在恒定电压下，进行并联分流之后，每条电路所分担的压力减小，这样手机中每条电路所承受的压力也就随之减小。

高电压高电流模式：同时增大电流与电压，由之前的公式 P = UI 可知，这是增大功率最好的办法。但增大电压的同时会产生更多的热能，所消耗的能量也增多，并且电压与电流不能无限制地随意增大。

二　当前的主流快速充电技术

（一）高通 Quick Charge

Quick Charge 快速充电技术通过同时加大电流与电压的方法来提高充电速度，目前已经发展到第三代，通过在骁龙芯片当中加入额外的电源管理集成电路，这项技术可以大幅提升充电速度。

Quick Charge 3. 0 于 2015 年发布，能在大约 35 分钟内将智能手机从零电量充电至 80% ，同时帮助保护电池寿命周期。其采用“最佳电压智能协商”（INOV）算法，可在任意时刻实现最佳功率传输，且最大化效率。与 Quick Charge 2. 0 相比，Quick Charge 3. 0 能提高快速充电速度最高达 27% ，或减少功率损耗最高达 45% 。首批支持 Quick Charge 3. 0 技术的处理器包括骁龙 820、骁龙 620、骁龙 618、骁龙 617 和骁龙 430。2016 年 2 月，HTC A9 成为首个支持高通 QC 3. 0 的快充机型。

（二）OPPO VOOC 闪充技术

VOOC 闪充技术随着 OPPO Find 7 一起问世，与高通 QC 高电压高电流模式不同，其采用的是降低电压、增大电流的模式，用 5V 的标准充电器即可输出 4. 5A 充电电流，比普通充电快了 4 倍。实现的原理主要是采用 8 触点电池和 7pin 数据接口，而普通手机使用的是 4 触点电池和 5pin 数据接口，多出来的 4 个触点和 2 个针脚就是为 VOOC 服务的。2800mAh 电池容量的 Find 7 由 0 恢复到 75% 只需要 30 分钟。

（三）联发科 Pump Express 充电技术

联发科的快速充电技术 Pump Express 内置于 PMIC 的电源管理集成电路。其允许充电器根据电流决定充电所需的初始电压，由 PMIC 发出脉冲电流指令通过 USB 的 Vbus 传送给充电器。充电器依照该指令调变输出电压，电压逐渐增加至 5V，达到最大充电电流。Pump Express 目前有两种技术规格，一种是输出功率小于 10W 的 Pump Express，另一种是输出功率大于 15W 的 Pump Express Plus。

目前，配合联发科的快充方式，已经有 Dialog、On - bridge 和通嘉等电源芯片厂为其开发专属电源管理 IC。这些芯片无须使用 USB 的数据通信口，线路简洁，在架构上与传统 USB 充电器几乎一样，成本增加也较少，适合在中低端产品中推广。

（四）TI MaxCharge 快充技术

尽管德州仪器已经退出手机芯片市场，但仍然推出了业内首款采用专有MaxCharge 技术的全集成5A 单节锂离子（Li－ion）电池充电器电路。与现有电池充电器相比，这款器件将充电时间减少了一半以上，最高可达60%，让用户在实现快速充电的同时不会有电池发热过量的困扰。

（五）Apple 20V 快充技术

苹果公司在快充技术上也推出了自己的解决方案，即采用提高电压的方法，实现 Apple 20V 快充技术。未来 iOS 或将配备输出 6V～20V 的充电器，打破现在 5V 的充电器限制。考虑到苹果在手机市场的巨大影响力，若其推出快速充电器，整个市场可能会迅速跟进。

此外，三星的 Fast Charge 技术、USB 的 Power Delivery 和英特尔的快速充电技术等都与高通的 Quick Charge 技术类似，即额外加入电源管理集成电路，其共同之处是输出功率大于市面上最常见的 USB 充电器的5W（5V/1A），通过电压与电流的协调增加从而实现比普通充电器更快的充电速度。

三　制约因素

快速充电技术对充电器、手机及充电数据线的电子元件要求更高。制约未来快充技术发展的主要因素如下。一是标准。利用高压充电增大充电传输功率已经是行业共识，无论哪个标准都将引入高压充电概念。二是锂电池材料技术发展的瓶颈。在保障能量密度的前提下，提高锂电池对于快速充电的容受能力是技术发展的关键。三是安全性，电池所能承受的最高的电压、电流、温度等安全防护机制，其中包括温度保护、短路保护、过放电保护、过流保护、过压保护等，在快速充电方案中都是需要考虑的问题。

四　发展前景

未来，在移动互联、新能源等大趋势下，手机、电脑、机器人、新能源汽车……都离不开电池的支持，快速充电技术的出现和发展，让电这一现代生活难以离开的资源，变得更加方便易得，这将进一步推动现代技术、产品和商业模式的创新突破。

快充技术发展到今天已经比较成熟，在电池技术难以取得突破性成果的情况下，快速充电技术可以说是最佳以及最合理的续航解决方案。而随着用户体验逐渐成为电子产品竞争的核心，未来将会有更多的智能设备搭载该项技术。

随着高能量密度锂电池的不断发展以及快充技术方案的不断完善，充电更快、性能更稳、兼容性更好，将成为充电技术未来的发展方向。

【点评】快充技术不只是在电压和电流上进行提升，还需要一整套定制的电路、电芯、接口、数据线及配套的快充适配器，同时还需要一套智能电源管理系统以提供安全智能的充电保护。快速充电技术的出现，解决了用户对于电池续航能力的需求，给用户带来了良好的使用体验。锂电池不仅应用于手机、笔记本等终端产品，还广泛应用于可穿戴设备等智能终端，以及新能源汽车等领域，快速充电技术在各领域的应用普及，必将带动相关产品市场的发展。

附　　录

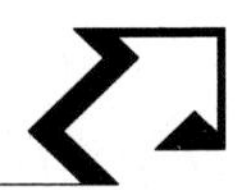

Appendices

B.32
附录一　2016年世界电子信息产业发展大事记

1月

27 日　通用电气全球技术研发中心宣布作为创始成员加入 3D 打印联盟 3MF。3MF 联盟由微软公司于 2015 年 5 月发起成立，致力于统一 3D 打印的文件格式，使用全新的 3MF 文件格式代替传统的 STL、OBJ 等文件格式。

2月

9 日　美国总统发布《网络安全国家行动计划》，提出了短期行动计划和长期战略目标，以提高公众网络安全意识，保护隐私，保障公共安全及经济、国家安全。

18 日　Apple Pay 在中国正式上线。Apple Pay 是苹果公司在 2014 年秋

季新品发布会上发布的一种基于 NFC（近场通信）的手机支付功能，无须依托手机应用程序或者打开手机，仅需将手机靠近具有相应功能的 POS 机，输入密码或指纹即可完成支付。Apple Pay 于 2014 年 10 月 20 日在美国正式上线，中国是其布局的第五个国家。

19 日 美国国会发布《国家制造创新网络战略计划》，提出了未来三年的战略目标，包括提升美国制造的竞争力，促进创新技术向规模化、经济和高效的本土制造能力转化，加速先进制造劳动力的发展，支持使创新中心稳定、可持续发展的商业模式等内容。

28 日 美国国防先期研究计划局（DARPA）“光学优化嵌入式微处理器”（POEM）和“嵌入式计算技术能量效率革命”（PERFECT）项目宣布设计和制造出具有颠覆性意义的光电微处理器，在同一块芯片上集中体现了光子和电子的诸多优势。该芯片使用光及电子与外界进行通信，晶体管总数超过 7 亿个。该研究成果标志着芯片级光电子系统的开始，在改变现有计算系统架构和实现更强能力计算机方面具备巨大潜力。

3月

1 日 思科宣布将以 2.6 亿美元收购云计算公司 CliQr，收购完成后思科将 CliQr 技术与其以应用为中心的基础设施和统一计算系统进行集成。

28 日 戴尔科技以 30.5 亿美元出售旗下 IT 技术服务部门给日本电信电话（NTT）子公司 NTT 数据（NTT Data），戴尔此举主要是为了筹措收购 EMC 的资金。

4月

1 日 联想调整组织架构，整个公司分为四大业务集团，分别是个人电脑与智能设备集团（PC&SD）、移动业务集团（MBG）、数据中心业务集团（DCG）、联想创投集团（LCIG）。

19 日 欧盟委员会正式启动了总预算为67 亿欧元的《云计算行动计划(2016~2020 年)》。行动计划主要由两部分组成：一是欧盟开放科学云系列行动，二是在欧盟范围内全面部署高速宽带网络、大规模数据存储便利设施和高性能计算能力。

5月

21 日 欧盟启动为期三年名为“为实现万物互联建造灵活的前/后端传感器先进制造线”（IoSense）的项目，以满足欧洲下一步物联网发展需求和促进欧洲半导体产业的发展。IoSense 项目将在英飞凌公司现有制造厂中建造 3 条工艺制造线，并通过模块化思路将欧洲现有先进制造能力整合进相应环节，形成欧洲范围内先进生产能力的网状连接。

6月

9 日 韩国政府公布了名为“韩国 ICT 2020”（K－ICT 2020）的五年战略规划。战略指出，政府计划将信息安全相关程序和设备的出口额从目前的 1. 6 万亿韩元扩大至 2020 年的 4. 5 万亿韩元，同时，韩国将积极加强国际合作，推动“网络安全互助联盟”（CAMP）的成立。

15 日 微软宣布将以 262 亿美元收购 LinkedIn。微软通过收购方式开始涉足社交网络领域。12 月 9 日，微软再次宣布，完成了这笔科技行业最大的并购案。

16 日 国际标准组织 3GPP 通过了窄带物联网（NB－IoT）标准。NB－IoT 因具有覆盖广、支持海量连接、低功耗、低成本的四大优势被认为很有可能成为物联网的主要连接技术。全球运营商自此有了基于标准化的物联网专有协议。标准化工作的完成也标志着 NB－IoT 即将进入规模商用阶段。

21 日 加拿大软件公司 OpenText 宣布，将以 3. 15 亿美元的价格收购惠普公司的客户管理软件业务。在此前的4月，OpenText曾斥资1.7亿美元收购了惠普的内容管理软件工具，惠普公司则借出售业务来控制成本。

7月

18日　软银宣布斥资320亿美元收购芯片IP设计公司ARM。ARM将继续保留现有组织架构、高管团队、品牌以及以合作伙伴关系为基础的业务模式，总部仍在英国剑桥，软银承诺在未来5年内，将把ARM在英国的员工数量提升至少1倍，并增加公司在海外的员工数量。软银收购ARM是看重后者在物联网市场的巨大发展前景。

20日　印度政府决定放宽该国的海外直接投资（FDI）标准相关的限制，以便于特定地区的外国公司在印度建立运营业务，包括建立单一品牌的零售店在内。

25日　欧委会正式发布2020地平线的新版工作计划，确定欧盟2017年研发创新投入为85亿欧元。新版工作计划聚焦循环经济、智慧城市、自动驾驶等诸多重点领域的创新发展。

26日　亚德诺半导体（英文简称为ADI）宣布以148亿美元收购凌力尔特（Linear Technology）。收购完成后，两家公司的市值接近300亿美元，亚德诺半导体将仅次于德州仪器，成为全球第二大模拟IC厂商，年营业额接近50亿美元。此前，凌力尔特多年保持全球规模以上半导体企业利润率榜首的位置。

28日　甲骨文宣布将以93亿美元收购NetSuite，此项收购将增加甲骨文在云计算领域中的市场份额。

8月

11日　惠普企业宣布将以约2.75亿美元收购超级计算机厂商SGI，预计此项收购将在2017年第一季度完成。

25日　美国麻省理工学院（MIT）光子微系统研究团队研制出基于300

毫米硅光电器件制造工艺、体积仅为0.5mm×6mm的微型单片集成激光雷达传感器。该传感器具有体积小、集成度高、没有活动部件、可靠性高、制造工艺简单、可以极低成本实现量产等优点，图像扫描速率几乎是机械旋转设计激光雷达系统的1000倍。

9月

7日 苹果公司召开秋季新品发布会，发布了Apple Watch 2、iPhone 7、iPhone 7 Plus、Apple AirPods等新产品，同时宣布超级马里奥兄弟登录iPhone平台，iWork新增远程实时协作功能，精灵宝可梦GO登录Apple Watch。

12日 戴尔科技宣布以16.2亿美元出售旗下企业内容部门给加拿大软件公司OpenText，戴尔科技通过此次出售业务回笼资金，以完成对EMC的收购。

28日 自动化机械设计软件公司美国参数技术公司宣布作为创始成员加入3D打印联盟3MF。

10月

7日 韩国未来科学创造部表示，将在未来五年投资超过4000亿韩元（3.52亿美元）开发新的虚拟现实（VR）产品。

11日 三星宣布永久停止生产和销售Galaxy Note7智能手机，并在三星中国官网上线了关于Galaxy Note7召回的公告。三星Galaxy Note7手机自2016年8月发布之后，在全球范围内发生多起因电池缺陷而造成的爆炸和起火事故。9月，三星在全球范围内（不包括中国）召回250万台Note7并为用户更换了新的“安全机”，但仍然发生了更换后的Note7电池起火事故。美国电信运营商ATT、威瑞森和T-Mobile相继宣布将暂停新版Note7的销售及更换工作。

13 日　美国白宫发布《国家人工智能研究与发展战略规划》，为推进联邦资金资助的人工智能研究提出了一系列重点战略方向。

17 日　三星通过官方新闻稿宣布，将开始量产其基于 LPE 技术的 10 纳米工艺。新工艺使晶体管面积效率提升 30%（低于此前宣布的 50%）、性能提升近 27%、功耗降低高达 40%。台积电董事长张忠谋在 22 日答媒体问时表示，台积电 10 纳米工艺已量产，且领先于竞争对手。10 纳米工艺竞争结果将于 2017 年揭晓。

21 日　美国数十万个物联网设备在被控制后持续发起网络攻击，导致美国网络大面积瘫痪。此次遭受攻击的是美国最重要的域名解析服务提供商之一的 Dyn 公司的服务器，导致 CNN、华尔街、推特等数百家知名网站无法访问。

27 日　高通、恩智浦联合宣布，双方已经达成最终协议，并经董事会一致批准，高通将以 110 美元（溢价 11.5%）每股的价格收购恩智浦已发行的全部股票，总价值约 470 亿美元，约合人民币 3190 亿元，且全部以现金支付。此次并购创半导体并购案金额新高，高通凭此收购一举成为汽车半导体巨头。

11月

8 日　印度总理莫迪宣布，为打击腐败，断绝假币流通渠道和恐怖团体资金链，从即日零时起，废除 500 卢比和 1000 卢比两种最大面额纸币的流通，并会发行新的 500 卢比和 2000 卢比面值的钞票。

14 日　11 月的全球超级计算机 500 强排行榜显示，继 6 月获得排行榜冠军后，由国家并行计算机工程技术研究中心研制、位于国家超算无锡中心的神威太湖之光第二次居于全球超级计算机 500 强排行榜首位，实现了中国超算在 500 强的八连冠。

18 日　美国普林斯顿大学全球首次使用调制器作为神经元，基于硅光电集成技术，以模拟神经网络的方式，研制出“全球首个光电神经形态芯片”，并用“神经编译器”仿真了一个带有49个节点的光电神经网络，在完成一个实验性差分系统仿真任务时，计算速度比传统方法快1960倍。

30日 印度建成全球装机容量最大的太阳能光伏电站。该太阳能光伏电站位于印度南部泰米尔纳德邦卡穆蒂，电站装机容量为648MW，占地面积为10平方公里，这使得其取代加利福尼亚州装机容量为550MW的Topaz太阳能农场，成为全球最大的太阳能光伏电站。

30日 韩国财政部表示，作为全球贸易协定的一部分，834项信息技术产品关税削减计划将于12月开始实施。

12月

8日 印度财政部长阿伦·贾伊特利公布“一揽子政策”，通过折扣和减免刷卡手续费等手段，推动电子支付方式的发展。

12日 欧盟委员会和欧洲投资银行（EIB）发布了一个宽带基础设施基金，在网络欠缺的地区加强部署。欧盟委员会制定了目标，即到2025年为学校、医院和大型企业提供1Gbps宽带，为所有家庭提供至少100Mbps的服务。

13日 韩国宽带互联网和移动运营商KT公司宣布将于2017年9月完成第五代网络（5G）的网络建设，为2018年冬季奥运会提供技术的试用服务。

13日 韩国政府提出量子产业特别法案。

28日 韩国公平贸易委员会（英文简称KFTC）宣布，因美国高通公司在专利授权和智能手机调制解调芯片销售方面阻碍了竞争，已对其处以1.03万亿韩元（约合8.54亿美元）罚款。罚款数额创下韩国反垄断处罚纪录。KFTC表示，高通利用其市场领先优势，向购买其芯片的韩国厂商收取了一些不必收取的专利费用，拒绝或限制将其标准必要专利授权给芯片制造领域的竞争对手，妨碍了竞争。这是继被中国国家发改委开出巨额罚单后，高通受到的又一次巨额处罚。

B.33
附录二　2016年中国电子信息百强企业名单

排名	企业名称
1	华为技术有限公司
2	联想集团
3	中国电子信息产业集团有限公司
4	海尔集团
5	中兴通讯股份有限公司
6	TCL 集团股份有限公司
7	四川长虹电子控股集团有限公司
8	海信集团有限公司
9	北大方正集团有限公司
10	比亚迪股份有限公司
11	天能集团
12	浪潮集团有限公司
13	京东方科技集团股份有限公司
14	亨通集团有限公司
15	小米通讯技术有限公司
16	上海仪电(集团)有限公司
17	创维集团有限公司
18	紫光集团有限公司
19	杭州海康威视数字技术股份有限公司
20	航天信息股份有限公司
21	同方股份有限公司
22	南京南瑞集团公司
23	中天科技集团有限公司
24	晶龙实业集团有限公司
25	大唐电信科技产业集团

续表

排名	企业名称
26	武汉邮电科学研究院
27	富通集团有限公司
28	四川九洲电器集团有限责任公司
29	河南森源集团有限公司
30	通鼎集团有限公司
31	江苏宏图高科技股份有限公司
32	深圳欧菲光科技股份有限公司
33	上海贝尔股份有限公司
34	万马联合控股集团公司
35	广州无线电集团有限公司
36	康佳集团股份有限公司
37	永鼎集团有限公司
38	震雄铜业集团有限公司
39	福建省电子信息(集团)有限责任公司
40	中利科技集团股份有限公司
41	深圳华强集团有限公司
42	大全集团有限公司
43	润峰电力有限公司
44	中芯国际集成电路制造有限公司
45	华勤通讯技术有限公司
46	株洲中车时代电气股份有限公司
47	浙江富春江通信集团有限公司
48	歌尔声学股份有限公司
49	许继集团有限公司
50	陕西电子信息集团有限公司
51	宇龙计算机通信科技(深圳)有限公司
52	东旭集团有限公司
53	天马微电子股份有限公司
54	舜宇集团有限公司
55	上海斐讯数据通信技术有限公司
56	浙江大华技术股份有限公司
57	浙江晶科能源有限公司
58	江苏协鑫硅材料科技发展有限公司
59	普联技术有限公司

续表

排名	企业名称
60	闻泰通讯股份有限公司
61	中国四联仪器仪表集团有限公司
62	蓝思科技(长沙)有限公司
63	宁波均胜电子股份有限公司
64	东软集团股份有限公司
65	侨兴集团有限公司
66	江苏中能硅业科技发展有限公司
67	江苏新潮科技集团有限公司
68	中冶赛迪集团有限公司
69	铜陵精达铜材(集团)有限责任公司
70	广东生益科技股份有限公司
71	惠科电子(深圳)有限公司
72	中国华录集团有限公司
73	深圳市共进电子股份有限公司
74	安徽天康(集团)股份有限公司
75	双登集团股份有限公司
76	福州福大自动化科技有限公司
77	上海华虹(集团)有限公司
78	万利达集团有限公司
79	欣旺达电子股份有限公司
80	深圳市神舟电脑股份有限公司
81	普天东方通信集团
82	哈尔滨光宇集团股份有限公司
83	风帆股份有限公司
84	南通华达微电子集团有限公司
85	骆驼集团股份有限公司
86	横店集团东磁有限公司
87	深圳市华讯方舟科技有限公司
88	深圳市兆驰股份有限公司
89	深圳市泰衡诺科技有限公司
90	广州佳都集团有限公司
91	浙大网新科技股份有限公司
92	山东鲁鑫贵金属有限公司
93	浙江南都电源动力股份有限公司

续表

排名	企业名称
94	深圳市康冠技术有限公司
95	阳光电源股份有限公司
96	中航光电科技股份有限公司
97	北京华胜天成科技股份有限公司
98	厦门宏发电声股份有限公司
99	华润微电子有限公司
100	河南科隆集团有限公司

注：百强企业从规模、效益、研发创新等方面进行综合评价。其中，规模包括资产和收入规模；效益包括企业的盈利能力、发展能力、债务偿还能力及经营能力四个方面；研发创新包括研发投入比例和专利数量两个方面。通过选取具有代表性的指标并赋予适当的权重进行加权计算，得出企业综合评分。

B.34
附录三　2016年全球科技公司专利实力排名

单位：项

排名	公司	专利申请量
1	华为公司	3898
2	高通公司	2442
3	ZTE 中兴	2155
4	三星集团	1683
5	三菱商事	1593
6	爱立信	1481
7	LG	1457
8	索尼	1381
9	飞利浦	1378
10	惠普公司	1310

资料来源：世界知识产权组织。

B.35
附录四 2016年全球50大创新公司

排名	公司	业务范围	公司估值
1	Amazon(亚马逊)	网络与数字媒体	3370 亿美元
2	百度	网络与数字媒体	550 亿美元
3	Illumina	生物技术	200 亿美元
4	Tesla Motors(特斯拉汽车)	新能源汽车	280 亿美元
5	AquionEnergy	创新型电池	无法估值,已融资 1900 万美元
6	Mobileye	计算机和通信	80 亿美元
7	23andMe	生物技术	11 亿美元
8	Alphabet	互联网与数字媒体	4910 亿美元
9	Spark Therapeutics	生物技术	9. 18 亿美元
10	华为	计算机和通信	未知
11	First Solar	能源	50 亿美元
12	Nvidia(英伟达)	计算机和通信	220 亿美元
13	Cellectis	生物技术	10 亿美元
14	Enlitic	生物技术	未知,已融资 1500 万美元
15	Facebook	互联网与数字媒体	3450 亿美元
16	SpaceX	交通运输	120 亿美元
17	Toyota	交通运输	1520 亿美元
18	Airware	无人机	未知,已融资 7000 万美元
19	IDE Technologies	能源	无法估值(Delek 集团公司和以色列化工各占 50% 股份)
20	腾讯	互联网和数字媒体	1930 亿美元
21	滴滴出行	交通运输	滴滴自估 280 亿美元
22	Oxford Nanopore	生物技术	未知,已融资 3. 55 亿美元
23	24M	能源	未知,已融资 5000 万美元
24	阿里巴巴	互联网与数字媒体	1920 亿美元
25	Bristol – Myers Squibb	生物技术	1190 亿美元
26	Microsoft(微软)	计算机与通信	4050 亿美元

续表

排名	公司	业务范围	公司估值
27	Fanuc(发那科)	工业机器人	300 亿美元
28	Sonnen	能源	未知,包括 GE 公司最近的投资,共融资 2000 万美元
29	Improbable	计算机与通信	未知,已融资 2200 万美元
30	Movidius	计算机与通信	未知,已融资 9000 万美元
31	Intrexon	生物技术	30 亿美元
32	Carbon	3D 打印	未知,已融资 1.41 亿美元
33	Bosch(博世)	工业制造	6490 亿美元
34	T2 Biosystems	生物技术	2.01 亿美元
35	Editas 制药	生物技术	10 亿美元
36	Nestlé(雀巢)	生物技术	2380 亿美元
37	RetroSense Therapeutics	生物技术	未知,已融资 1200 万美元
38	Line(Naver 子公司)	网络与数字媒体	预计超过 50 亿美元
39	TransferWise	计算与通信技术	11 亿美元
40	Veritas 基因	生物技术	未知
41	FireEye	计算与通信技术	20 亿美元
42	SevenBridges	计算与通信技术	未知,已融资 4500 万美元
43	Slack	计算与通信技术	40 亿美元
44	Coupang	网络以及数字媒体	50 亿美元
45	IBM	计算与通信技术	1420 亿美元
46	Snapchat	网络与数字媒体	200 亿美元
47	AfricaInternet Group	网络与数字媒体	10 亿美元
48	LittleBits	计算与通信技术	未知,已融资 6200 万美元
49	Intel(英特尔)	计算与通信技术	1400 亿美元
50	Monsanto(孟山都)	生物科技	440 亿美元

资料来源:《麻省理工科技评论》评选出 50 家最具创新力的公司。

参考文献

[1] *The Yearbook of World Electronics Data*, 2016.

[2] Executive Office of the President, National Science and Technology Council, Advanced Manufacturing National Program Office, "National Network for Manufacturing Innovation Program Annual Report", Feb, 2016.

[3] U. S. National Science and Technology Council, "Federal Cybersecurity Research and Development Strategic Plan", Feb, 2016.

[4] Cybersecurity National Action Plan, https://www.whitehouse.gov, Feb, 2016.

[5] National Science and Technology Council, Networking and Information Technology Research and Development Subcommittee, "The National Artificial Intelligence Research and Development Strategic Plan", Oct, 2016.

[6]《2016年3D打印发展趋势分析》，中商情报网，2016年9月12日。

[7] http://www.iosense.eu/index.php/.

[8] "MIT and DARPA Pack Lidar Sensor Onto Single Chip", http://spectrum.ieee.org/tech-talk/semiconductors/optoelectronics/mit-lidar-on-a-chip, August 4th, 2016.

[9] "Navitas Launches First GaN Power ICs", http://www.svmi.com/navitas-launches-first-gan-power-ics/. March 14th, 2016.

[10] "Electricity, Light, Join Forces to Advance Computing", http://www.darpa.mil/news-events/2016-02-19, February 19st, 2016.

[11] "The Silicon Photonics Industry is Ready for Take-off", http://electroiq.

com/blog/2016/11/the－silicon－photonics－industry－is－ready－for－take－off/，2016.

[12] 甲骨文官网，https://www.oracle.com/index.html。

[13] 微软官网，https://www.microsoft.com/。

[14]《甲骨文年度财务报告》，2013～2016年。

[15]《微软年度财务报告》，2012～2016年。

[16] 日本电子信息技术产业协会，http://www.jeita.or.jp/chinese/。

[17] 高通官网，https://www.qualcomm.com/。

[18] 三星电子官网，http://www.samsung.com。

[19] ARM官网，http://www.arm.com/。

[20] 华为官网，http://www.huawei.com/cn/。

[21] 新华网，http://www.xinhuanet.com/。

[22] 韩联社，http://english.yonhapnews.co.kr/。

[23] etnews，http://english.etnews.com/.

[24] 集邦科技，TrendForce http://press.trendforce.cn。

[25] World Semiconductor Trade Statisitics（WSTS），http://www.wsts.org/.

[26] IC Insights，http://www.icinsights.com/.

[27] 工业和信息化部：《2016年1～9月电子信息制造业运行情况》，http://www.miit.gov.cn/n1146285/n1146352/n3054355/n3057511/n3057518/c5335153/content.html，2016年11月2日。

[28] 工业和信息化部：《2016年1～11月电子信息制造业运行情况》，http://www.miit.gov.cn/n1146285/n1146352/n3054355/n3057511/n3057518/c5449450/content.html，2016年12月30日。

Abstract

In 2016, the world's economy continued the trend of recovery accompanied by instability of growth. Developed economies witnessed a sluggish growth while emerging economies witnessed an accelerated growth. On the whole, the world's economy had kept growing at a low speed. According to the estimation of International Monetary Fund (IMF), in 2016 the global economic growth rate was about 3. 1% , the growth rate of developed economies was about 1. 6% and the growth rate of emerging economies was 4. 2% . Major countries and regions of the world such as the US, Japan, the EU and China have taken the information technology industry as their forerunner industry to speed up economic growth and maintain their long-term competitiveness and released a series of policies and measures to push the industry forward. Driven by a series of active factors, in 2016 the world's electronic information product market maintained a momentum of growth and emerging economies became the leading force to stimulate the growth of the industry in output and sale values.

In 2016, faced with a complex situation at home and abroad, the electronic information industry of China was running well on the whole, with stable growth in industrial scale, constant growth of fixed assets investment, continuous improvement in industrial benefits and broadened decline in import and export. Driven by a series of national policies and measures to boost industrial transformation and upgrade, the deployment of electronic information industry has been further optimized and it began to show the effect of industrial structure adjustment. Industries like communication device, integrated circuit and PV have achieved outstanding performance; the communication device manufacturing industry has been a major force to drive the industrial growth; discrete semiconductor device and integrated circuit have become hot spots of investment growth; the deployment of electronic information manufacturing represented by storage has expanded at an accelerated pace; technical products in such fields as high-performance computation and 5G have made breakthroughs. In the future, the electronic information industry of China will continue to grow at a stable pace.

To follow up and have a full picture of the world's electronic information industry and offer a strong information support to the development of China's electronic information industry, the Electronic Science and Technology Research Institute of the Ministry of Industry and Information Technology has been systematically tracking and studying the development of the industry over the years and rolled out a series of yearly reports. *The Development Report on the World's Information Technology Industry (2016 – 2017)* released this year consists of the general report, the chapter of nations and regions, the chapter of sectors, the chapter of enterprises, the chapter of policies and regulations, the chapter of features and the chapter of hot issues. The report makes a comprehensive, systematic and deep analysis of such issues as development status of electronic information industry in different countries and regions in 2016, development trend and features of key sectors, important progress of typical enterprises, policies and measures promoting industrial development and the industrial trend of the following three years, and makes a feature elaboration of hotspots and focus of technical and industrial development, with an aim to present a full picture of the development of the whole industry from multiple levels and angles.

The data of the *Annual Report on the World Information Technology (2016 – 2017)* is mainly extracted from the *Yearbook of World Electronics Data 2016*, official websites of major countries or regions and authoritative research and consultation institutions at home and abroad; while some data is acquired by researchers upon surveying, processing and sorting out.

In compiling this yearly report, we have gained great support from governmental departments and industrial experts and received a lot of guiding suggestions, for which we express our sincerest gratitude. Due to the limitation of our abilities and level, there may be some mistakes or omissions, for which we expect your criticism and correction.

Contents

I General Report

Abstract: Pushed by the continuous economic recovery of the world and favorable policies of different countries, the world's electronic products manufacturing industry has returned from a declining state to a growing momentum, with its output value growing by 0. 24% and its sales amount growing by 1. 04% and the proportion of its key product categories staying stable. Affected by instability factors of economic recovery, developed countries and emerging economies are faced with challenges of recession along with opportunities of growth. China, India, the US and Germany are the main force driving the industrial growth, while Japan, Brazil, Korea and the UK have witnessed a drop in output value or sales value. Constant breakthroughs are achieved in technical innovation; the fierce industrial competition has led to constant mergers and acquisitions of enterprises, which is intensifying the changes of industrial pattern.

Keywords: World's Eectronic Information Industry; Electronic Information Products; Technical Innovation; Mergers and Acquisitions

Abstract: Under the influence of continuous recovery of global economy, in the following three years, the market size of electronic information products is expected to maintain a stable and rising growth speed at a level of around 2.9%. The market share of developed countries will continue to decline slightly, while the market share of emerging economies will keep rising. On the whole, the Asia-Pacific Region will become the engine to promote the industrial growth. The structure of electronic products will stay basically stable. Emerging applications represented by smart terminals, Internet of things and cloud computation will gradually become the key force to drive the market growth of electronic information products.

Keywords: Electronic Information Industry; Product Structure; Emerging Applications

Ⅱ National and Regional Reports

Abstract: In 2016, the electronic information industry of the US developed stably; the output value and market size of electronic products grew slowly; the segmented sectors maintained a stable development pattern; the scale of wireless communication and radar equipment secured a leading position. Innovation keeps emerging in American electronic products; rapid technological innovation and development was witnessed in fields such as smart home, virtual reality, unmanned driving and artificial intelligence. Meanwhile, large corporations such as Microsoft, IBM, Apple and Intel have actively sought after transformation and deployment in new business fields, complying with the trend of electronic information industry.

Keywords: US; Electronic Information Industry; Market Size; Product Innovation; Transformation and Deployment

Abstract: After benefiting from policies for a short period in 2015, the electronic information industry of Japan declined again in 2016. Its proportion in the global output of the industry kept declining, but at a slowing pace from year to year. In 2016, the output of Japan's electronic information industry declined slightly. A shrinkage to different extents was observed in each segmented field, among which the largest output shrinkage happened to electronic parts and components. The gross import and export amount of Japan's electronic information industry declined year on year, among which the consumer electronics witnessed the greatest shrinkage. In the consumer market, the semi-conductor industry of Japan show a tendency of recession from year to year; consumer electronics enterprises are in an urgent need to be transformed; automotive electronics is expected to become a new growth point of consumer electronics.

Keywords: Japan; Electronic Information Industry; Consumer Electronics; Automotive Electronics

Abstract: The output and sales volume of electronic products in the EU witnessed a slow growth in 2016. The electronic product output of its key member states was 170. 786 billion US dollars, growing by 1. 61% compared with 168. 087 billion US dollars of the previous year; the sales amount reached 249. 839 billion US dollars, growing by 0. 95% compared with 247. 484 billion US dollars of the previous year. The proportion of output value and market share of each segmented field kept stable and the electronic data processing equipment was still a hotspot of the market. Member states like Germany, the UK and France focused on digital development and released related strategies and policies in promoting the digital infrastructure construction and the development of mobile communication.

Keywords: The EU; Electronic Information Industry; Electronic Data Processing Equipment

Abstract: Benefiting from its outstanding achievements in areas such as mobile devices, chips and electrical appliances, Korea has firmly secured its position as a strong power in information and communication technologies. Its key technologies such as semi-conductor technology, display technology and communication technology take the lead in the world; products of companies such as Samsung, LG, SK and Hynix boast a high market share. The government of Korea is actively developing a new generation of information technology industry, spares no efforts to promote information security and quantum industry and is committed to building a new engine for creativity and economy and driving the economic growth of Korea.

Keywords: Korea; Semi-conductor; Display; Information Security; Quantum Industry

Abstract: In 2016, though the "banknote demonetization" at the end of the year caused certain impacts on the economic growth of India, its growth forecast of 7.1% still ranked top in the world. The stable growth of India's economy and the release of its domestic demands had created a good atmosphere

for the development of electronic information industry of India. In 2016, the scale of the industry continued to expand; its domestic market grew rapidly and the industrial development continued to improve. The segmented fields witnessed a rapid growth; the wireless communication equipment had become the key force for the industrial development. The smartphone market had grown rapidly. With the chance, the global mobilephone manufacturing center of India had developed. A package of policies were rolled out to promote electronic payment and build a cashless country. India had completed the globally largest solar photovoltaic power station and actively promoted the solar photovoltaic industry.

Keywords: India; Electronic Information Industry; Software Outsourcing

B. 8 Development Status of Electronic Information Industry of China in 2016

Chen Jian / 050

Abstract: In 2016, the electronic information industry of China was running well on the whole, with its main sectors developing stably. The sector of communication equipment kept growing rapidly as the key driving force for the industrial growth; the integrated circuit and photovoltaic industries grew rapidly. Affected by the faltering growth of the industry and international trade protectionism, the decline of import and export had further expanded; the export of each sector had declined to different extents; the import of domestic enterprises kept growing. The benefit of all sectors continued to improve and the profit growth was amazing. The fixed asset investment kept growing and the semi-conductor components and integrated circuit had become hotspots of investment growth. The deployment of electronic information manufacturing represented by storage had been extended at an increasing pace, while technical products in fields such as high-performance computation and 5G had made breakthroughs.

Keywords: China; Electronic Information Manufacturing Industry; Communication Equipment; Integrated Circuit; High-performance Computation

Abstract: In 2016, with the intensifying of global competition, the electronic information industry of Taiwan China was developing under a bigger pressure. The output of electronic products was 66. 047 billion US dollars, down 0. 87% year on year; the market of electronic products was 23. 966 billion US dollars, down 3. 2% year on year. The decline had somewhat slowed down. The IC industry developed well, particularly the chip OEM industry displayed a strong performance with a growth speed above 20% . Squeezed by peers of Chinese mainland and affected by the Tainan Earthquake earlier in the year, the panel industry had witnessed a big decline. The supply exceeded demand in LED industry. Manufacturers were anxious to seek transformation and policy support. In the future, opportunities and challenges will co-exist.

Keywords: Taiwan China; Electronic Information Industry; IC Industry; LED

Ⅲ Industry Reports

Abstract: In 2016, the market demand continued to be weak, the growth of Asia-Pacific market slowed down, the semi-conductor market of the US fell into a recession and the global semi-conductor market did not grow. Affected by the recession of storage and logic chip, the integrated circuit market witnessed a slight decline, whose growth rate was −0. 7% . The business revenue of globally leading semi-conductor enterprises achieved a growth of 3% ; the performance of storage enterprises declined; the business revenue of OEM factories and mobile chip enterprises grew rapidly and the ranking of enterprises witnessed a significant change. The continuous recession of the industry continued to step up the mergers and acquisitions of businesses. The M&A amount of the year exceeded 140 billion US dollars, which was a new height in the history. Crossover deployment became a new feature of the industry's M&A. In the future, the deployment and competition in emerging markets will be increasingly fierce. The chip manufacturing process entered the stage of 10 nm mass production, while the 7 nm development showed a clear timeline. The leading status of Intel's technologies was challenged by OEM factories. And 7 nm was expected to be a turning point for technological pattern. In the following years, the global integrated circuit market will recover and keep growing moderately. Emerging application markets will gradually become the main impetus for industrial growth. Process evolution will approach the limit of Moore's law. Advanced encapsulation and 3D encapsulation will become important means for improving the integration level and power consumption performance of chips.

Keywords: Integrated Circuit; Electronic Information Industry; M&A; Moore's Law

Abstract: In 2016, the output value of electronic components began to rise stably, and China continued to lead the world. A large number of gallium nitride products entered the market and gradually were applied in military, space navigation, wireless infrastructure, satellite communication and wired broadband. In the future, the demand will rise exponentially. The silicon photoelectric integrated devices can bring the advantages of optical transmission into a full play, which attracts attention from each country. The types and integration level of integrated devices have been further promoted and in the next step will firstly bring a revolutionary influence to data centers.

Keywords: Electronic Components; Gallium Nitride Device; Silicon Photoelectric Integrated Device

B. 12 Retrospect and Prospect of Audio-visual Industry in 2016

Liang Donghan / 085

Abstract: The global audio-visual industry's scale kept shrinking and began to decline. The market share of output value of products manufactured by China was rising gradually; Chinese TV brands surpassed Korean brands to rank top globally in sales volume. The demand was high for large UHD TV products, whose market share kept rising. Though at present OLED TV is still a niche market, the industry was increasingly optimistic about its prospect and the number of suppliers producing OLED TV had also increased. With the saturation of the audio-visual market, the market growth needs to be stimulated by new products and technologies. In the future, large UHD smart TV will boost renewal and update. And emerging technologies such as OLED, quantum dot and holographic technology will gradually become the mainstream of industrial development.

Keywords: Audio-visual Industry; Smart TV; OLED; Quantum Dot

B. 13 Retrospect and Prospect of Communication Industry in 2016

Wang Huixian / 093

Abstract: In 2016, the global communication industry kept growing stably, whose output value and market size had somewhat risen from the previous year. European manufacturers appeared fatigued and weak, while Chinese and American communication enterprises developed rapidly. The commercialization of global 4G network was paced up continuously and the number of users and commercial networks had witnessed a significant increase. Communication technology kept achieving new breakthroughs and led the industry to a comprehensive promotion. It's expected that in the future the communication industry will continue to grow stably, the technologies will continue to evolve rapidly, and the fields of application will be further expanded and extended.

Keywords: Communication Industry; 4G; Optical Communication

Abstract: In 2016, the shipment of global PC market reached a new low and the shipment of servers was declining, which was due to the low demand and insufficient innovation in the field of computer and showed no sign of bouncing back in a short time. The achievement of China in the field of high-performance computer had attracted extensive attention. The ascending of Sunway Taihu Light into the list made China take the first spot for an eighth consecutive year. Influenced by big data and cloud computation, Ethernet devices kept growing stably.

Keywords: Computer; PC; High-performance Computation; Switchboard; Router; IT Industry

Abstract: In 2016, the global market size of Internet of things was expanding continuously and the number of equipment connected by Internet of things was rising from year to year. The industrial Internet of things became a hotspot of development, whose investment and turnover accounted for 40% that of the Internet of things industry. Each country actively speeds up the construction of Internet of things; operators from around the world successively planned the deployment of Internet of things, promoted the test and commercial trial of new technologies. The development of Internet of things industry will usher in a new stage. In the coming years, with the rapid growth of Internet of things, the market of Internet of things security will be further expanded.

Keywords: Internet of Things; Industrial Internet of Things; Communication; Security of Internet of Things

B. 16 Retrospect and Prospect of World's Sensor Industry in 2016

Zhang Qian / 114

Abstract: In 2016, under the huge demands from application fields such as Internet of things, automobile and medicine, sensors kept growing rapidly. Photoelectric sensors and biological sensors became hot issues of research and were applied in the fields of automobile and medicine at a faster pace. With the further rise of application, excessive power consumption and potential security hazards will become obstacles that must be overcome in the development path of sensors.

Keywords: Photoelectric Sensor; Biological Sensor; Low Power Consumption

B. 17 Retrospect and Prospect of 3D Printing Industry in 2016

Deng Hui / 123

Abstract: In 2016, the global market size of 3D printing kept expanding. Industrial giants successively adopted 3D printing technology on a large scale to manufacture products. IT enterprise HP also tried actively to construct an ecosystem for 3D printing based on crossover deployment. Commercial modes were emerging gradually represented by 3D printed innovation centers and service factories. In the following years, 3D printing industry will keep growing rapidly. The focus of product development will gradually shift from the printer to overall solutions. Meanwhile, new manufacturing modes will constantly boost the 3D printing technology.

Keywords: 3D Printing; Commercial Mode; Solution; New Manufacturing Mode

B. 18 Retrospect and Prospect of New Energy Automotive Electronic Industry in 2016

Zhao Yang / 129

Abstract: In 2016, the new energy automotive electronics industry showed a tendency of rapid growth. Asia became the largest regional market in the world. The government of each country had actively released a series of favorable policies to support the new energy automotive industry and directly drive the development of new energy automotive electronics industry. Under the favorable situation of industrial development, industrial giants strived to promote technology R&D and made breakthroughs in technologies such as interconnected smart car and unmanned driving. In the future, the global market will continue to grow and Chinese market boasts a huge potential; the M&A of businesses will be staged frequently, which will strengthen their competitiveness; there will be a close cooperation on the vertical industrial chain, which might lead to an oligopoly pattern; technologies will evolve towards synergy between software and hardware, intelligence, network and customization; the themes of products will be comfort, entertainment, safety and integration.

Keywords: New Energy Automotive Electronics; Policies; Unmanned Driving

B. 19 Retrospect and Prospect of Medical Electronics Industry in 2016

Liu Xiaoxin / 136

Abstract: In 2016, with the growing demand of global market for medical electronic products, the output and sales of medical electronics witnessed a strong growth and the industry embarked on a track of development. Developed countries were still main markets for medical electronics, while emerging economies became important areas to boost industrial growth. The rapid development of artificial intelligence and 3D printing technology added a new force for the industry of medical electronics.

Keywords: Medical Electronic Industry; Software Outsourcing; Artificial Intelligence

Abstract: In 2016, global economy grew slowly, the expenditure of IT began to decline, but its growth speed was obviously higher than in 2015 and the software and information service industries witnessed a growth; cloud computation and big data entered a period of rapid development, the artificial intelligence began to grow rapidly; the mobile application market witnessed an explosive growth, with the greatest increment observed in Asia. In the future, the industrial Internet of things will boost related industrial application software to grow explosively. Open source will become a mainstream mode for information technology innovation. In the future, software enterprises will develop in the direction of network, ecology, platform and profession.

Keywords: Artificial Intelligence; Mobile Application Market; Industrial Internet of Things

Ⅳ Enterprise Reports

Abstract: In 2016, the world's economy kept growing slowly. The world's electronic information industry kept growing while the market competition became intensifying. Overall it was still under the stage of integration and adjustment.

Major enterprises of the industry had a different yearly performance and focused on business transformation. They kept launching mergers and acquisitions, accelerated the deployment in emerging fields such as smart hardware, Internet of things, automotive electronics and 5G to secure their market share and scramble for the prospective market growth points.

Keywords: Electronic Information Enterprise; Apple; Samsung; Intel

V Policies and Regulations

B. 22 Policies and Measures of Major Countries and Regions for Promoting Industrial Development in 2016

Deng Hui, Fang Ying, Wang Huixian, Liu Xiaoxin and Meng Tuo / 196

Abstract: At present, the global electronic information industry has further deepened its deployment, adjustment and resource allocation worldwide. The market share of emerging economies in the industry kept growing, while that of developed economies declined slightly. Technical revolution kept breaking out in the industry. The integrated development of manufacture and information technology represented by "Industry 4.0" has become a global industrial trend. The National Manufacture Innovation Plan launched by the US further enhanced the important status of technical innovation in industrial development and economic recovery. Electronic information technology's role in economic development attracted more attention. In 2016, major countries and regions such as the US, Japan, the EU, Korea, India successively rolled out a series of policies and measures to promote the innovative development of the industry.

Keywords: Electronic Information Industry; Industry 4.0; Technical Innovation

Ⅵ Featured Topics

B. 23 Development Trend and Inspiration of OLED Industry

Liang Donghan / 215

Abstract: OLED is recognized as the next generation of display technology after CRT, plasma and liquid crystal. Major countries and regions are actively promoting the development of OLED technology and its industrialization. Key manufacturers accelerated deployment in OLED industry and kept increasing the investment in OLED production lines, among which Korean manufacturers have a relatively complete deployment in OLED industry and basically monopolize the OLED market at present. With the constant improvement of yield of OLED panels and maturing of mass production technology, its production cost has declined and OLED industry will embark on a track of fast development. China should lose no time to deploy the OLED industry and keep perfecting OLED industrial chain, so as to take up an advantaged position in the competition of new generation display technology.

Keywords: OLED; Industry; Korea

B. 24 Analysis and Inspiration of Operation Mode of Germany Fraunhofer-Gesellschaft (FHG)

Liu Xiaoxin / 223

Abstract: Established in 1949, Fraunhofer-Gesellschaft (FHG) is the largest research institute of applied science in Germany and even in Europe. It provides the industry with products and services with advanced technologies and mature commerce, committed to filling the gap between technical R&D and industrialization in key fields. Its operation model shows distinctive characteristics. This text analyzes the FHG from the areas such as fields of focus, key tasks, fund management mode and alliance organization. On this basis, it suggests the inspiration to construct an innovation center for the manufacturing industry of

China by referring to FHG model.

Keywords: Germany; FHG; Innovation Center

Abstract: In 2016, the government of Germany successively passed the subsidy program for new energy cars worth 1. 2 billion Euros in total, a draft to amend the 2014 edition of *Renewable Energy Law* and a resolution to ban all fuel cars from 2030. At present, the traditional industrial development mode is being changed and the green economy strategy is being promoted worldwide. Germany has made a lot of useful explorations to fulfill a sustainable development of economy, energy and environment. China can refer to the experience of Germany and actively promote the green economy by perfecting the construction of laws and regulations, giving a play to the driving force of innovation and strengthening the coordination between each party along the industrial chain.

Keywords: Germany; Green Economy; Development Strategy

Abstract: In March 2016, an article published on the British journal *Nature* pointed out on its official website that influenced by two factors economy and technology, the "Moore's Law" would come to an end; later Intel of the US also announced that it was no longer able to continue to follow the "Moore's Law", and the renewal period for feature size node had changed from two years to three years. After giving up the "Moore's Law", the global semi-conductor industry will develop in four directions, namely, 3D encapsulation and integration, system level integration, replaceable silicon new materials, quantum computation and neural computation. China should grasp the development opportunities unique to the emerging industrial fields such as Internet of things, focus on tackling technical difficulties based on the existing technical foundation and advantaged fields, thereby keeping in pace with or even surpassing the global semi-conductor industry.

Keywords: Moore's Law; Intel; Artificial Intelligence; Quantum Computation

Ⅶ Hot-spot Reports

Abstract: The fully-depleted silicon on insulator technology boasts several advantages, which is suitable for the manufacture of large integrated circuit. At present, the low cost and power consumption advantages of the technology become increasingly prominent, suitable for radio frequency integration and high radiation protection. Features like this make it advantaged in the fields such as Internet of things and automotive electronics. Besides, it is compatible with the mainstream silicon technology, so it can be used as a supplementary technology for high-performance processes and enjoy a promising prospect in the mid-end application fields. Technical advantages are occupied by leading enterprises such as Global Foundries and Samsung. The 22 nm node will soon be put into mass production. Domestic enterprises and industry investment funds are also actively deploying the technology. At present the technical threshold and industrial monopoly degree of the technology are relatively low, so it is an important chance for China to overtake in the semi-conductor industry.

Keywords: Fully-depleted Silicon on Insulator; Low Power Consumption; Radio Frequency; Global Foundries

Abstract: With the world's economy further globalization, economic contacts among economies have become closer. The global financial market crossed territory restriction. The product diversity, transaction frequency and scale are unprecedented. Under the pushing of fast development of information technology, digital currency came into being. Digital currency can effectively avoid problems such as high cost of currency making, circulation of counterfeit money and difficulty to confirm the supply of cash. Besides, due to the decline of information cost and informationization, digital currency is much more efficient in implementing the monetary policies. At present, digital currency has attracted attention from more and more countries. Some countries have begun actively to explore to play a bigger role in the development of digital currency.

Keywords: Digital Currency; Electronic Currency; Virtual Currency

Abstract: Narrow-band Internet of things (NB-IoT) is an emerging wireless communication technology in the field of Internet of things. Its standard core protocol was officially settled in June 2016. NB-IoT can provide a strong support to the connection of Internet of things in the future for its features such as an extensive coverage, supporting massive connection, low power consumption and low cost. At present, operators worldwide are accelerating the deployment in NB-IoT, while enterprises are actively promoting the technical practice of NB-IoT.

Keywords: NB-IoT; Internet of Things; Huawei; Smart Water Affairs

B. 30 Silicon-based Photon Integrated Circuit *Zhang Qian* / 257

Abstract: Silicon-based photon integrated circuit refers to various optical components made with silicon as the main material and adopting the mainstream manufacturing process of microelectronic device, which has functions such as emission, transmission and reception of light and can greatly enhance the miniaturization and integration of core devices and related optical path devices in optical communication and becomes an important way to break the bottleneck for development of electric interconnection. Silicon-based photon integrated circuit boasts a promising prospect and thus attracts attention from world's well-known communication and network companies such as Intel, IBM, Oracle and Cisco, governments and research institutes of different countries. The companies are actively involved and jointly promote the rapid development of the field. Now it has realized silicon based integration with several photoelectric devices that are difficult to integrate such as laser device and modulator. In the future, silicon-based photon integrated circuit will continue to develop in the directions of a higher rate, a lower power consumption and a higher integration degree and its market share will increase rapidly; it will compete fiercely and even pose to overturn the existing mature technologies of indium phosphide and gallium arsenide.

Keywords: Silicon-based Photon Integrated Circuit; Laser Device; Optical Modulator

B. 31 Quick Charge Technology *Liang Donghan* / 261

Abstract: With the increase of battery capacity, powerful and efficient rapid charging technology has become a necessity. At present the mainstream rapid charging technologies include Quick Charge of Qualcomm, OPPO VOOC flash charge technology, Pump Express charge technology of Media Tek, TI MaxCharge rapid charge technology and Apple 20V rapid charge technology. Factors limiting the development of rapid charge technology mainly include standard, bottleneck in lithium battery material and technology development and security. With the perfection of quick charge technology, it will become the development trend of charging technology.

Keywords: Rapid Charge Technology; Qualcomm; OPPO; Media Tek

Ⅷ Appendices

❖ 皮书起源 ❖

“皮书”起源于十七、十八世纪的英国，主要指官方或社会组织正式发表的重要文件或报告,多以“白皮书”命名。在中国,“皮书”这一概念被社会广泛接受,并被成功运作、发展成为一种全新的出版形态，则源于中国社会科学院社会科学文献出版社。

❖ 皮书定义 ❖

皮书是对中国与世界发展状况和热点问题进行年度监测，以专业的角度、专家的视野和实证研究方法，针对某一领域或区域现状与发展态势展开分析和预测，具备原创性、实证性、专业性、连续性、前沿性、时效性等特点的公开出版物，由一系列权威研究报告组成。

❖ 皮书作者 ❖

皮书系列的作者以中国社会科学院、著名高校、地方社会科学院的研究人员为主，多为国内一流研究机构的权威专家学者，他们的看法和观点代表了学界对中国与世界的现实和未来最高水平的解读与分析。

❖ 皮书荣誉 ❖

皮书系列已成为社会科学文献出版社的著名图书品牌和中国社会科学院的知名学术品牌。2016 年，皮书系列正式列入“十三五”国家重点出版规划项目；2012~2016 年，重点皮书列入中国社会科学院承担的国家哲学社会科学创新工程项目;2017 年,55 种院外皮书使用“中国社会科学院创新工程学术出版项目”标识。

中国皮书网

发布皮书研创资讯，传播皮书精彩内容
引领皮书出版潮流，打造皮书服务平台

栏目设置

关于皮书：何谓皮书、皮书分类、皮书大事记、皮书荣誉、
皮书出版第一人、皮书编辑部

最新资讯：通知公告、新闻动态、媒体聚焦、网站专题、视频直播、下载专区

皮书研创：皮书规范、皮书选题、皮书出版、皮书研究、研创团队

皮书评奖评价：指标体系、皮书评价、皮书评奖

互动专区：皮书说、皮书智库、皮书微博、数据库微博

所获荣誉

2008 年、2011 年，中国皮书网均在全国新闻出版业网站荣誉评选中获得“最具商业价值网站”称号；

2012 年,获得“出版业网站百强”称号。

网库合一

2014 年，中国皮书网与皮书数据库端口合一，实现资源共享。更多详情请登录 www.pishu.cn。

S 子库介绍
Sub-Database Introduction

中国经济发展数据库

涵盖宏观经济、农业经济、工业经济、产业经济、财政金融、交通旅游、商业贸易、劳动经济、企业经济、房地产经济、城市经济、区域经济等领域，为用户实时了解经济运行态势、 把握经济发展规律、 洞察经济形势、 做出经济决策提供参考和依据。

中国社会发展数据库

全面整合国内外有关中国社会发展的统计数据、 深度分析报告、 专家解读和热点资讯构建而成的专业学术数据库。涉及宗教、社会、人口、政治、外交、法律、文化、教育、体育、文学艺术、医药卫生、资源环境等多个领域。

中国行业发展数据库

以中国国民经济行业分类为依据，跟踪分析国民经济各行业市场运行状况和政策导向，提供行业发展最前沿的资讯，为用户投资、从业及各种经济决策提供理论基础和实践指导。内容涵盖农业，能源与矿产业，交通运输业，制造业，金融业，房地产业，租赁和商务服务业，科学研究，环境和公共设施管理，居民服务业，教育，卫生和社会保障，文化、体育和娱乐业等 100 余个行业。

中国区域发展数据库

对特定区域内的经济、社会、文化、法治、资源环境等领域的现状与发展情况进行分析和预测。涵盖中部、西部、东北、西北等地区，长三角、珠三角、黄三角、京津冀、环渤海、合肥经济圈、长株潭城市群、关中—天水经济区、海峡经济区等区域经济体和城市圈，北京、上海、浙江、河南、陕西等 34 个省份及中国台湾地区 。

中国文化传媒数据库

包括文化事业、文化产业、宗教、群众文化、图书馆事业、博物馆事业、档案事业、语言文字、文学、历史地理、新闻传播、广播电视、出版事业、艺术、电影、娱乐等多个子库。

世界经济与国际关系数据库

以皮书系列中涉及世界经济与国际关系的研究成果为基础，全面整合国内外有关世界经济与国际关系的统计数据、深度分析报告、专家解读和热点资讯构建而成的专业学术数据库。包括世界经济、国际政治、世界文化与科技、全球性问题、国际组织与国际法、区域研究等多个子库。